高速铁路移动通信系统与设备维护

主 编 庞高荣
副主编 向慕雨 刘 阳

西南交通大学出版社
·成都·

图书在版编目（CIP）数据

高速铁路移动通信系统与设备维护 / 庞高荣主编.
—成都：西南交通大学出版社，2017.7（2025.1 重印）
高等职业院校"十三五"规划教材. 铁道通信类
ISBN 978-7-5643-5545-6

Ⅰ. ①高… Ⅱ. ①庞… Ⅲ. ①高速铁路 – 铁路通信 –
移动通信 – 通信系统 – 维修 – 高等职业教育 – 教材②高速
铁路 – 铁路通信 – 移动通信 – 通信设备 – 维修 – 高等职业
教育 – 教材 Ⅳ. ①U238②U285

中国版本图书馆 CIP 数据核字（2017）第 157105 号

高速铁路移动通信系统与设备维护

主　编 / 庞高荣	责任编辑 / 李芳芳
	封面设计 / 何东琳设计工作室

西南交通大学出版社出版发行
（四川省成都市二环路北一段 111 号西南交通大学创新大厦 21 楼　610031）
营销部电话：028-87600564
网址：http://www.xnjdcbs.com
印刷：四川森林印务有限责任公司

成品尺寸　185 mm×260 mm
印张　14.75　　字数　340 千
版次　2017 年 7 月第 1 版　　印次　2025 年 1 月第 5 次

书号　ISBN 978-7-5643-5545-6
定价　45.00 元

课件咨询电话：028-87600533
图书如有印装质量问题　本社负责退换
版权所有　盗版必究　举报电话：028-87600562

前 言

GSM-R 是在公网 GSM 标准基础之上，通过增加铁路调度通信功能和高速环境组成要素而建立起来的技术体制。它是开放性技术，随着业务需求的发展，我国积极开展了基础理论的研究工作和应用技术条件的制定工作，推进设备及终端的国产化，并大力开发铁路新应用，同时，把握工程关键，合理制定工程设计指标及验收指标，注重工程后期的无线网络优化与运营维护工作。对世界铁路 GSM-R 的发展有着积极的推动作用和拉动效应。GSM-R 进入中国已有十余年的历程，经过理论研究、技术之争、政策审核、网络建设、施工验收等层层考验，目前应用情况良好。

近年来，教育部将高等职业教育人才培养目标定位于高素质高技能的培养，每年教育部举办的全国职业院校技能大赛的比赛内容均有无线网络相关内容。中国铁路总公司也举办了关于 GSM-R 技术设备操作的比赛。本书根据职业教育的目标与基本理念，结合 GSM-R 技术课程的特殊性，分八章分别阐述了 G 网的基本技术、相应标准、具体应用等，内容深入浅出，可作为高职高专院校通信类专业教材，也可作为从事 GSM-R 技术应用、运营、设备维护等方面工作人员的参考用书，亦可作为自学材料。

本书由湖南高速铁路职业技术学院庞高荣担任主编，湖南高速铁路职业技术学院向慕雨、刘阳担任副主编，湖南高速铁路职业技术学院聂立文教授担任主审，其中庞高荣编写了第一到四章，向慕雨编写了第五、六章，刘阳编写了第七、八章。在本书的编写过程中，得到了广州通信段、衡阳电务段同仁的技术支持与指导，也得到了西南交通大学出版社的关心和支持，同时湖南高速铁路职业技术学院通信教研室老师对本书编写提出了许多宝贵的意见，在此对他们表示诚挚的感谢。

本书在编写过程中参考了有关作者的文献和资料，在此一并表示感谢。

由于时间仓促，加之编者水平有限，书中难免存在疏漏之处，恳请各位读者批评指正。

编 者
2017 年 5 月

目 录

第一章　铁路移动通信概述　001
- 第一节　铁路移动通信的发展　001
- 第二节　GSM-R 的发展　006
- 第三节　GSM-R 的应用　009
- 本章小结　021
- 复习思考题　022

第二章　GSM-R 基本原理　023
- 第一节　移动通信基本概念　023
- 第二节　移动通信中信号的基本处理过程　028
- 第三节　无线区域覆盖结构　032
- 第四节　频率利用　040
- 第五节　移动通信中的控制与交换　052
- 第六节　移动网络的抗衰落、抗干扰技术　055
- 本章小结　066
- 复习思考题　068

第三章　GSM-R 网络结构　069
- 第一节　GSM-R 系统组成　069
- 第二节　GSM-R 系统接口　086
- 第三节　GSM-R 网络的互连　096
- 第四节　用户数据管理　100
- 本章小结　116
- 复习思考题　118

第四章　GSM-R 组网及业务　119
- 第一节　GSM-R 网内组网　119
- 第二节　GSM-R 网与其他通信网组网　121
- 第三节　GSM-R 网与铁路调度通信网（FAS）组网　123
- 第四节　GSM-R 工程组网　124
- 第五节　GSM-R 终端显示方案　125
- 第六节　GSM-R 的业务　127
- 第七节　铁路特定业务　129
- 本章小结　133
- 复习思考题　134

第五章　GSM-R 基站天馈系统 …… 135
第一节　基站天馈系统组成 …… 135
第二节　天　线 …… 137
第三节　基站天线的分类和选型 …… 141
第四节　馈　线 …… 144
第五节　天馈系统的测试 …… 146
第六节　基站天线参数的调整 …… 147
本章小节 …… 150
复习思考题 …… 151

第六章　GSM-R 基站设备 …… 152
第一节　基站机房的设备配置 …… 152
第二节　GSM-R 基站主设备 …… 153
本章小结 …… 168
复习思考题 …… 169

第七章　GSM-R 直放站 …… 170
第一节　直放站概述 …… 170
第二节　GSM-R 直放站设备 …… 178
本章小结 …… 184
复习思考题 …… 184

第八章　GSM-R 基站建设与维护 …… 186
第一节　GSM-R 基站工程施工流程 …… 186
第二节　天馈系统的安装 …… 189
第三节　漏泄同轴电缆安装 …… 197
第四节　基站室内设备安装 …… 200
第五节　GSM-R 系统的测试 …… 209
第六节　GSM-R 基站维护 …… 211
第七节　GSM-R 网络优化 …… 222
本章小结 …… 226
复习思考题 …… 227

参考文献 …… 229

第一章　铁路移动通信概述

近年来我国铁路得到了大规模的发展，重载运输，电气化改造，既有线提速，青藏线、武广高铁的开通等一系列的技术进步，推动了铁路通信信号的发展。截至 2015 年年底，我国铁路运营里程已达 12.1 万千米，位居世界第二位，预计到 2020 年，全国铁路营业里程将达到 15 万千米。在这样庞大的铁路交通运输网中，要想大幅度提高铁路复线率、电气化率、自动闭塞比重，实现主要繁忙干线客货分线运输，只能选择一种新的数字移动通信系统。铁路提速和客运专线网络化、智能化、综合化的行车调度指挥系统更需要高度可靠、高度安全、快速接入的综合移动通信系统以及透明、双向、大容量的车-地安全和调度指挥的信息传输通道。

既有线提速，客运专线、青藏线建设和高速铁路研究，为通信信号技术的发展提供了新的机遇。我国铁路发展移动通信网络的总体目标是建立语音、数据综合业务的移动通信系统平台，形成现代化的调度通信、公务移动、信息传输、列车控制一体化的通信系统，并向社会实时提供铁路客货运及其他服务的信息。铁路综合数字移动通信网络的形成是一项十分艰巨、需要持续发展的系统工程，与铁路运输组织、控制、生产、安全密切相关。它应该充分考虑世界移动通信技术的发展方向，特别是第三代移动通信技术，以及世界铁路市场规律和运输技术装备趋势，结合铁路运输的具体情况进行开发，形成一张覆盖铁路干线的巨大网络，以达到为铁路运输提供高质量服务的目的。

本章首先通过简要介绍铁路移动通信的发展状况，从全新的角度探讨发展 GSM-R、形成铁路专用综合数字移动通信的必要性、发展模式，同时介绍目前发达国家 GSM-R 的最新进展，以开拓我们的视野。最后介绍 GSM-R 在铁路上的业务及其应用。

第一节　铁路移动通信的发展

铁路移动通信系统是指铁路部门专用的移动通信系统。它负责实现铁路工作人员之间或铁路专用设备之间的无线通信。铁路移动通信是保证行车安全、防止作业事故、提高运输效率以及改善服务质量等不可缺少的通信手段，是铁路通信的重要组成部分。

一、我国铁路移动通信的现状

我国铁路目前已经形成了 12 万多千米的规模，成为国民经济的支柱产业和交通的命脉。铁路移动通信从 20 世纪 60 年代开始，设备不断发展，制式不断完善，在无线列调、平面调车、区间移动、单信道对讲机、道口无线、DMIS 无线车次号传输、尾部分压无线传输、红外轴温无线传输等方面都有较大的发展。至今已形成全路全网的规模，成为保障铁路运输安全生产的重要手段。

1. 无线列车调度电话

目前，我国铁路无线列车调度电话系统作为行车"三大件"之一，对提高运输效率、保证行车安全有着重要作用。根据我国铁路运输的特点，铁路无线列车调度电话系统参考 UIC751 标准开发主要有 A、B、C 三种制式，为 450 MHz 或 150 MHz 的单工或双工通信系统，在全国铁路沿线的场强覆盖已经达到 93% 以上，能够完成列车调度员、车站值班员与进入其管辖区段内的列车司机、车长进行通话。无线列调从 20 世纪 60 年代起，经历了 TW8C/D、TW12、TW42 三代产品。

当前我国铁路正在推广使用机车综合无线通信设备（CIR）。该设备可配置 GPS 单元、GSM-R 语音单元、GSM-R 数据单元、高速数据单元、450 MHz 机车电台单元、800 MHz 列尾单元和列车安全预警车载电台单元等，可根据功能要求进行模块配置。它既满足以往铁路无线列调通信的要求，也适应铁路综合数字移动通信系统的需求。

2. 站场无线及各种单工通信系统

除了无线列调系统之外，在铁路的区段站、编组站还存在着包括平面调车等站场无线通信系统，另外还有许多部门单位投资建设的各种独立的单工通信系统也广为使用。

平面无线调车系统解决峰头、峰尾之间编组场内的调车问题，以铁路调车标准为依据，提供了包括调车区长台、机车台、手持台的平面调车系统，不仅提供了语音通话功能，而且提供了包括信令传输、灯光显示、语音提示等一系列符合现场使用要求的专用功能，满足了调车指挥的需要，在全路得到了广泛的采用。

3. 各种独立单工通信系统

为了满足其他工种的作业通信要求和车站内部指挥的需要，在站场内及铁路沿线还存在大量由部门单位自行投资建设的各种独立的单工通信系统，如工务、公安、电力、水电、电务维修、列检、施工等。这部分系统均以同频或异频单工通信方式为主，独立使用，缺少统一的规划和集中管理，但同时又是不可缺少的部分。

4. 集群移动通信系统

为加速铁路专用移动通信的发展，从 1991 年起我国铁路系统积极研究开发集群移动通信系统在铁路上的应用。安装了多套 800 MHz 单基站模拟集群移动通信系统进行试用，并在柳州至南宁铁路区段建设模拟集群移动通信系统试验线，主要开展话音业务。集群移动通信系统是多信道综合业务无线移动通信系统，可以为行车调度、客货站场调度指挥、公安保卫、施工维修等运输生产部门提供移动通信手段。

除了上述的几种铁标规定的标准无线列调制式设备，各设备生产厂家还根据现场的实际需要开发出一些新的满足铁路生产需要的无线产品，在功能上有许多扩展，也承载了许多新业务，包括：机车出入库检修电台、场强自动测试电台、400 M + 400 K 感应电台、区间互控式遥控电台、具有数话同传功能的无线列调电台等无线列调产品，列车无线防护报警系统、监护道口无线报警系统、DMIS 无线车次号传输系统、列车尾部风压无线传输系统等。

二、既有铁路移动通信的不足

我国铁路从20世纪80年代末不断地研究和探索满足铁路运输需要的无线通信功能，既有无线列车调度通信制式经历了三十多年的运营，其他无线通信手段也基本是模拟制式。我国铁路正在朝高速铁路、客运专线方向发展，既有无线通信提供的业务和功能与现代铁路运输需要之间的差距在不断扩大，这种差距主要体现在以下方面。

（1）模拟无线列调单信道制式严重制约铁路应用，枢纽地区同频干扰严重、信道接入困难已经开始妨碍使用。

（2）铁路移动数据通信业务日益增多，无线车次号传输、尾部风压无线传输等都叠加在无线列调之上，造成本已紧张的无线列调信道更是不堪重负。

（3）铁路工种繁多，各部门无线移动通信自成体系，不能互联互通。

（4）模拟无线列调不能满足新一代基于通信的列车控制系统（CBTC）对车-地传输通道的要求。

（5）单信道无线列调不能满足客运专线和高速铁路等现代铁路运输的信息化和旅客服务对车-地间传输提出的更高要求。

因此，现代铁路运输呼吁着一种崭新的移动通信制式。

三、现代铁路运输对移动通信的要求

随着铁路信息化的发展和高速客运专线的建设，现代铁路对移动通信提出了更高的要求。

1. 铁路信息化的需要

满足以旅客为主体的移动信息服务系统的需要，包括车上订票服务、电子移动商务、旅客移动增值服务等；满足铁路路网移动体（机车、车辆、集装箱等）实时动态跟踪信息传输的需要，为开展实时网上信息查询和各种管理信息系统提供移动传输通道。

2. 调度指挥和安全生产的需要

作为无线列调的更新换代产品，同时能够满足区间公务移动、紧急救援、调车编组作业、站场无线等移动话音通信的需要；满足 DMIS 无线车次号传输、列车尾部风压、机车状态信息、车辆轴温监测、线桥隧道监护、铁路供电状态监视、道口防护等移动和固定无线数据传输的需要；满足以移动列车为主体的安全信息分发与预告警系统的需要，确保沿铁路线的施工、轨道养护、平交道口与车辆、车站等人员和设备的安全，减少事故。

3. 青藏、高速、客运专线的需要

青藏铁路需要建设接近连续式的无线机车信号；铁路提速、高速和客运专线网络化、智能化、综合化的行车调度指挥系统需要高度可靠、高度安全、快速接入的综合移动通信系统，以及透明、双向、大容量的车-地信息传输通道。

4. 技术发展的需要

我国铁路移动通信从无到有，从模拟到数字，从单一业务到多业务再到综合业务，这一方面是铁路运输发展的需要，也是技术进步的趋势。IT业在过去二十年突飞猛进，表现在：微电子技术从微米向纳米技术过渡；交换网络已程控化，从单一业务向智能多业务交换发展；骨干传输网朝着全光网络方向发展；接入网出现三网融合（计算机、通信、广播电视）；蜂窝公众移动通信已经完成从模拟到数字的过渡，朝着宽带多媒体发展；无线局域网朝着广带数据业务发展；计算机网络 IP 化，移动 IP 和移动计算成为电子商务的关键技术。IT业的这些技术进步必将推动铁路综合数字移动通信网络的发展。

可以看出，既有的铁路移动通信系统已经不能满足现代铁路运输的要求，因此，必须要建设新一代的铁路综合数字移动通信系统。

四、铁路综合数字移动通信网络在信息化中的地位

1995 年的铁道部科技大会上指出铁路的发展最终取决于现代化，而铁路信息化是铁路现代化的主要标志。1999 年 4 月，铁路运输信息工作会议进一步指出了全路信息化建设的重要性，统一了进行铁路信息化建设的认识。铁路信息化是指在统一规划及有序组织下，充分利用国内外先进的信息技术与网络资源，深入开发、运用各种信息资源及信息系统，逐步实现铁路市场经营、运输生产、社会服务、运行维护和管理决策等方面的现代化。将信息技术广泛应用于铁路生产经营的各项活动中，可以改造传统产业，提高铁路运输生产率与竞争力。

信息化的关键是共享、使用、综合。铁路信息化体系由六大系统组成，即业务管理信息系统、过程控制与安全保障系统、办公信息系统、社会化信息服务系统、决策支持与综合应用系统、通信网络系统。其中通信网络系统又分为固定通信网络和移动通信网络两大部分，如图 1-1 和图 1-2 所示。各系统在信息化体系中处于不同的层次并相互作用、相互支撑，构成了紧密相连的有机整体。作为我国铁路信息化的基础结构，通信网络系统是其他五个系统进行系统传输与共享的根基，是铁路信息化建设和铁路现代化发展的关键因素，在铁路信息化建设中占有举足轻重的地位，达不到基本的通信要求，信息化只能是空谈。因此，在新的形势下，如何根据我国铁路的实际情况，融合世界先进通信与网络技术，快速而又高效地建设与形成我国铁路通信网络，对于加快铁路信息化建设步伐，促进铁路现代化发展，提高铁路的竞争能力，更好地为社会提供运输服务都具有非常重要的意义。

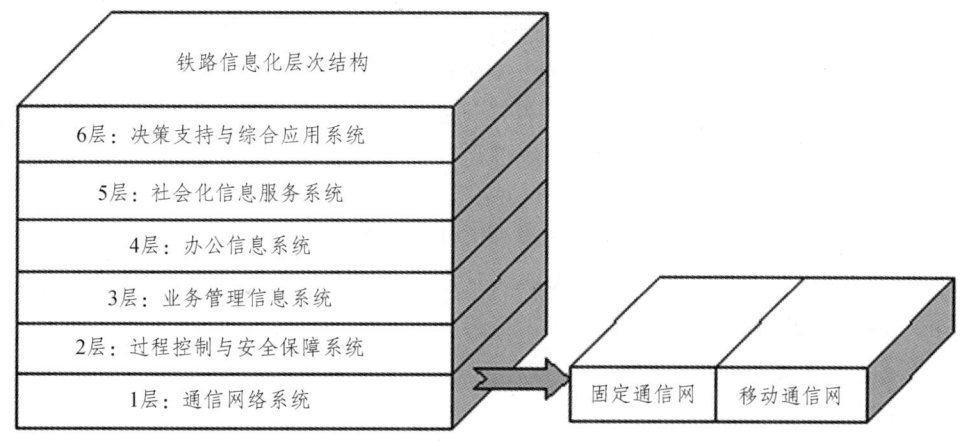

图 1-1 铁路信息化体系层次图

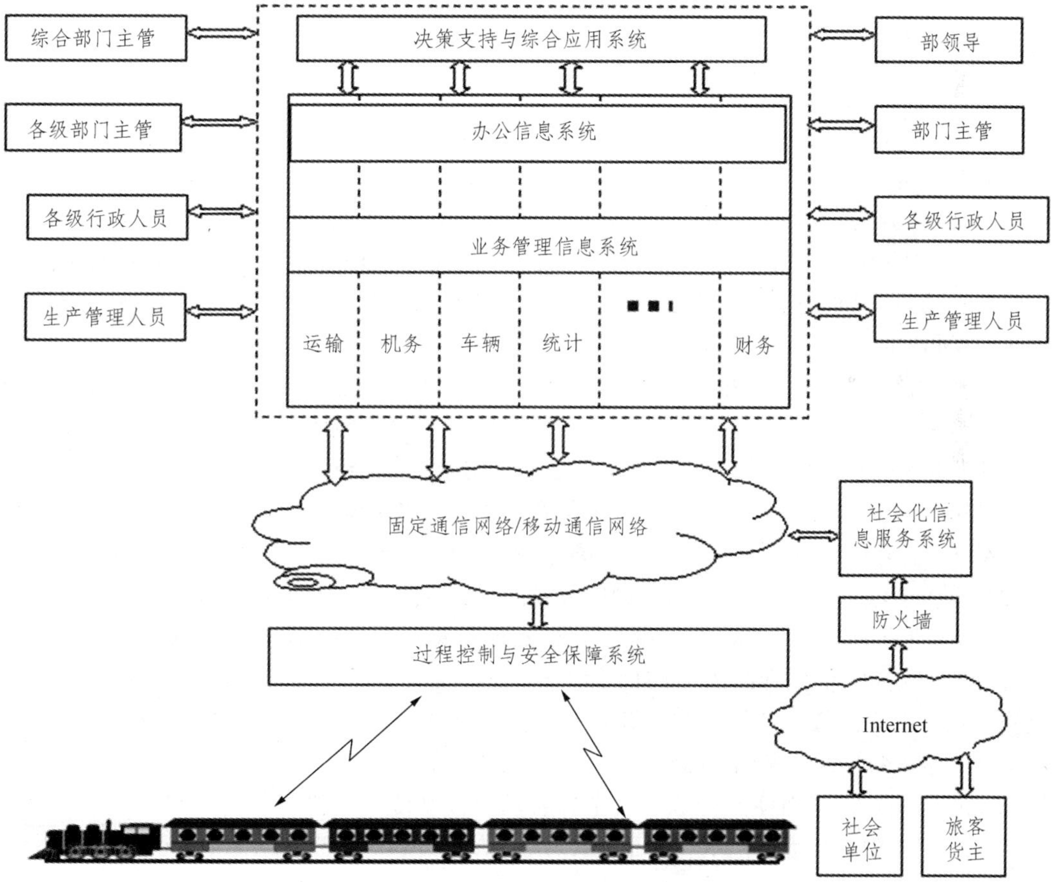

图 1-2 铁路信息化体系结构图

而作为铁路通信网络的重要组成部分,移动通信网必须满足铁路运输主业和路内各种需求服务,同时也要为广大旅客和职工提供服务。它的建设也必将奠定良好的网络基础和带来新的发展契机,带动铁路信息化进程,并大大提高铁路信息化水平。随着IT技术和当代铁路的发展，铁路通信信号技术发生了重大变化，铁路通信信号技术相互融合，行车调度指挥自动化等技术，冲破了功能单一、控制分散、通信信号相对独立的传统技术理念，车站、区间一体化，机电一体化，运输调度指挥和列车控制一体化，推动了铁路运输调度指挥朝着数字化、智能化、网络化和综合化的方向发展。

我国铁路将通过综合数字调度移动通信网络的建设，实现铁路各种移动信息资源采集、传输，为现代化调度、指挥、控制提供通信平台。铁路各级生产和管理人员通过综合数字调度移动通信网络共享全路范围内生产和管理领域的信息，并且向社会实时提供铁路客货运及其服务信息。

第二节 GSM-R 的发展

一、GSM-R 的提出

随着欧洲政治、经济的不断发展，欧洲在国际事务中所发挥的作用越来越重要。欧洲在通信行业特别是移动通信中的影响可谓举足轻重，ISDN、GSM、WCDMA 等著名标准和技术均出自欧洲。欧洲对铁路行业的影响也是巨大的，国际铁路联盟（UIC）提出的高速铁路发展计划得到欧委会的采纳。在欧盟的 1996 年 7 月 23 日官方文件（96/48/EC）中，欧盟高瞻远瞩地提出泛欧高速铁路系统互操作性规定，从此使欧洲铁路进入一条可持续发展的道路。

欧洲铁路运输管理系统（ERTMS）就是继 96/48/EC 之后的一个很重要的欧洲铁路通信信号一体化发展项目，它包含两个重要方面：一个是欧洲列车控制系统（ETCS）；另一个是欧洲铁路综合调度移动通信系统（GSM-R）。随着欧洲铁路网络的迅速发展，欧盟各国都亟待解决在列车高速运行时语音数据的可靠传输以及跨国运行时自动列车防护（ATP）的互操作性（兼容）问题。国际铁路联盟为满足欧洲21世纪铁路网络一体化进程向欧委会推荐了欧洲铁路综合调度移动通信系统——GSM-R（GSM for Railway）。

GSM 原意为"移动通信特别小组"（Group Special Mobile），是欧洲邮电主管部门会议 CEPT（欧洲电信标准组织 ETSI 的前身）为开发数字蜂窝移动系统在 1982 年成立的机构。随着移动通信设备的研制与开发及数字蜂窝通信网的成立，GSM 就逐步成了欧洲数字移动通信系统的代名词。欧洲的专家们将 GSM 重新命名为"Global System for Mobile Communication"，从而使其变成了"全球移动通信系统"的简称。全世界大多数国家都采用了基于 GSM 原始规范的 GSM、DCS1800、PCS1900 等系统，到 2002 年年底全球GSM 的用户已经超过 7 亿。

GSM-R 系统基于公网 GSM 系统演变而来，在网络结构、设备功能方面无太大差别，重要的改变是为了适应铁路需求。因此，GSM-R 在 GSM 蜂窝系统上增加了调度通信功能和适合高速环境下使用的组成要素，能满足国际铁路联盟提出的铁路专用调度通信的要求。由于 GSM-R 可实现跨越国界的高速和一般列车之间的通信，能将现有的铁路通信应用融合到单一网络平台中,以减少集成和运行费用,而且由于 GSM-R 是由已标准化的设备改进而成,GSM 平台上已经提供了大量的业务,因而引入铁路专用的功能时只需最低限度的改动,故能保证价格低廉、性能可靠地实现和运行;在 GSM Phase 2^+ 中添加了 ASCI(增强的语音呼叫业务)特性,它能灵活地提供专网中所需的语音调度服务如 VBS、VGCS 和 eMLPP,因此 GSM-R 是面向未来的技术,它将从广阔的 GSM 公网市场和 GSM 技术的不断演进中获益,具有巨大的发展空间,GSM-R 在欧洲取得巨大的成功,目前超过 30 个铁路公司已承诺在其国际路网中使用该技术。截至 2003 年 6 月底,有德国、瑞典、瑞士、意大利、西班牙、英国、比利时、荷兰、芬兰等国家签订了全国铁路商用化合同,在 2005 年至 2008 年完成全国网络的建设。

GSM-R 系统很多技术借鉴了公网的 GSM 技术,保留了 GSM 的大体结构,因此从一开始 GSM-R 系统就是一个成熟可靠的系统,它的绝大多数软硬件都已在现网中得到检验。不仅如此,由于二者都可以工作在 900 MHz 频段,因此在无线网络规划方面也是基本相同的,GSM-R 系统的规划设计也可借助于已成熟的 GSM 系统工具,可以方便快捷地为用户提供网络设计安装。GSM-R 的基本特性已在铁路网的 MORANE 试验中得到安装、测试和验证。出于众多的需要,GSM 新技术如 GPRS 已经规范化并将安装使用,向 UMTS 的演进将提供新的业务和更加强大的无线系统。GSM-R 据此可最大限度地引入新的业务。

截至 2003 年 3 月,GSM-R 在全世界范围内的工程实施情况见表 1-1。

表 1-1 GSM-R 在世界范围内的进展情况

国家	项目名称	起始时间	运营时间	设备状况	线路全长
法国	SNCF 试验线	1997	2000/8	4BTS、1BSC/TRAU、1SGSN/GGSN	30 km
意大利	FS 试验线	1997/10	2000/9	19BTS、1BSC/TRAU、1MSC/VLR/HLR/AC	78 km
德国	GTS 试验线	1998/7	2000/9	18BTS、2BSC/TRAU、1MSC/VLR/HLR/AC	79 km
瑞典	SIR/Banverket 全国网	1998	2000 夏	400BTS、2BSC/TRAU、1MSC/VLR/HLR/AC、1SGSN、1GGSN、IN	8 000 km
瑞士	SBB ETCS 试验线	1998 底	1999 夏	6BTS、1BSC/TRAU、1MSC/VLR/HLR/AC	35 km
德国	DB 国家线	2000	2004	7MSC、60BSC、1600BTS、1IN	27 000 km
西班牙	GIF 高速线	2000/10	2003/3	100BTS、2BSC/TRAU、2MSC/VLR、IN、语音信箱、短消息中心	486 km
荷兰	NS-RIB 全国线	2000 底	2002 底	300BTS、4BSC/TRAU、1MSC/VLR/HLR/AC、1SGSN、1GGSN、IN、微波设备	两段 ETCS 试验线共 93 km、全国 2 800 km
匈牙利	MAV 试验线	2000/10	2001/3	12BTS、1BSC/TRAU、1MSC/VLR/HLR/AC、车载台	100 km

续表 1-1

国家	项目名称	起始时间	运营时间	设备状况	线路全长
英国	WCML	2001/3	2005	2MSC、1IN、175BTS	700 km
英国	CTRL 新线	2001/12		1BSC/TRAU、1MSC/VLR/HLR/AC	9 km
俄罗斯	MPS 试验线	2001/10	2002/10	16BTS、1BSC/TRAU、1MSC/VLR/HLR/AC、车载台、调度台	153 km
斯洛伐克	试验线	2002	2003 中	1MSC、40BTS、1IN	
意大利	FS ETCS 试验线	2002	2002/3	19BTS、1BSC/TRAU、1MSC/VLR/HLR/AC	78 km
意大利	FS 全国 GSM-R 网络	2002	2005	1111BTS、1HLRi、4MSC	7 500 km
意大利	TAV 高速线	2003	2003 底	1MSC、1IN、60BTS	218 km
瑞士	SBB 全国线路	2003	2003 中		3 200 km
美国				1MSC、1GGSN、1SGSN、2BTS、1IN	30 km

从以上分析，欧洲在选择发展新一代铁路综合数字调度移动通信网络的时候，经过了非常周密的标准制定、试验论证、法律准备、实施计划，预计 GSM-R 在世界铁路移动通信方面会如同 GSM 在世界公众蜂窝移动通信市场上一样成功。欧洲的经验值得我们学习和借鉴，我国铁路选择发展新一代综合数字调度移动通信网络也是当务之急的一件大事，事关铁路运输现代化的总体进程。

二、GSM-R 在我国的发展

欧洲 GSM-R 的成功运用，为我国铁路通信技术发展提供了良好的技术借鉴。我国从 1994 年就开始对铁路专用移动通信技术进行跟踪研究，原铁道部对铁路数字移动通信技术体制开展广泛论证，当时重点是对 GSM-R 和 TETRA 系统进行比较，由于 GSM-R 具有更适应铁路运输特点的功能优势，更成熟的技术优势以及更符合通信信号一体化技术发展的需要，更重要的是 GSM-R 支持铁路移动通信的可持续发展，最后确定采用 GSM-R 体制，并写入铁路技术装备政策。2003 年 2 月，铁道部建立 GSM-R 应用与模拟系统实验室，2003 年 9 月 22 日，信息产业部无线电管理局批准 GSM-R 的使用频段。自 2003 年 6 月开始，青藏、大秦、胶济三条线的建设，相关技术规范和标准的制定，工程建设可行性论证和建设规划的展开等，标志着 GSM-R 在我国铁路的全面实施。

我国铁路 GSM-R 网络的发展目标是在全路建立一张移动通信网络，利用通信的手段实现铁路移动设施和固定设施的无缝连接，确保列车平稳、高速、安全地运行。同时，在我国《中长期铁路网规划》中，计划到 2020 年，全国铁路营业里程达到 15 万千米，主要繁忙干线实现客货分线，复线率和电化率均达到 50%，运输能力满足国民经济和社会发展需要，主要技术装备达到或接近国际先进水平，这为 GSM-R 在中国的发展提供了宽广的发展空间。

GSM-R 进入中国已有十余年的历程，经过理论研究、技术革新、政策审核、网络建设、施工验收等层层考验，最终在 GSM-R 工程方面取得了骄人的成绩。初步建设了分别代表高原、重载和繁忙干线的青藏线、大秦线、胶济线三条 GSM-R 线路，武广专线也于 2009 年 12 月 26 日开通，客运专线的建设也已进入实施阶段。其中，青藏线是一条集多种领先技术于一身的往返于"世界屋脊"的铁路；大秦线是使中国步入重载领域先进行列的标志性工程，它突破性地实现了年运量 2 亿吨的目标，现在技术还在不断创新，预计年运量将达到 4 亿吨；胶济线的建设是对 GSM-R 技术应用于具有中国特色环境的一个尝试，它的成功与否影响着 GSM-R 技术在时速 200 km/h 铁路线路的普及率。

与此同时，GSM-R 也面临着新的挑战。在技术、工程上仍然存在未攻克的难点，如 GPRS 技术能否应用于列控和高速铁路，如何解决与中国移动间的共用带宽干扰问题等。GSM-R 目前仅满足了铁路运输业务的基本需求，增值业务还未纳入发展规划。

第三节　GSM-R 的应用

GSM-R 系统向铁路用户提供两类业务：语音业务和数据业务。语音业务通过电路交换方式实现。数据业务既可以通过电路交换方式实现，即电路型数据业务（CSD），也可以通过分组交换方式实现，即分组型数据业务（GPRS）。电路交换依靠 MSC 完成，分组交换依靠 SGSN 完成。

语音业务包括在调度通信、区间通信、公务通信、紧急通信中使用的点对点语音通信、语音组呼、语音广播呼叫。

电路型数据业务负责完成安全数据的传输。安全数据是指与列车控制有关的信息，如列车控制信息、机车同步操作信息、调车机车信号和监控信息等。为保证安全数据传输通道资源的可用性，采用了 eMLPP 业务，并给安全数据传输业务分配了较高的 1 级优先级。

分组型数据业务完成非安全数据的传输。非安全数据包括调度指挥、应急抢险、运营监控、管理维护和旅客服务等类数据。目前一般采用或即将采用 GPRS 模式，多用户共享一个分组数据传输通道，且只有当需要传输数据时才占用信道。

下面介绍 GSM-R 系统在铁路中的一些主要应用。

一、调度通信

调度通信系统的业务包括列车调度通信、货运调度通信、牵引变电调度通信、其他调度及专用通信、站场通信、应急通信、施工养护通信和道口通信等。

1. 系统结构

利用 GSM-R 进行调度通信系统组网，既可以完全利用无线方式，也可以同有线方式结合起来，共同完成调度通信业务。由 GSM-R + FAS（固定用户接入机）构成的无线/有线混合网络主要由 NSS（包括 MSC、HLR、AuC、VIR、GCR 等）、BBS（包括 BSC、BTS）、OSS、FAS、调度台、车站台、CIR、OPH 及其他固定终端等构成，系统构成及组网方式如图 1-3 所示。

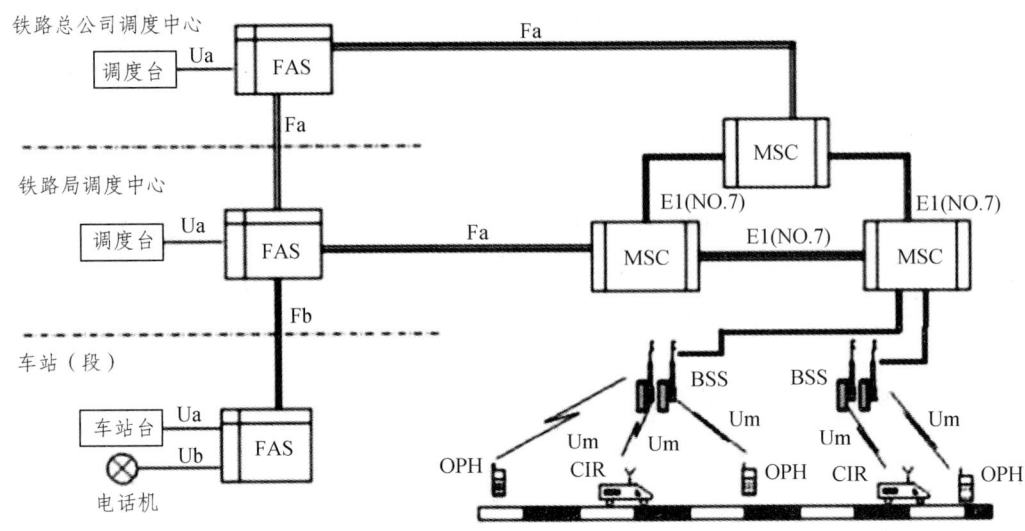

图 1-3 GSM-R 调度通信系统构成及组网方式示意图

铁路沿线采用无线覆盖，机车上采用 CIR 设备，而车站台和调度台都是有线终端。在铁路总公司、铁路局设置 FAS，就近与 MSC 连接；沿线车站根据需要设置 FAS，接入局 FAS，既有线干调网、数字区段调度应改造升级后接入 GSM-R 网络，其中车站台和调度台通过 FAS 连接到 GSM-R MSC 上，从而实现有线和无线用户的通信。下面以列车无线调度电话（简称无线列调）为例，介绍其是如何采用 GSM-R 系统来实现的。

2. 无线列调

无线列调是重要的铁路行车通信设备，负责指挥列车的运行，其工作成员包括行车调度员、车站值班员、助理值班员、机车司机、运转车长等。

机车司机和运转车长（一般是客运）均处于允许的列车上，共同负责列车的运行，在每个车站。有一名车站值班员和若干名助理值班员，负责本车站管辖范围内的列车运行。助理值班员一般工作在室外，而车站值班员在车站室内操作指挥。行车调度员位于调度所，一般一个调度所管理多个车站，因而行车调度员的管辖范围大于车站值班员的管辖范围。

无线列调系统的主要问题是解决"大三角"和"小三角"通信。"大三角"通信是指行车调度员、车站值班员与机车司机之间的通信。"小三角"通信是指车站值班员、机车司机和运转车长之间的通信。

列车调度的语音通信需求可以归结为四类：点对点通信、多方通信、语音组呼、语音广播呼叫。点对点通信，移动台呼叫固定台，即从移动台到固定台的寻址，由于固定台位置是不动的，故可以采用基于位置的寻址；固定台到移动台的寻址，移动台处于不断移动的状态，故不能采用基于位置的寻址，而采用功能寻址。表 1-2 中是所有语音通信应用到的 GSM-R 业务和功能，具体细节需要结合我国铁路实际功能定义和编号方式。

表 1-2 GSM-R 列车调度系统语音通信功能的实现

主叫	通信范围	被叫	实现方法
行车调度员	调度范围	某一司机	车次功能号
		某一运转车长	车次功能号
		司机和运转车长	VGCS
		司机和运转车长（广播形式）	VBS
		车站值班员、助理值班员、司机、运转车长	VGCS
		所有运转车长	VGCS
	车站范围	车站值班员、助理值班员、司机、运转车长	VGCS
列车司机	调度范围	行车调度员	基于位置寻址
	车站范围	车站值班员、助理值班员	语音组呼
	本列车内	运转车长	完整电话号码
	动态范围	区域内其他司机	语音组呼
运转车长	调度范围	行车调度员	基于位置寻址
	车站范围	车站值班员、助理值班员	语音组呼
	本列车内	列车司机	完整电话号码
车站值班员	调度范围	行车调度员	完整电话号码
	车站范围	某一司机	车次功能号
		所有司机	语音组呼
		某一运转车长	车次功能号
		所有运转车长	语音组呼
		所有助理值班员	语音组呼
		所有助理值班员、所有司机、所有运转车长	语音组呼
		某一助理值班员、某一车次的司机和运转车长	ISDN 多方通信/GSM-R 多方通信
	相邻车站	相邻车站的车站值班员	完整电话号码
助理值班员	车站范围	某一司机	车次功能号
		某一运转车长	车次功能号
		所有司机、所有运转车长	语音组呼
		车站值班员、其他助理值班员	语音组呼

对于基于位置的寻址，涉及一个小区规划的问题。由于 GSM-R 网络的最小定位范围是小区，这就是说，当列车呼叫车站值班员的时候，如果一个小区覆盖多个车站那么呼叫将被路由到多个车站值班员，因此，GSM-R 小区最大设置为覆盖一个车站。

而对于车次功能号，由于 GSM-R 的标准中只包含了 0~9 数字车次号，而中国的车次号中包含字母，所以，需要建立一个从数字到字母的映射表，使得移动台的 MMI（操作显示终端）可以将用户输入的含有字母的车次号转换为只包含数字的车次功能号，反之也是如此。

二、无线车次号信息传送

无线车次号与列车停稳信息传输对铁路运输管理和行车安全具有重要的意义，它可通过基于 GSM-R 电路交换技术的数据采集传输应用系统来实现数据传输，也可以采用 GPRS 方式（用户数据报 UDP 协议）来实现。

利用 GSM-R 网络的 GPRS 通道，可配合 TDCS（列车调度指挥系统）/CTC（分散自律调度机中）系统，实现机车与 TDCS/CTC 地面设备间车次号及列车停稳信息的传送。

1. 系统结构

系统由 GSM-R 网络（叠加 GPRS）、机车数据采集编码器、机车安全信息综合监测装置（以下简称检测装置）、CIR、TDCS/CTC 设备等组成，如图 1-4 所示。

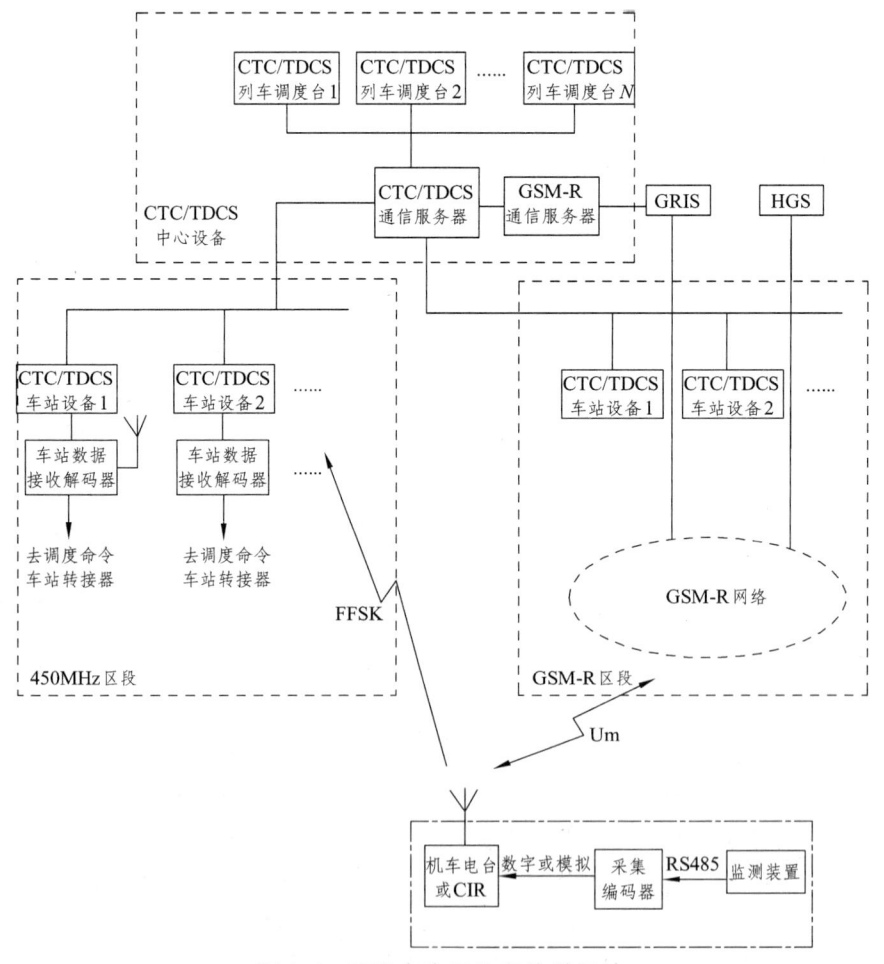

图 1-4　无线车次号信息传送系统

2. 系统功能

（1）机车数据采集编码器采集检测装置的数据，每 200 ms 将采集到的数据编码发送一次，CIR 按规定条件发送车次号信息。

（2）实现车次号信息传送的目的 IP 地址及时更新。

（3）支持 CTC/TDCS 查询指定列车的车次号信息。

（4）对发送的车次号信息、列车停稳和列车启动信息进行存储。

（5）机车数据采集编码器具有发送车次号测试信息的功能。

（6）CTC/TDCS 根据接收到的无线车次号信息进行车次校核和追踪。

（7）CTC/TDCS 具有按车站和按机车自动统计车次号信息传送成功率的功能。

3. 通信过程

（1）采集处理装置在安装前需要进行归属目的 IP 地址的设置。采集处理装置开机后与 CIR 握手，按照设置的归属目的 IP 地址向 CTC/TDCS 申请车次号传送的当前目的 IP 地址。当 CTC/TDCS 判断运行列车即将离开管辖区时，将接管辖区的目的 IP 地址发送给运行列车的采集处理装置，采集处理装置则根据该信息进行目的 IP 地址的更新。

（2）采集处理装置接收监测装置的信息并对信息进行实时分析，数据内容符合以下条件之一时：

① 监控状态下，列车进入新的闭塞分区、进站、出站。

② 非监控状态下，列车运行速度由 0 变为 5 km/h。

③ 非监控状态转为监控状态时。

④ 列车停稳时发送一次列车停稳信息，列车启动时发送一次列车启动信息。

列车启动时通过 CIR、GGSN、GRIS 发送一次车次号信息。列车停稳时采集处理装置向 CTC/TDCS 发送一次列车停稳信息。发送车次号或列车停稳信息的同时向操作显示终端发送一次相同信息。

（3）CTC/TDCS 根据需要可向运行列车上的采集处理装置查询车次号信息。需要查寻机车 IP 地址时，CTC/TDCS 可利用机车号向 GSM-R 网络的域名服务器（DNS）进行域名查址获得对应关系。

三、调度命令传送

铁路的调度命令是调度所里的调度员向司机下达的书面命令，它是列车行车安全的重要保障。调度员通过向列车司机发出调度命令对行车、调度和事故进行指挥控制，是实施铁路运输管理的重要手段。采用车地数据通道传输调度命令无疑将加速调度命令的传递过程，提高工作效率。调度员可以通过计算机编辑调度命令，司机也是通过计算机接收调度命令，这样就可以把调度命令保存在计算机的磁盘中，用于事故分析和明确责任，双方都可以用打印机打印成书面文件，其优点显而易见。

1. 系统结构

系统由 GSM-R 网络（叠加 GPRS）、CIR、CTC/TDCS 设备等组成，如图 1-5 所示。

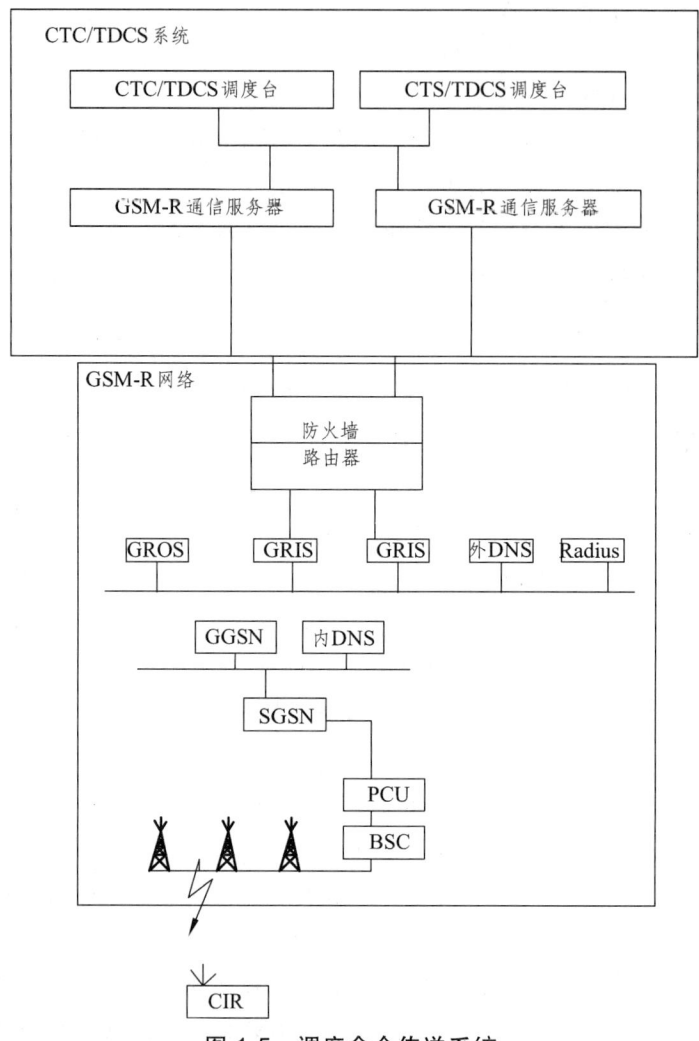

图 1-5　调度命令传送系统

2. 系统功能

（1）调度员能通过本系统向辖区内的运行列车发送调度命令、行车凭证、调车作业通知单等信息。

（2）车站值班员等通过本系统向辖区内的运行列车发送行车凭证、调车作业通知单等信息。

（3）CTC/TDCS 能自动向辖区内的运行列车发送列车进路预告信息。

（4）调度命令机车装置能向发送方终端发送自动确认信息。

（5）司机能够通过调度命令机车装置向发送方终端发送手动签收信息。

（6）系统应支持跨区段发送调度命令信息。

（7）在规定时间内，CTC/TDCS 系统未收到签收信息，应向调度命令信息发送方给出提示。

（8）司机利用操作显示终端（MMI）可发送调车请求信息。

（9）CTC/TDCS 设备和调度命令机车装置应完整存储所有调度命令信息和操作过程。

（10）系统中各终端应具有文字提示功能，列车调度台和调度命令机车装置还应具有语音提示功能。

（11）CTC/TDCS 应具备分别按车站和按机车自动统计调度命令信息传送成功率的功能。

3. 通信过程

（1）CTC 将调度命令（按机车号）发送给 GRIS。

（2）GRIS 将对应机车号的域名送给 GGSN，GGSN 将机车号域名送给 DNS 进行解析。

（3）DNS 将解析后的相应 IP 地址返回给 GGSN，GGSN 返回 IP 地址给 GRIS。

（4）GRIS 通过 GGSN 将调度命令发送给机车台。

四、列尾信息传送

将尾部风压数据反馈传输通道纳入 GSM-R，可避免单独投资及单独组网建设，同时利用 GSM-R 强大的网络功能，克服了原有系统抗干扰性差、信息无法共享等各种缺点。

1. 系统结构

列尾信息可以利用 GSM-R 网络的电路交换方式或分组交换方式进行传送。采用分组交换方式的列尾信息传送系统如图 1-6 所示，系统由 GPRS 子系统、BSS 子系统、CIR、列尾主机构成。

2. 系统功能

（1）列尾主机能与 CIR 建立和拆除唯一对应关系。

（2）CIR 提供司机查询列车尾部风压的功能。

（3）CIR 能语音提示和显示接收到的列车尾部风压数值。

（4）风压数值超过规定时间没有更新时，CIR 应进行声光报警。

（5）CIR 具有控制列尾主机排风制动的功能。

（6）CIR 能接收列尾主机发送的电池电量不足报警信息和列车管风压低于设定值时的报警信息，并进行声光报警。

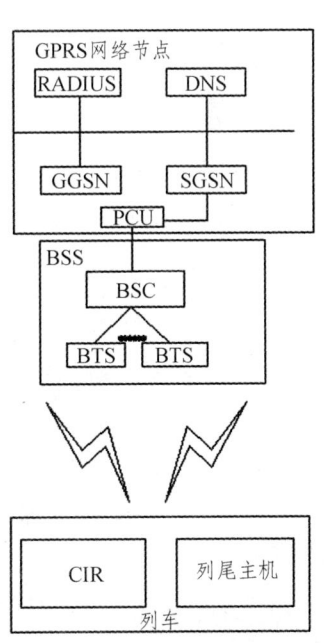

图 1-6 分组交换方式的列尾信息传送系统

3. 通信过程

（1）列尾主机向系统注册其 IP 地址，并建立列尾主机与 CIR 设备唯一对应关系。

① 列尾主机加电，维护人员输入机车号，自动向 GPRS 网发起网络注册、附着和 PDP 激活，获得自己的 IP 地址。

② 列尾主机自动把机车号域名发送到 DNS 服务器，DNS 进行解析，把该机车号所对应的机车台 IP 地址返回给列尾主机，列尾主机存储该 IP 地址，用于访问机车台。

③ 列尾主机以该 IP 地址作为目的地址，把建立对应关系请求信息发送给相应的 CIR，二者建立一一对应关系。

（2）CIR 向列尾主机发送查询数据包，在收到该数据包后，列尾主机检测风压并封装在数据包中发给 CIR。

（3）若风压超过告警界限，列尾主机将向 CIR 发送数据包以报告险情。

五、调车机车信号和监控信息传送

1. 系统结构

GSM-R 调车机车信号与监控系统构成如图 1-7 所示，包括调车机车信号和监控车载设备（简称车载设备）、调车机车信号和监控地面设备（简称地面设备）、GSM-R 网络和 CIR。

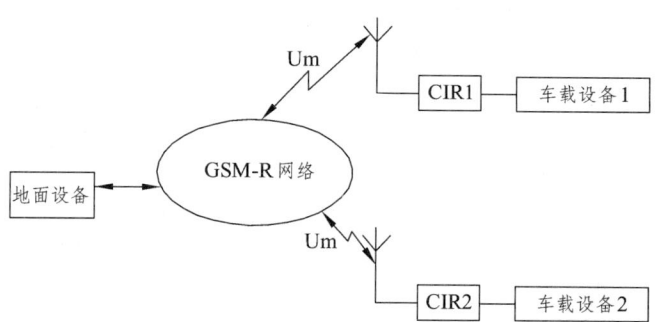

图 1-7　GSM-R 调车机车信号和监控信息传送系统

2. 系统功能

（1）提供调车机车信号和监控信息传输通道。

（2）实现地面设备和多台车载设备间的数据传输。

（3）存储进入和退出调车模式的有关信息。

（4）多台调机同时作业时，地面设备使用连选功能，与每台车载设备分别建立电路连接。

3. 通信过程

为保证可靠性，系统通信方式采用点对点电路连接。

（1）当 CIR 接收到车载设备发送的进入调车监控模式命令时，自动按分配给地面设备的功能号进行基于位置的呼叫，GSM-R 网络接收到功能号呼叫后将路由指向对应的地面设备，在地面设备与车载设备之间建立一条电路链路，同时操作显示终端提示处于调车监控模式。

（2）地面设备发送数据时根据信息内容中的机车号选择对应的端口将数据转发，CIR 接收到数据后按照目的端口码转发给车载设备。车载设备发送数据时先将数据通过已建立的数据链路发送给 CIR，再把数据通过链路发送到地面设备。

（3）当 CIR 接收到车载设备发送的退出调车监控模式命令时，CIR 则释放电路链路。

六、机车同步控制信息传输

铁路运输中采用多机车牵引模式时，机车间的同步操作格外重要，如各机车的同时启动、加速、减速、制动等。如果牵引机车操作不同步，就会造成车厢间的挤压或者拉钩现象，影响运输安全，降低运输效率。为了保证操作的可靠性，可以利用 GSM-R 网络提供可靠的数据传输通道，采用无线通信的方式来实现机车间的同步操控。

机车同步操作控制系统由地面设备和机车车载设备组成，如图 1-8 所示。其中，地面设备由 Locotrol 应用节点（以下简称应用节点）组成，与外部 GSM-R 网络采用标准的 PRI（30B + D）接口相连；机车车载设备由 Locotrol 车载控制模块（简称 Locotrol）和 GSM-R 车载通信单元（简称通信单元）组成。Locotrol 与通信单元采用 RS-232 或 RS-422 接口方式。

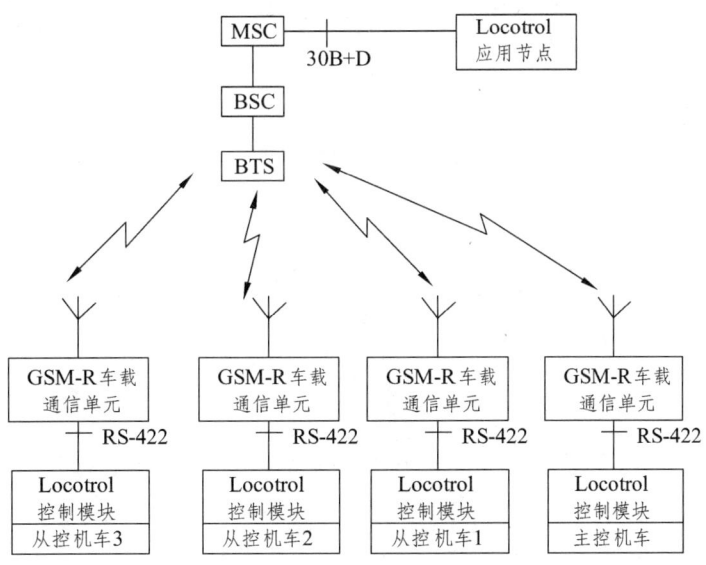

图 1-8　机车同步操作控制系统组成

Locotrol 的功能包括：主控机车分别连接从控机车、主控机车分别和从控机车断开连接、排风和紧急制动操作、制动缓解指令发布、制动管路测试、状态检测和查询，从控机车确认收到操作指令等。通信单元的功能包括：通信链路建立、通信链路保持、通信链路监视、数据传送等。地面应用节点的功能包括：通信链路连接控制、通信链路保持、通信链路监视、数据转发、数据记录和查询等。

七、列车控制信息传送

中国列车控制系统（CTCS）是在采用传统的闭塞系统或移动闭塞系统的条件下，增强列车自动控制功能的超速防护系统。同时，它也是一个驾驶辅助系统，帮助司机以安全的方式驾驶列车。列车控制系统是行车指挥和列车控制的关键技术，是列车安全运营的保障。

从国情、路情实际出发，CTCS 共划分为五级，即 CTCS0/1 级、CTCS2 级、CTCS3 级和 CTCS4 级。其中 CTCS3 级（基于轨道电路和无线通信的固定闭塞系统）和 CTCS4 级（完全基于无线通信的移动闭塞系统）与 GSM-R 有着密切关联。

（一）CTCS3 级

CTCS3 级系统是一个基于轨道电路和无线通信系统（GSM-R）的列车运行控制系统。在 CTCS3 级系统中，车载设备应与地面设备配合工作，列车按固定闭塞方式运行，由无线闭塞中心（RBC）控制，利用 GSM-R 系统在车地之间双向传输信息，车载设备配备无线通信模块，应答器作为定标设备。机车信号为主体信号，可以取消地面信号，另外，利用轨道电路或计轴设备进行轨道占用及列车完整性检查，但它们不属于 CTCS3 级的设备。

1. 系统组成

CTCS-3 级系统由地面子系统和车载子系统组成，如图 1-9 所示。

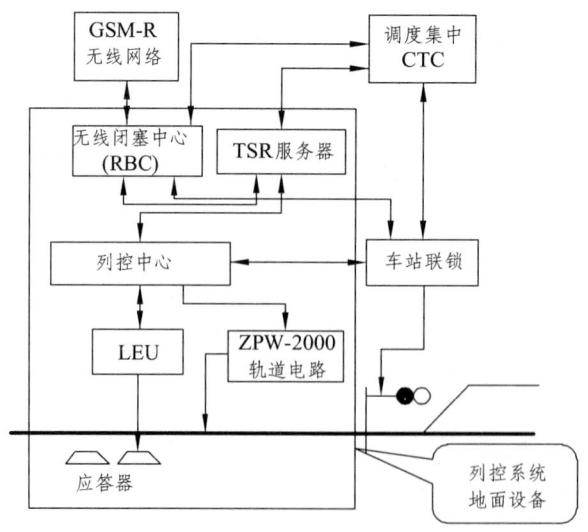

图 1-9 机车同步操作控制系统组成

1）地面子系统

地面子系统包括 RBC（无线闭塞中心）、行车指挥中心、联锁系统、轨道电路。列控中心。点式设备等。

① 无线闭塞中心（RBC）：使用无线通信手段的地面列车间隔控制系统。它根据列车占用情况及进路状态，通过安全逻辑运算，产生控车命令，向所管辖列车发出行车许可和列车控制信息，实现对运行列车的控制。

② 点式设备：主要提供列车定位信息。

③ 轨道电路：主要用于列车占用检测及列车完整性检查。

2）车载子系统

车载子系统包括无线通信车载设备、点式信息接收模块、测速模块、设备维护记录单元、车载安全计算机、人机接口、运行管理记录单元等。

车载子系统是对列车进行操纵和控制的主体，具有多种控制模式，并能够适应轨道电路、点式传输和无线传输方式。车载子系统完成点式信息的接受与处理，实时检测列车运行速度并计算列车行走距离，对列车运行控制信息进行综合处理，生成目标距离模式曲线，控制列车按命令运行。

2. 通信过程

CTCS-3 通过 GSM-R 系统以无线方式实现车地双向信息传送。

RBC 向车载通信单元发送的信息有：移动授权（与前车的距离、行驶速度、进路解锁时间等）、线路数据（线路长度、起止点坐标、坡度、桥隧信息、牵引换相点数据等）、指令（进入调车模式、限速、人工引导等特殊操作）等。

车载通信单元向 RBC 发送的信息有：列车位置、速度、状态（列车本身的编组、长度、制动性能等情况）、列车类型等。

表 1-3 给出了 CTCS-2 与 CTCS-3 的区别。

表 1-3 CTCS-2 与 CTCS-3 的区别

对比项	CTCS-2 级	CTCS-3 级
传输媒介	轨道电路＋应答器	GSM-R＋应答器
车地信息传输	地对车单向信息传输	地-车双向信息传输
300 km/h 以上的适应性	已经在 250 km/h 线路上成功运用，客专可用于 300 km/h 线路上运行	CTCS-3 级在 ETCS-2 级基础上进行系统集成和自主创新，ETCS-2 级列控系统已在欧洲高速铁路上成熟应用
技术发展趋势	CTCS-3 级列控系统属于基于通信的列控系统范畴，符合国际铁路技术发展趋势	

（二）CTCS4 级

CTCS4 级是一个完全基于无线通信 GSM-R 的列车运行控制系统。CTCS-4 级列控系统有以下几个优点：车地之间大数据量的传输可以支持高速列车的运行需要；取消地面信号和轨道区段空闲检查设备及相应电缆，可以降低设备成本；可以实现移动闭塞方式，使两列车追踪间隔大大缩短，提高列车在区间追踪运行的密度，从而大大提高铁路运输效率；由于能够实现车地之间的双向信息传输，构成了闭环控制系统，因此列车运行的安全性人人提高；地面可以根据列车报告的具体情况进行更加精准的控制（例如，可以实现对不同等级的列车施加不同的临时限速）。此外，还可以通过 RBC 将列车信息和防护信息发送给其他相关信息管理系统，实现调度系统全方位的集成。显然，CTCS-4 级列控系统具有诸多良好的特性，是未来的发展方向。

八、区间移动通信

在区间作业的水电、工务、信号、通信、供电、桥梁守护等部门内部的通信，均可以使用 GSM-R 作业手持台，作业人员在需要时可与车站值班员、各部门调度员或自动电话用户联系。紧急情况下，作业人员还可以呼叫司机，与司机建立联络，其主要功能如下。

（1）能够呼叫当前车站的车站值班员和助理值班员。
（2）紧急情况下，能够呼叫当前调度员。
（3）能在预定义范围内发起组呼和广播呼。
（4）能够发起铁路紧急呼叫和公众紧急呼叫。
（5）能够接受来自其他授权用户的呼叫。
（6）能接收语音组呼和广播呼叫。

九、应急通道

应急通信系统是指当发生自然灾害或突发事件等影响铁路运输的紧急情况时，为确保实时救援指挥通信需要，在突发事件现场和救援中心之间，以及现场内部建立的语音、图像、数据通信系统。它是铁路战备通信系统的重要组成部分，应做到迅速准确、可靠畅通、机动灵活。

基于 GSM-R 移动通信的应急通信系统的话音业务包括铁路紧急呼叫和 eMLPP 业务，铁路紧急呼叫是指"具有铁路紧急优先级"的呼叫，用于通知司机、调度员和其他处于危险级别的相关人员，要求停止在预先指定地区内的所有铁路活动。由于铁路运营存在某些紧急情况，这些呼叫被连接到事先定义的用户和用户组，所有铁路紧急呼叫都应使用 GSM 语音组呼规范。eMLPP 业务规定了在呼叫建立时的不同优先级，以及资源不足时的资源抢占能力。对于应急指挥话音业务，可为其设置高优先级，以保障通信的快捷畅通。

十、旅客列车移动信息服务通道

旅客列车移动信息服务包括移动售票和旅客列车移动互联网等服务。基于 GSM-R 的可靠车-地数据传输系统的出现，使在列车上完成移动售票成为可能。在列车上乘客可以通过售票终端完成客票查询、订票、购票或者补票业务，再通过车-地数据传输系统将客票信息实时传送到地面上的票务中心，以便及时更新客票信息。列车旅客信息服务系统是为列车上具有一定接入条件（如笔记本计算机、PDA、手机等）的旅客提供互联网与业务，如电子邮件、WWW 浏览、铁路相关信息、旅客移动位置业务、在线电影、网络游戏、网上聊天等。

本章小结

1. 我国铁路既有移动通信系统主要包括：无线列车调度电话系统、无线调度命令传送系统、TDCS 无线车次号校核系统、战场无线通信系统、各专用部门单位通信系统等。这些无线通信设备在铁路运输安全生产中发挥着重要的作用，然而随着铁路信息化的发展和高速客运专线的建设，现代铁路对移动通信提出了更高的要求。

2. 我国铁路将通过综合数字移动通信网络的建设、实现铁路各种移动信息资源采集、传输，为现代调度、指挥、控制提供平台。铁路各级生产和管理人员通过综合数字调度移动通信网络共享全路范围内生产和管理领域的信息，并且向社会实时提供铁路客运及其他服务信息。

3. GSM-R 在 GSM 蜂窝系统上增加了调度通信功能和适合高速环境下使用的要素，能满足国际铁路联盟提出的铁路专用调度通信要求。

4. 我国铁路确定 GSM-R 体制作为铁路移动通信的发展方向。结合我国实际运用，逐步建立健全适合我国铁路应用的 GSM-R 技术标准体系。我国铁路部门有计划、有重点地对现有铁路配备 GSM-R 系统，对新建的高速铁路、客运专线统一配备 GSM-R 系统。

5. GSM-R 系统向铁路用户提供两类业务：语音业务和数据业务。数据业务又分为电路型数据业务（CSD）和分组型数据业务（GPRS）。

语音业务也包括在调度通信、区间通信、公务通信、紧急通信中使用的点对点语音通信、语音组呼，语音广播呼叫。电路型数据业务完成安全数据的传输，如列车控制信息、机车同步操作信息、调车机车信号和监控信息等。分组型数据业务完成非安全数据的传输，如调度指挥、应急抢险、运营监控、管理维护和旅客服务等数据。

复习思考题

1. 简述我国铁路移动通信的发展现状。
2. 铁路综合数字移动通信系统在我国铁路信息化体系中的地位和作用是什么?
3. GSM-R 标准是在什么情况下提出的?
4. 叙述 GSM-R 系统在我国铁路中的发展状况。
5. 无线列调系统是如何组成的?叙述其通信过程。
6. 无线车次号传送系统是如何组成的?叙述其通信过程。
7. 调度命令传送系统是如何组成的?叙述其通信过程。
8. 列尾信息传送系统是如何组成的?叙述其通信过程。
9. 机车信号和监控信息传送系统是如何组成的?叙述其通信过程。
10. 机车同步操控系统是如何组成的?叙述其通信过程。
11. CTCS3 级系统是如何组成的?叙述其通信过程。

第二章 GSM-R 基本原理

GSM-R 是以 GSM 标准为基础开发的，其基本原理继承自 GSM，但由于 GSM-R 在业务功能和工作环境方面与 GSM 系统有所区别，因此其工作原理在某些方面又有其特殊性。

本章从移动通信的概念、特点、发展、区域覆盖、多址技术、传输及信息处理技术、系统控制等方面来介绍 GSM-R 的基本原理和关键技术。

第一节 移动通信基本概念

随着商品经济的发展，人们物质、文化生活水平逐渐提高，社会活动日益频繁，社会已进入了信息时代，人们迫切要求采用现代化的科学技术实现信息快速、及时的传递。人们（Whoever）越来越希望能够在任何时候（Whenever）、任何地点（Wherever）方便地与任何人（Whomever）交换任何信息（Whatever），这 5 个任何简称为"5W"，即个人通信。移动通信的发展为其实现提供了条件和可能。本节主要介绍移动通信的概念、特点、发展、工作方式。

一、移动通信概念

所谓移动通信，是指通信双方或至少有一方在移动中进行信息传输与交换的通信方式，包括移动台（汽车、火车、飞机、船舰等移动体上）与固定台之间的通信、移动台与移动台之间的通信、移动台通过基站与有线用户之间的通信。

移动通信使人们能够更有效地利用时间，这是它快速发展的原因之一。由于各种新技术的应用，移动通信成为现代通信网中一种不可缺少的手段，是用户随时随地、快速可靠地进行多种形式信息交换的理想方式。

移动通信有多种方式，可以双向工作，也可单向工作。移动通信系统的类型很多，可按不同方式进行分类。

① 按使用对象可分为民用通信和军用通信。
② 按使用环境可分为陆地通信、海上通信和空中通信。
③ 按多址方式可分为频分多址（FDMA）、时分多址（TDMA）和码分多址（CDMA）等。
④ 按覆盖范围可分为宽域网和局域网。
⑤ 按业务类型可分为电话网、数据网和综合业务网。

⑥ 按工作方式可分为单工、半双工和全双工。
⑦ 按服务范围可分为专用网和公用网。
⑧ 按信号形式可分为模拟网和数字网。

二、移动通信的特点

移动通信可应用于任何条件下，一般可用在有线不可及的情况，与有线通信相比较具有以下几个特点。

1. 移动通信是有线、无线相结合的通信方式

移动通信把无线通信技术、有线传输技术、计算机通信技术等有机地结合在一起，为用户提供一个较为理想、完善的现代通信网。无线通信主要在基站与移动台间采用；在基站与交换控制中心之间可以用有线或无线方式实现信息传输。

2. 电波传播条件恶劣

移动通信的运行环境十分复杂，电波不仅会随着传播距离的增加而发生弥散和损耗（传播损耗），并且会受到地形、地面物体的遮蔽而发生"阴影效应"。而且信号经过多点反射，会从多条路径到达接收点，这种多径信号的幅度、相位和到达时间都不一样，它们相互叠加会产生电平衰落和时延扩展（多径衰落），如图 2-1 所示。其次，移动通信常常在快速移动中进行，这不仅会引起多普勒频移，产生随机调频，而且会使电波传播特性发生快速的随机起伏，严重影响通信质量。

3. 强干扰条件下工作

通信质量的好坏不仅取决于设备性能，还与外部的噪声和干扰有关。发射功率再高，当噪声和干扰很大时，信号也会被淹没而使系统无法正常工作。

对于移动通信系统来说，其主要噪声来源是人为噪声（如汽车的点火噪声等）。为保证通信质量，除选择干扰性强的调制方式外，移动通信设备还必须有足够的抗人为噪声的能力及储备。

移动通信系统的主要干扰有互调干扰、邻道干扰和同频干扰。

互调干扰主要是由两个或多个干扰信号同时加到接收机时，由于非线性的作用，这两个或多个干扰的组合频率有时会恰好等于或接近有用信号频率而顺利通过接收机，当叠加后的干扰信号达到一定幅度时即产生对有用信号的干扰。其中三阶互调是最严重的。因此，要求移动通信设备必须具有良好的选择性。

邻道干扰是指相邻或邻近信道之间的干扰。如图 2-2 所示，用户 A 占用了 K 信道，用户 B 使用 $K+1$ 信道，本来他们之间不应存在干扰问题，但当一个基站很远（如用户 A），而另一个却很近时（如用户 B），由于信道间隔有限，就会出现基站接收信号中 $K+1$ 信道的强信号干扰 K 信道弱信号的现象，这就是由远近效应引起的邻道干扰。为解决这个问题，在移动通信设备中，使用了自动功率控制电路。当移动台靠近基站时，根据所接收到的基站发来的功率控制信号自动降低发射功率，而远离基站时自动提高发射功率。

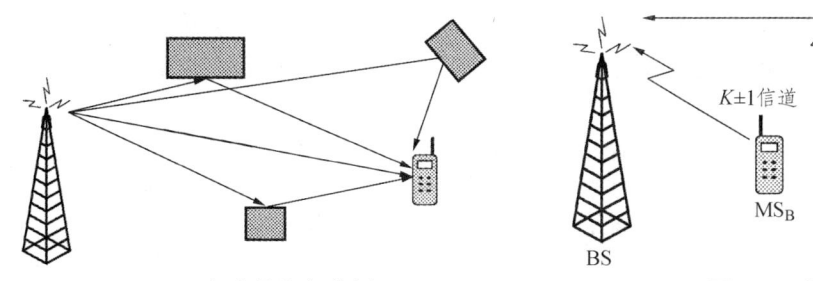

图 2-1　电波的多径传播　　　　图 2-2　邻道干扰

同频干扰是指相同载频电台之间的干扰,它是蜂窝式移动通信所特有的。蜂窝移动通信系统为了提高频率的利用率,采用同频复用技术,间隔一定距离的不同小区可使用相同的频率,若使用相同频率的小区间隔距离不满足要求即会引起同频干扰。为此要求一定通信系统在组网时对解决同频干扰问题应予以充分的重视。

4. 存在阴影区(盲区)

当移动台进入某些特定区域时,会因电波被吸收或被反射而接收不到信息,这一区域称为盲区。这个问题,在网络规划、设置基站时必须予以充分的考虑。

5. 通道容量有限

由于移动通信的频段仅限于 UHF 和 VHF,所以可用的通道容量是极其有限的。为满足用户需求量的增加,只能在有限的已有频段中采取有效利用频率措施(如窄带化缩小频带间隔、频带重复利用等)来解决。目前常使用频道重复利用的方法来扩容,增加用户容量。

6. 通信系统复杂

由于移动台在通信区域内随时运动,需要随机选用无线信道进行频率和功率控制、选用地址登记、越区切换、漫游存取等跟踪技术,这就使其信令种类比固定网要复杂得多。此外,在入网和计费方式上也有特殊的要求,所以移动通信系统是比较复杂的。

三、移动通信的发展概述

1. 移动通信系统的发展

移动通信的历史可以追溯到 20 世纪初。在 1895 年无线电收发装置发明之后,莫尔斯电报就用于船舶通信。1921 年,美国底特律和密执安警察厅开始使用车载无线电台,其工作频段为 2 MHz；1940 年,又增加了 30~40 MHz 的频段。由于专用移动用户的增加,美国联邦通信委员会又分配了 300~500 MHz 之间的 40 MHz 带宽,供陆上无线通信使用。

移动通信,在 20 世纪 80 年代以前是指公用汽车电话系统。自美国贝尔实验室于 1946 年在圣路易斯建立了世界上第一个公用电话系统以来,移动通信经历了从单工方式的人工选择空闲信道,到大区制、双工方式循环定位法自动选择空闲信道,再到窝蜂状大容量小区制的移动电话系统等几个阶段。移动通信系统从模拟制式进入了第二代数字制式，目前正处于 4G 商用建设阶段。现在，蜂窝移动电话系统主要使用 900 MHz 和 1 800 MHz 频段。

第一代蜂窝移动通信网为模拟系统，以美国的 AMPS 和英国的 TACS 为代表，到 20 世纪 80 年代，移动通信已达到成熟阶段。第一代移动通信系统解决了系统要求容量大与频率资源有限的矛盾，成为公用移动通信网的主体，但该系统设备制式不统一，设备复杂，成本高且各厂家生产的设备不能兼容；体制过于复杂，不易于国际漫游；频率利用率低；业务种类单一，只提供语音业务；保密性差，通话易被窃听；安全性差，易被盗号；容量小，不能满足日益增长的用户需求。20 世纪 80 年代末，人们便着手研究数字蜂窝移动通信系统。

第二代数字蜂窝移动通信网采用与模拟系统不同的多址方式、调制技术、语音编码、信道编码、分集接收及数字无线传输技术，系统频谱利用率高、容量大，还能提供语音、数据等多种业务，并能与 ISDN 等其他网络进行互联。第二代数字移动通信系统的主要制式有泛欧标准的 GSM、美国的 DAMPS 和 CDMA、日本的 PDC 等。

第三代为宽带移动通信系统，主要针对第二代不能提供中高速数据业务、不能实现全球漫游提出的。最受关注的 3G 标准有：基于 GSM 的 WCDMA；基于 IS-95CDMA 的 CDMA2000；具有中国自主知识产权的 TD-SCDMA。另外，为了能使第二代向第三代平滑过渡，在第二代的基础上采用了一些新的技术，我们称之为二代半技术，如在 GSM 基础上开通的通用分组无线业务（GPRS）。3G 的引入和商用实现了移动通信跨时代的发展。

4G 可称为宽带接入和分布网络，具有非对称的超过 2 Mbit/s 的数据传输能力。包括宽带无线固定接入、宽带无线局域网、移动宽带系统和互操作的广播网站。4G 将在不同的固定平台和无线平台及跨越不同频带的网络运行中提供无线服务。4G 还是多功能集成的宽带移动通信系统，使宽带接入 IP 系统。4G 可定义为具有宽带移动和无缝业务的移动通信系统。4G 技术应具备的基本特征为：多种业务的完整融合、移动中的高速切换和高度智能化的网络。

尽管目前 3G、4G 都已在商用建设阶段，其制定的标准与预期目标还有些距离，如不能在 3G 中实现标准的全球统一、网速实际和理论相差太大，但 5G 标准的研究已提上日程。未来移动通信网络在业务上将走向数据化和分组化，网络将是全 IP 网络。

2. 我国移动电话通信系统的发展

我国蜂窝移动电话网始建于 1986 年。1989 年原邮电部从美国 Motorola、瑞典 Erisson 引进 900 MHz 的 TACS 体制的设备，1995 年我国公用 900 MHz 模拟蜂窝移动电话全国联网投入运行。1994 年 9 月，广州在全国率先建成特区及珠江三角洲数字移动电话网，同年 10 月试运营，随后各地相继引进设备建立 GSM 数字蜂窝移动电话网。1998 年，模拟用户数量开始下降，2001 年年底模拟网关闭。同期，中国联通启用 CDMA 网络（简称"C 网"），中国移动开通 GPRS。

2001 年 6 月 22 日原信息产业部成立 3G 技术试验专家组（3GTEG），负责实施 3G

技术试验。截止到 2003 年年底，我国已对 WCDMA、TD-SCDMA、2 GHz cdma20001x 完成了第一阶段试验工作，结论是系统基本成熟，终端尚存在一定问题需要改进，2004 年进行了第二阶段试验。

2008 年 5 月电信企业重组后，中国电信拥有了 C 网，中国移动和中国联通拥有 GSM/GPRS 网络（简称"G 网"）。2009 年 1 月，工业和信息化部颁发 3G 牌照，中国移动启用 TD-SCDMA，中国联通发展应用 WCDMA，中国电信在原 C 网的基础上发展启用 cdma2000。

截至 2001 年 3 月，我国移动用户已跨越 1 亿户大关，同年 7 月达 1.206 亿，超过美国，成为世界上移动用户最多的国家。我国发展 1 000 万移动用户用了 10 年，而从 1 000 万到 1 亿仅用了四年时间。截至 2004 年 6 月，移动用户已增至 3 亿，普及率达 23.7%，国产手机市场份额已达 17.7%，我国的移动通信依然有着巨大的发展潜力。

随着电信体制改革的顺利发展，电信企业重组的主要工作基本完成。中国移动、中国电信、中国联通都获得了移动和固话的综合业务运营权。TD-SCDMA 二期建设已全面启动，试商用业务成功服务奥运。目前工业和信息化部已完成第三代移动通信牌照发放工作。截至 2008 年年底，移动电话用户已达 6.41 亿户。

四、移动通信的工作方式

移动通信与固定通信一样，按消息传送的方向与时间的关系，通信方式可分为单工通信、半双工通信及全双工通信三种。

1. 单工制

单工通信是指通信双方电台交替地进行收信和发信。即在同一时刻，信息只能单方向进行传输，你说我听，我说你听。

单工通信的例子很多，如广播、遥控、无线寻呼等。这些例子中信号（消息）只从广播发射台、遥控器和无线寻呼中心分别传到收音机、遥控对象和 BP 机上。

单工机工作原理是：以按键控制收和发的转换，当甲方发话时，先按下"收发控制按钮 [简称 PTT（Push to Talk）]，这时甲方发信机处于发射状态，乙方则应松开 PTT 处于接收状态才能收信。乙方回答时，则应乙方按下 PTT、甲方松开 PTT，乙方才能发话，甲方才能收听。

2. 双工制

双工通信是指通信双方均可同时收发的工作方式，即一方在发话的同时仍能收听对方的方式，它不必按键发话，像使用普通电话一样方便。

双工通信可分为异频双工 [频分双工（FDD）]和同频双工 [时分双工（TDD）]。大多数双工制系统收发使用相隔足够距离的不同频率工作，称为频分双工（FDD），如图 2-3 所示。模拟蜂窝移动通信系统、GSM 及 CDMA 数字蜂窝移动通信系统等都采用了频分双工体制。

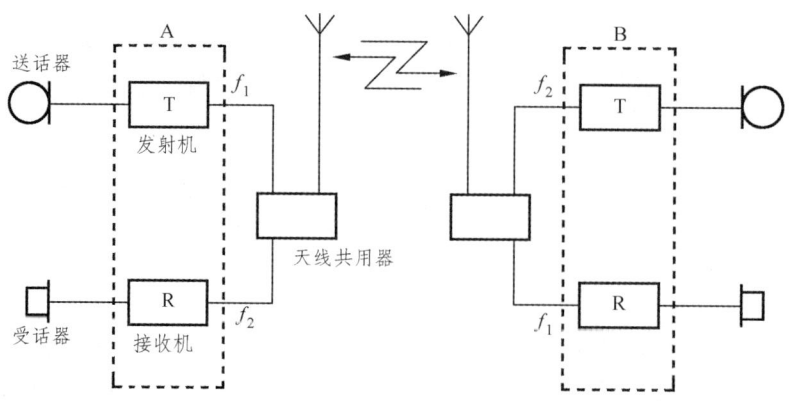

图 2-3 频分双工通信方式

双工制除了可采用上述的异频双工方式外，还可用同频双工方式，即时分双工方式（TDD）。时分双工收发虽同频工作但是收信和发信在不同的时隙内进行，避免了收发之间的干扰，这样，不必采用天线共用器就可实现收发天线的共用。同时因上下行链路使用相同的频率，其衰落特性完全相同，因而容易通过接收信号的强度来调整发射信号功率，实现较精确的开环功率控制。

这种时分双工方式已广泛使用于数字蜂窝系统（如 TD-SCDMA）和新一代无绳电话（DECT）中。

3. 半双工制

半双工通信是指通信双方中有一方使用双工方式，即收、发信机同时工作，而且使用两个不同的频率；而另一方则采用异频单工方式，即收、发信机交替工作，如图 2-4 所示。对讲机就是使用的这种工作方式，集群移动通信系统都是使用的半双工制，像汽车调度、轮船调度、列车调度等。半双工制的优点是移动台采用单工制，节省耗电、设备简单、成本低廉。

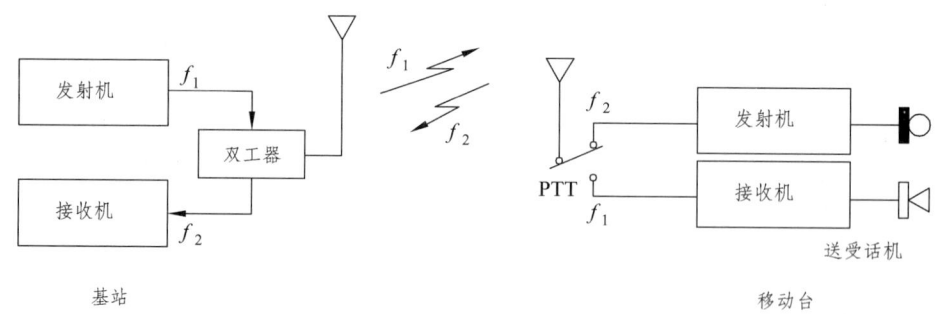

图 2-4 半双工通信方式

第二节 移动通信中信号的基本处理过程

在数字移动通信系统中，如何把模拟信号转换成适合在空中无线信道中传输的数字信号形式，直接关系到语音的质量、系统的性能，这是一个很关键的过程。本节主要介绍移动通信系统中数字语音信号的处理过程。

在移动通信系统中，发送部分电路由信源编码、信道编码、交织、加密、信号格式形成等功能模块完成基带数字信号的形成过程。数字信号经过调制及上变频、功率放大，由天线将信号发射出去。接收部分电路由高频电路、数字解调等电路组成。数字解调后，进行均衡、解密、去交织、语音解码，最后将信号还原成模拟形式，完成信号的传输过程。图 2-5 所示是 GSM-R 移动台工作原理框图。

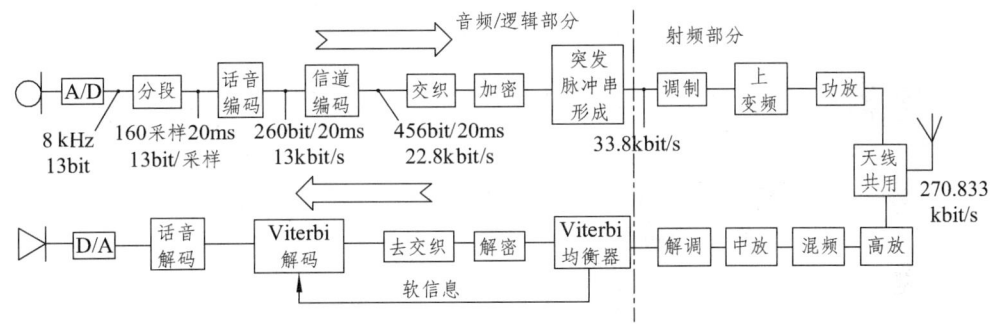

图 2-5　GSM-R 移动台工作原理框图

一、发射信号处理

MS 中，话筒接收下来的信号，需先进行模/数转换，根据抽样定理转换成速率为 8 kHz 的 13 bit 的均匀量化数字信号，再按 20 ms 分段，每段 160 个采样。分段后按有声段和无声段对信号进行分开处理。

1. 语音编码

语音编码即信源编码，用于将模拟信号变成数字信号使信号适合在信道中传输。不同的数字移动通信系统采用不同的话音编码方式，如：GSM 采用 RPE-LTP（规则脉冲激励-长期线性预测编码）编码方式，IS-95CDMA 采用 QCELP（可变速率的 Q 码激励线性预测编码）编码方式。

经过语音编码后的信号送入信道编码部分进行前向纠错处理。

2. 信道编码

在移动通信的语音业务中，信道编码主要是为了纠错。因为检错只能在收端检出错误时才让发端重发，这在传输数据的时候是可以的，而在传送语音中是不可能中断后重发的。因此在数字语音传输中，主要是利用信道编码纠错，这种方式也称为前向纠错 FEC。在无线信道上，误码有两种类型：一种是随机性误码，它是单个码元错误，并且随机发生，主要由噪声引起；另一种是突发性误码，连续数个码元错误，也称为群误码，主要由衰落或阴影造成的。GSM-R 中采用信道编码主要用于纠正传输过程中产生的随机错误。

3. 交织编码

移动信道中存在突发错误，信道编码纠正随机差错较好，但多数情况下无法纠正突发差错。为此用交织编码的方法把信道编码输出的编码信息编成交错码，使突发差错比特分散，再利用信道解码使差错得到纠正。交织的目的是在解码比特流中降低传输突发差错。

假定有一些 4 bit 组成的消息分组，把 4 个连续分组中的第一个比特取出来，并让这 4 个第 1 bit 组成一个新的 4 bit 分组称作一帧。4 个消息分组中的 2~4 bit 也做同样处理。然后依次传送第 1 bit 组成的帧、第 2 bit 组成的帧……如图 2-6 所示。

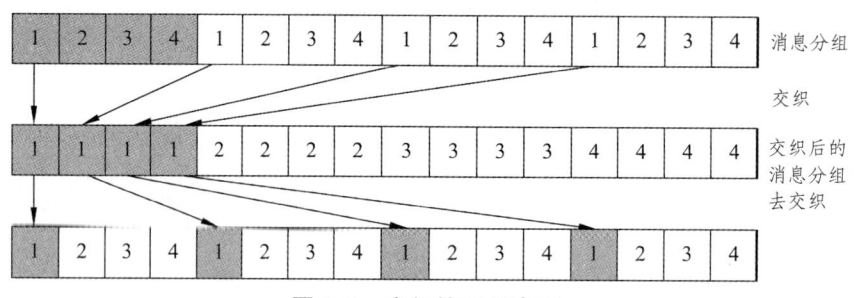

图 2-6　交织编码示意图

语音编码后，比特流传送前进行交织，到接收端再恢复到原先的次序，这样序列中的差错，就趋向于随机的分散到比特流中。

交织的方法是把编码器输出的信息比特横向写入交织矩阵，然后纵向读出，即可取比特次序改变的数据流。如图 2-7 所示。

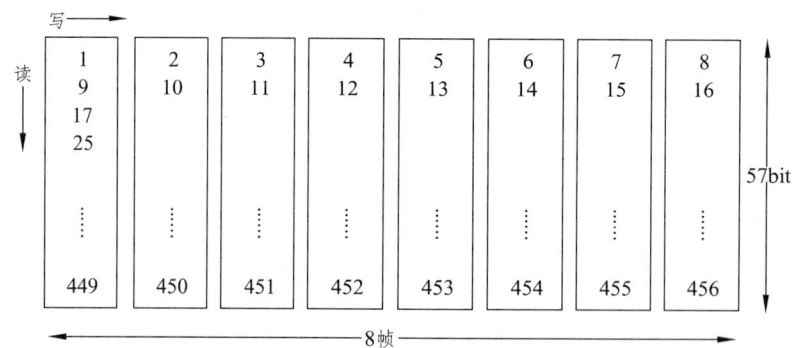

图 2-7　GSM-R 中 20 ms 编码语音交织

信道编码的信息经交织编码形成分段比特流，经加密等后续处理，按系统规定形成相应的信息格式，随后送入射频信号处理部分进行射频信号发射前的处理。

如果交织后的信息出现在同一数据块中，那么由于衰落造成突发脉冲串的损失就比较严重，若同一数据块中填入不同语音帧的信息，可降低收端出现连续差错比特的可能性，即通过二次交织可降低由于突发干扰引起的损失。在 GSM 系统中语音信息就进行了二次交织。

4. 数字信号调制

数字调制就是利用数字信号对射频载波进行调制，它和模拟调制一样，可以调制射频载波的振幅、相位、频率或其组合。但是由于信号不是连续的，所以形成了振幅键控 ASK、移相键控 PSK 和移频键控 FSK 等调制方式。

在数字移动通信系统中，数字调制是关键技术之一。为了能满足带宽内传送较高的速率，适应信道传输，在解调时能用较低的信噪比条件达到所要求的误码率，由此提出几点要求：调制的频谱效率高，每个带宽能传送的比特率高；调制的频谱应有小的旁瓣，以避免对领道信道的干扰；能适应瑞利衰落信道，抗衰落的性能好，即在瑞利衰落的传输环境中，解调所需的信噪比比较低；调制解调电路易于实现。

如 GSM 系统采用 GMSK 调制，这是一种特殊的 FSK 调制方式；IS-95CDMA 中采用了 QPSK 方式。

5. 变 频

调制后的信号即进入射频电路进行信号处理，首先上变频到发射频率。而在接收端，接收到的高频信号也必须下变频（混频）到中频才能实现解调。

在发射端，信号处理中通过混频器将有用的发射信号与本振信号进行混频，产生差频与和频，再通过滤波器保留所需的包含有用信号的差频信号，如图 2-8 所示。

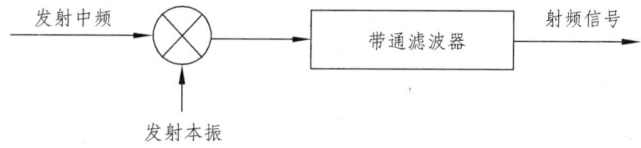

图 2-8 上变频示意图

上变频后的信号由功放将信号放大至所需功率，并由天线将信号向空中发射出去。在基站中，功率放大后的信号会经合路器合路，再通过双工器将信号送至天线。

二、接收信号处理

1. 接收射频信号处理

自天线接收下来的微弱信号先经高频放大后，在混频电路中下变频为中频信号，中频放大后用与发送端调制方式相同的方法，将模拟信号恢复成数字基带信号，再送入数字信号处理部分进行接收数字信号处理，包括均衡、解密、去交织、信道解码、话音解码和数/模转换等。

2. 均 衡

移动电波的电波传播特点是它存在严重的多径衰落。多径衰落是由移动台在移动过程中接收来自不同路径的同一信号源的电波干扰所造成的。显然来自不同路径的电波，各自振幅随机分布，各相位也是在 0~2π 内随机分布的，它们总和的包络也是一个随机量。这种多径传播的模式，对模拟移动通信会造成选择性衰落，而对于数字移动通信，它可造成传输信号中的码间干扰。码间干扰如图2-9所示。

均衡器的主要作用是产生信道模型，供信道解码中检错和纠错。输出端已知正确的发射序列，与收到的序列比较得到信道传输模型可根据收到序列推测出正确的发送序列。如图2-10所示，当输入为001时，经过信道传输，输出为010；当输入为111时，经信道传输后，输出为001，……反之，若得到的输出信号为010，对应于建立的信道模型，可知正确的输入编码应为001。

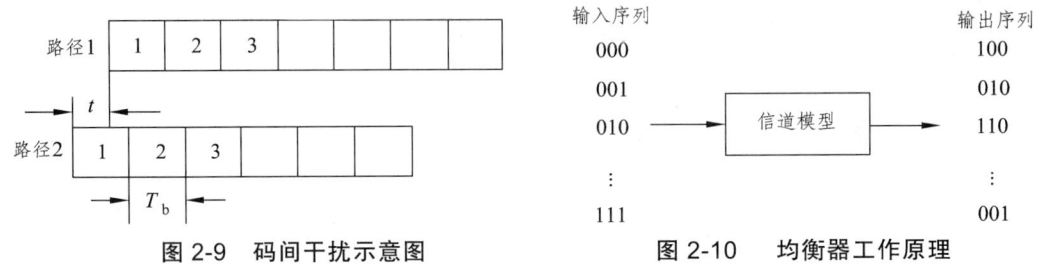

图2-9　码间干扰示意图　　　　图2-10　均衡器工作原理

第三节　无线区域覆盖结构

移动通信网络的通信质量与其无线覆盖密切相关。本节主要介绍移动通信系统的组网制式、无线区群结构、网络结构和信道含义。

网络无线覆盖根据其接续、覆盖方式，分成多重结构，如图2-11所示。

小区：一个基站或基站的一部分（扇形天线）所覆盖的区域。

基站区域：一个基站所覆盖的区域。

位置区：MS可任意移动不需要进行位置更新的区域。位置区可由一个或若干个基站区域组成。

MSC区：一个MSC所管辖的区域。一个MSC可由一个或若干个位置区组成。

PLMN服务区：由若个MSC区组成。

系统服务区：MS可获得服务的区域，无需知道MS实际位置而可马上通信的区域。可由若干个同标准的公用移动电话网组成。

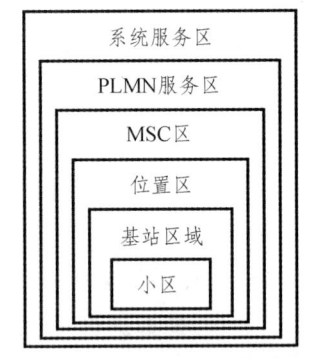

图2-11　无线覆盖区域结构

一、区域覆盖方式

移动电话网的结构可根据服务覆盖区的大小划分成大区制和小区制两种。

1. 大区制

大区制是指只用一个基站覆盖整个服务区，如图2-12所示。为了增大单基站的服务区域，天线架设要高，发射功率要大，但是这只能保证移动台可以接收到基站的信号。

反过来，当移动台发射时，由于受到移动台发射功率的限制，因而无法保障通信。为解决这个问题，可以在服务区内设若干分集接收点与基站相连，利用分集接收来保证上行链路的通信质量；也可以在基站采用全向辐射天线和定向接收天线，从而改善上行链路的通信条件。

大区制的特点是：
- 信号传输损耗，通信距离有限；
- 覆盖范围 30 ~ 50 km，发射功率 50 ~ 200 W，天线很高（>30 m）；
- 网络结构简单，频道数目少，无需无线交换，直接与 PSTN 相连。

局限性是：
- 覆盖范围有限；
- 服务的用户容量有限；
- 服务性能较差；
- 频谱利用率低。

2. 小区制

小区制就是把整个服务区域划分为若干个无线小区，每个小区分别设置一个基站，负责本区移动通信的联络和控制。同时，又可在 MSC 的统一控制下，实现小区之间移动用户通信的转接，以及移动用户与市话用户的联系，如图 2-13 所示。基站发射功率一般为 5 ~ 20 W，每个小区半径为 2 ~ 20 km（小的也有的为 1 ~ 3 km）。

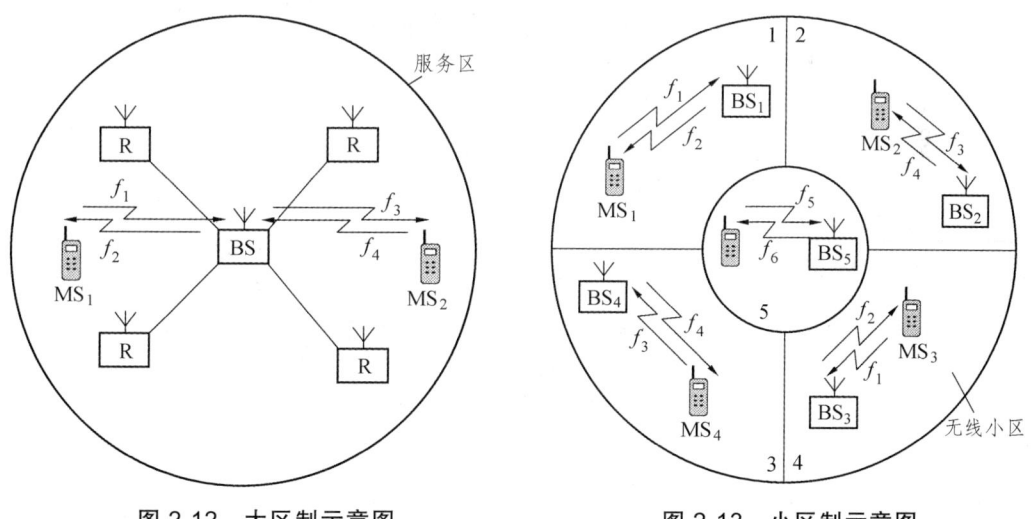

图 2-12　大区制示意图　　　图 2-13　小区制示意图

小区制的优点：
- 服务区域缩小，同频复用距离减小，提高了频率利用率；
- 区域内用户数可灵活确定，小区的大小也可根据用户数灵活确定；
- 小区中用户数增大到一定程度，可实现"小区分裂"；
- MS 和 BS 发射功率减小，减小了相互之间的干扰。

小区制的缺点：
- 切换概率增加；
- 控制交换复杂；
- 建网成本提高。

二、面状覆盖

对于大容量移动通信网来说，需要覆盖的是一个宽广的平面服务区。由于电波的传播和地形地貌有关，所以小区的划分应根据环境和地形条件而定。为了研究方便，假定整个服务的地形地貌相同，并且基站采用全向天线，覆盖面积大体上是一个圆，即无线小区是圆形的。又考虑到多个小区彼此邻接来覆盖整个区域，用圆内接正多边形代替圆。不难看出，由圆内接正多边形彼此邻接构成平面时，只能是三角形、正方形和正六边形，如图 2-14 所示。

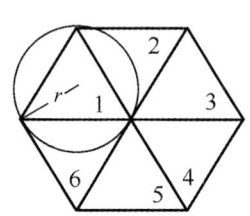 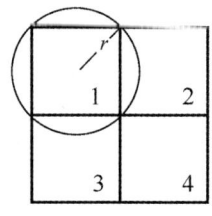 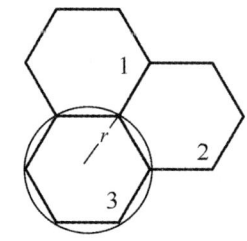

图 2-14　各种面状区域的组成

3 种面状区域的特性比较如表 2-1 所示。

表 2-1　3 种正多边形覆盖方式的特性表

小区形状	正三角形	正方形	正六边形
相邻小区的中心距离	r	$\sqrt{2}r$	$\sqrt{3}r$
单位小区面积	$3\sqrt{3}r^2/4$	$2r^2$	$3\sqrt{3}r^2/2$
交叠区域距离	r	$(2-\sqrt{2})r$	$(2-\sqrt{3})r$
交叠区域面积	$(\pi-1.3)r^2$	$(\pi-2)r^2$	$(\pi-2.6)r^2$
最小频率个数	6	4	3

由图 2-14 和表 2-1 可知：正六边形小区中心间隔最大，各基站间的干扰最小；交叠区面积最小，同频干扰最小；交叠距离最小，便于实现跟踪交换；覆盖面积最大，对于同样大小的服务区域，采用正六边形构成小区制所需的小区数最少，即所需基站数少，最经济；所需的频率个数最少，频率利用率高。由此可得，面状区域组成方式最好是正六边形小区结构，而正三角形和正方形小区结构一般不采用。

三、线状覆盖

GSM-R 系统应用于铁路,主要采用线状覆盖的方式。线状覆盖的基本原理与面状覆盖类似,只是在小区频率组的分配和重叠区的问题上要单独考虑。

1. 频率分配

在线状覆盖中,一般以圆形小区为模型来进行分析和设计,如图 2-15 所示。沿着覆盖区域的分布按照 n 个小区为一组的间隔可以进行频率复用,n 的取值要考虑到频率利用率,同频干扰和建网成本,一般可以取 2、3、4。

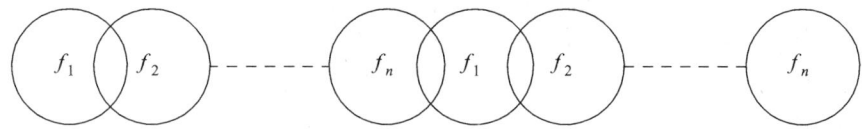

图 2-15 线状覆盖的频率复用

2. 重叠区的确定

在铁路覆盖中,移动台往往处于高速移动状态,信号的场强变化复杂,很难确定相邻小区的覆盖边界,通常从场强的平均变化这一意义上来理解覆盖区域。为了保证在覆盖区域尽可能不出现弱场区,要保证相邻小区间有一定的重叠范围。确定重叠区的大小是一个很复杂的问题:如果重叠区太小,可能会出现弱场区;重叠区太大,同频干扰增大,越区切换时间太长,不易控制。因此要恰当设计重叠区域的大小。

在图 2-16 中,假设移动台位于小区 A 的边界 P 点,小区半径为 R,重叠区宽度为 a,路径损耗指数为 4,采用两小区、三小区、n 小区的频率复用方案得到的移动台接收 C/I 值分别为:

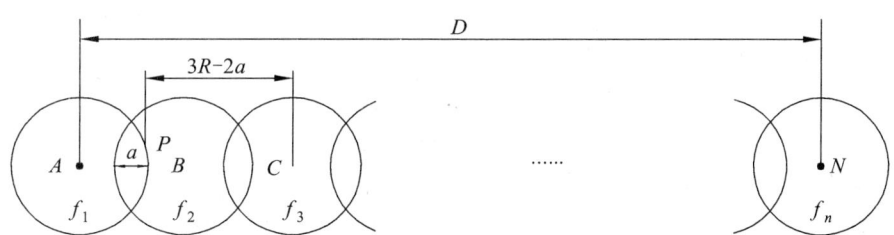

图 2-16 线状覆盖的重叠区确定

(1) 两小区复用

$$\frac{C}{I} = -40\lg\frac{R}{3R-2a} \text{ (dB)}$$

(2) 三小区复用

$$\frac{C}{I} = -40\lg\frac{R}{5R-3a} \text{ (dB)}$$

（3）n 小区复用

$$\frac{C}{I} = -40\lg\frac{R}{(2n-1)R - na} \quad (\text{dB})$$

因此，可以根据上式和 C/I 的设计要求，求出重叠区的宽度 a。以上情况只考虑了与移动台最近的一个同频干扰小区的情况。

小区制有两种覆盖方式：面状服务覆盖区和线状服务覆盖区。通常面状覆盖用于城市、乡村等地域宽阔的地带，而在铁路、公路、江河这样的呈带状的地区，往往采用线状覆盖的方式。

GSM-R 可以构成既含有面状覆盖又含有链状覆盖的网络，既可用于地区性的覆盖也可用于全国性的覆盖。例如，沿铁路线采用链状覆盖，车站及枢纽地区采用面状覆盖。为了满足铁路对传输的高可靠性，链状覆盖一般采用双重冗余的重叠小区结构，每两个基站（BTS）重叠覆盖一个小区（cell）；面状覆盖采用多小区（或多扇区）蜂窝结构，每个基站覆盖一个小区，当然也可以采用重叠覆盖小区结构。

四、GSM-R 无线覆盖

1. 无线覆盖原则

无线网络覆盖情况是决定网络运行质量的基础。GSM-R 系统无线覆盖的目标是沿铁路线实现场强无缝连续覆盖，并达到系统 QoS（业务质量）要求。对基站覆盖电平的要求在 95% 的时间和位置概率下，无线信道呼损率不大于 0.5%，覆盖电平大于 – 92 dBm。

在进行无隧道区域的场强覆盖规划时，一般可根据场强覆盖预测模型进行电波的传播预测，还可采用规划软件结合数字地图进行更为准确的设计。一般要求两次连续越区切换间隔大于 20 s。根据链路预算、传播模型和切换的覆盖重叠区域估计，一般要求密集市区基站间距 ≤ 3 km，郊区基站间距 ≤ 5 km，农村基站间距 ≤ 6.7 km。

铁路沿线隧道、路堑等区域的无线覆盖多采用光纤直放站结合漏缆或天线来满足覆盖要求。采用光纤直放站时要考虑时延、噪声等因素的影响。

对于长大路堑，可根据路堑线路的弯曲程度、路堑高度及宽度，采用天线或漏缆方式进行覆盖。短段路堑若离基站较近且无曲线，可以通过基站直接覆盖。

隧道内部的无线覆盖可以采用天线或漏缆两种方式。对于漏缆覆盖方案，可以根据其传输和耦合损耗指标，结合基站和直放站的射频参数进行覆盖设计。采用天线覆盖方案时，隧道内电波传播波动范围较大，受隧道物理特性影响大，需要基于较多工程经验在大量实测数据的基础上进行设计。

GSM-R 系统需要在线状高速运行环境中提供很高的 QoS，除了需要实现无线信号无缝覆盖，还必须对切换重叠区进行很好的规划，重叠区长度可按 1 000 m 设计（信号 > – 92 dBm）。此外，组呼状态下收听者处于小区重选状态，如更有效地为组呼用户提供连续服务，小区间的信号重叠可尽量保证小区重选周期至少 12 s（满足移动台的接收灵敏度）。重叠区尽量不设置在长大路堑中，在与开阔区相接的隧道口需设置有源设备延伸隧道内小区的信号，保证足够的重叠区长度。

2. 链路平衡预算

（1）下行信号链路为

$$P_{inm} + M_f = P_{outb} - L_{cb} - L_{fb} + G_{ab} - L_d + G_{am} - P_{mn} - L_{body}$$

式中　P_{inm}——移动台最低接收电平（接收灵敏度）；

　　　M_f——衰落余量；

　　　P_{outb}——平衡时的基站输出功率；

　　　L_{cb}——合路器损耗；

　　　L_{fb}——馈线加跳线损耗；

　　　G_{ab}——基站天线增益；

　　　L_d——路径损耗；

　　　G_{am}——移动台天线增益；

　　　P_{mn}——移动台侧噪声恶化量；

　　　L_{body}——人体损耗。

若基站输出功率为 46 dBm，移动台（手持台）最低接收电平为 –98 dBm（90%时间和地点概率），衰落余量 3 dB，合路器损耗为 2.5 dB，跳线损耗为 1 dB，基站天线增益为 15 dB，移动台天线增益为 0 dB，人体损耗为 3 dB，移动台侧噪声恶化量为 3 dB，那么允许路径损耗为

$$L_d = P_{outb} - P_{inm} - M_f - L_{cb} - L_{fb} + G_{ab} + G_{am} - P_{mn} - L_{body} = 146.5 \text{（dB）}$$

（2）上行信号链路为

$$P_{br} + M_f = P_{outm} + G_{am} - L_d + G_{ab} + G_{db} - L_{fb} - P_{bn} - L_{body}$$

式中　P_{br}——基站最低接收电平（接收灵敏度）；

　　　G_{db}——平衡时的移动台输出功率；

　　　P_{bn}——基站侧噪声恶化量。

当移动台（手持台）输出功率为 30 dBm，基站最低接收电平为 –98 dBm，分级天线增益为 15 dB 时，基站侧噪声恶化量为 3 dB 时，那么允许路径损耗为

$$L_d = P_{outm} - P_{br} - M_f + G_{am} + G_{ab} + G_{db} - L_{fb} - P_{bn} - L_{body} = 148 \text{（dB）}$$

（3）覆盖半径。

参考取值：工作频率 900 MHz、基站天线挂高 35 m，手持移动台天线高 1.5 m，车载移动台天线高 4 m；那么对于下行、开阔地覆盖距离预测约为 9 km，对于上行、开阔地覆盖距离预测约为 6 km。

3. 无线覆盖方式

GSM-R 系统沿着路轨方向安装定向天线，以形成沿轨的椭圆形小区；在业务量较大但对速度要求较低的编组站内采用扇形小区覆盖；在人口密度不高的低速路段和轨道交织处一般是采用全向小区覆盖。每个小区有一个或几个收发信机，数目的多少由话务量决定。

由于列车时速快，采用传统的覆盖系统，必然会出现由于多普勒效应以及信号小区切换过于频繁导致掉话率升高和接通率降低等问题。为了满足铁路对系统安全性、可用性、可靠性和可维护性方面的要求，GSM-R 在网络覆盖上需要采用冗余重叠覆盖方式。目前，通过采用单网交织冗余覆盖、同站址无线双层覆盖、交织站址无线双层覆盖等方法，GSM-R 系统克服了小区切换频繁的问题，能够满足运行速度为 0~500 km/h 之间的列车无线通信的要求。

（1）单网交织冗余覆盖。

单网交织冗余覆盖是指铁路沿线由一层无线网络覆盖，但在系统设计过程中，当线路上的某个地点的基站出现故障时，可以通过加密基站，该地点的场强仍能通过相邻基站。从而使通信得到保证，使沿线的业务应用不会因个别无线设备的故障而中断。单网交织冗余覆盖如图 2-17 所示。

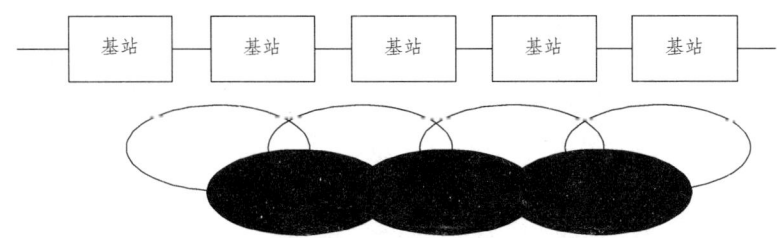

图 2-17 单网交织冗余覆盖示意图

单网交织冗余覆盖网络所需的小区数在原有的单层网络上增加了一倍，使原先使用 2×2 的频率复用模式变为 4×2 的复用模式，因此，对 GSM-R 的 19 个频点可做如表 2-2 所示的分组，共分 8 组，由于实际应用中可能有一些特殊站型和特殊环境的应用，预留三个频点 1001、1010 和 1017 号频点作为整个网络调整使用。

表 2-2 频率分组表

组号	1	2	3	4	5	6	7	8
频率分组	1000	1002	1005	1006	1010	1011	1014	1015
	1003	1004	1007	1008	1012	1013	1016	1018

频率分配的秩序可以按 1、3、5、7、2、4、6、8 的秩序进行，其每小区的最大配置为 2 载频，可保证同一小区和邻小区的频点不相邻，如重叠覆盖小区实行符合分担，则等效每小区的最大容量为 4 载频。

（2）同站址无线双层覆盖。

同站址无线双层覆盖是指两个基站并列设在同一站点，形成了铁路沿线的两个无线网络层。如图 2-18 所示，同一站点的两个基站安装在同一个机房内，有类似的覆盖区域。这种方式易于安装，还可以降低安装成本，但没有考虑容灾问题。如果某地发生灾害（火灾、洪水、闪电等），同一站点的两个基站都会损坏，造成在某一路段内同时失去双层网络的覆盖。

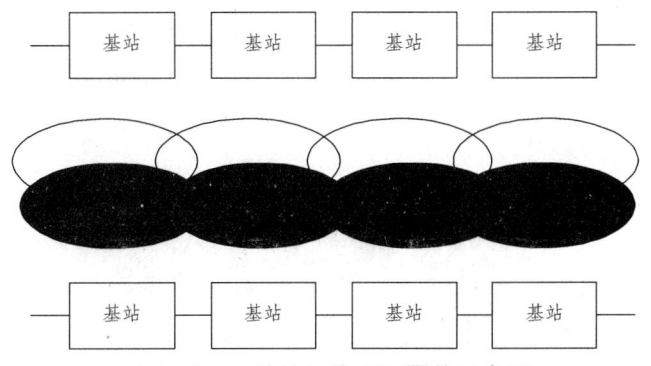

图 2-18 同站址无线双层覆盖示意图

同站址无线双层网络的频率分配可在表 2-2 频率分组的基础上,对频率进行重新组合,见表 2-3 所示。

同站址的两个基站的频率配置(网络 A,网络 B)可按秩序(1,3)、(5,7)、(2,4)、(6,8)进行,其等效的最大区配置仍为四载频。

表 2-3 频率分组组合表

组 号		频率重组	
1	3	1000,1003	1005,1007
5	7	1010,1012	1014,1016
2	4	1002,1004	1006,1008
6	8	1011,1013	1015,1018

(3)交织站址无线双层覆盖。

与同站址方式不同,交织站址无线双层覆盖中的第二层基站位于一层两个连续的基站之间。如图 2-19 所示,每个基站都有独立的机房和天馈系统。其优点是如果某地发生灾害,只有其中一个失去覆盖,另一个的服务不受影响。但与此同时也带来了小区规划复杂以及基站站址和安装成本增加等问题。

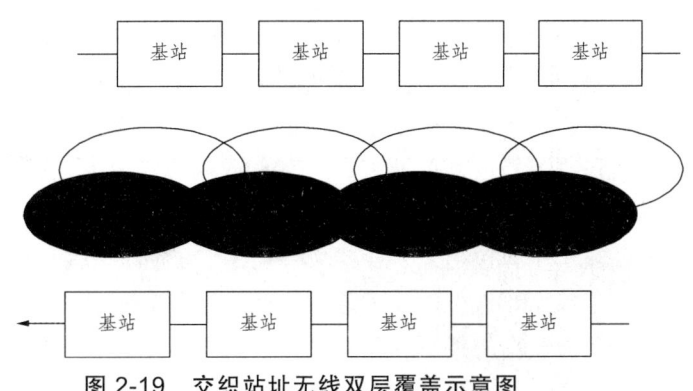

图 2-19 交织站址无线双层覆盖示意图

对于交织站无线双层覆盖的网络频率规划既可以按交织冗余网络方式进行，也可以按同站无线双层网络的方式进行，其等效的最大小区配置也是四载频。

第四节 频率利用

无线电技术的发展离不开电波传播，无线电频谱是人类共享的宝贵资源，随着无线业务种类和电台数量不断增加，使用的频率越来越拥挤，尤其是移动通信中使用的频段，甚至出现了"频率严重短缺"的现象，这种状况已严重妨碍了移动通信业务的发展。因此，研究频谱的有效利用和科学管理，以求更有效地利用频谱资源，是移动通信的当务之急。

无线电频谱是一种特殊的资源，不会因为使用而消耗殆尽，也不能存起来以后再用，不使用就是浪费，使用不当也是浪费。无线电资源具有三维特性，即空间、时间、频率3个参数，应从这3方面来考虑频谱的科学管理和有效利用。同一时间、同一地点，频率是有限的，不能无限地使用，尤其是不能重复使用，但不用确实浪费；不同时间、不同地点，频率可重复使用。无线电频谱易被污染，各种噪声源产生的噪声、电台之间的干扰等都是造成频谱污染的因素。

无线电频谱资源是国家和国际的一种公共资源，还必须考虑国际、国内及各地区之间的频率协调问题。

频谱的有效利用和科学管理涉及很多因素，既有技术问题又有行政管理问题，应在分析和掌握大量技术资料和管理资料（如设备资料、电波传播资料、环境资料等）的基础上，采用频率复用、频率协调、频率规划等措施，以便解决频率拥挤的问题。

一、频谱原理

国际上，由国际电信联盟（ITU）通过召开无线电行政大会，制定无线电规则。无线电规则包括各种无线电通信系统的定义，国际频率分配表和使用频率的原则，频率的指配登记，抗干扰措施，移动业务的工作条件及无线电业务的种类等，并由ITU下属的频率登记委员会登记、分布、协调各会员国使用的频率；提出合理使用频率的意见，执行行政大会规定的频率分配和频率使用的原则等。

国内按当地当时的业务需求进行频率分配，并制定相应的技术标准和操作准则，技术标准应包括设备和系统的性能标准，抑制有害干扰的标准等。用户必须在满足合理的技术标准、操作标准和适当的频道负荷标准的条件下，才能申请使用频率。

日常的频谱管理工作应包括：审核频率使用的合法性；检查有害干扰；检查设备与系统的技术条件；考核操作人员的技术条件，登记业务种类、电台使用日期等。频谱管理的任务还包括：频谱使用的授权，建立频谱使用登记表，无线电监测业务，控制人为噪声等。

1. 频谱分配的基本原则

合理分配频谱可有效地利用频谱资源，提高频谱利用率。频谱的分配应遵循以下原则。

1) 频道间隔

移动通信系统中有多个频道，每个频道间都必须留有保护间隔，以减小相互间的干扰。在模拟系统中曾采用 25 kHz 的频道间隔；在 GSM 系统中采用 200 kHz 的频道间隔；而在 IS-95 CDMA 中则采用 1.25 MHz 的频道间隔。尽管在数字系统中采用的频道间隔比模拟系统大，但由于 GSM 中采用了 TDMA 技术，IS-95 CDMA 中采用了 CDMA 技术，平均每个用户的占用带宽反而减小，因而 IS-95 CDMA 系统容量最大，GSM 其次，模拟系统最小。

2) 公共边界的频率协调

在两个区域的公共边界上，如果没有山脉等自然隔离地带，则相邻区域的主管部门应进行必要的协调，包括双方采用类似的技术，并制定一些共同遵守的基本原则。例如，对天线有效高度及最大发射功率的限制、双方使用频道的协调等，避免相互干扰，并达到最有效的频谱利用。

3) 多频道共用

由于通话的间断性，任何一对用户都不可能长时间地连续占用一个频道；反之，任何一个频道如果在长时间段内合理地分割，就可以供给若干个用户共同使用。当然，在只有一个频道的系统中，当某一用户占用频道时，其余用户就处于被阻塞状态。当系统有多个频道时，让多个用户共享多个频道，将大大提高频率的利用率，共用的频道越多，频道利用率越高。

4) 频率复用

频率复用是指使用相同载频无线频道覆盖不同的区域，这些区域彼此相隔一定的距离，使同频干扰抑制到允许的范围以内。小区制移动通信系统都采用这一技术。

5) 必须共同遵守的主要准则

（1）规定 900 MHz 频段的双工间隔为 45 MHz。下行基站发射频率高，接收频率低（简称发高收低）；上行移动台发射频率低，接收频率高（简称收高发低）。

（2）为使用各种移动通信制式（单工、双工、接力等）不互相干扰，主管部门把每个频段划分成许多离散的频道小块，分别供各种制式使用，并保留一些频道，留给暂未考虑到的业务使用。

（3）发射机输出功率必须满足整个覆盖范围内通信质量的要求，但不能过大，过大的功率不仅是浪费，而且会干扰其他系统。考虑到天线增益，还规定最大有效辐射功率。

（4）有效天线高度是指以整个覆盖区内平均地形为基准的高度，包括天线架设地点，如建筑物及天线铁塔的附加高度，有效天线高度主要影响作用距离。从单个基站覆盖区来看，天线架得越高越好，但是太高了会损害整个地区以至相邻地区的频率计划，同时也较容易接收来自其他系统的干扰信号,对于频率复用的系统将妨碍增大复用距离。因此,天线的有效高度应按照覆盖区的大小予以适当地控制。

6) 频谱利用率的评价

影响频率利用率的因素很多,如网络结构、频道带宽、用户密度、每个用户的话务量、呼损率及共用频道数等,都对频谱利用率有影响。采用频率复用技术的小区制结构的网路,其频率利用率将高于大区制结构的网路;采用多频道天线共用技术的网路,其频率利用率将高于无共用的网路。当需要对一个移动通信系统的频率利用率进行定量评价时,应确定在相同传输质量和相同呼损(阻塞)率前提下的频率利用率,用厄兰/(单位带宽 3 kHz·km^2)或 Erl(Hz·m^2)来表示。

2. 影响频率选择的因素

在移动通信的组网过程中,用户所使用的频率一般都由主管部门分配,或根据能购到的设备来确定,用户本身无选择余地,这种情况对网路的进一步扩充会带来不利影响,也可能会造成本来可以避免的相互干扰。实际上,影响频率选择的因素很多,主要因素有以下几种。

1) 传播环境的影响

目前,GSM、IS-95CDMA、3G 等大容量公用移动通信系统都使用微波频段,还有些移动通信系统采用特高频 UHF 超短波频段。无线电波波长不同,传播特点也不同。因此,在不同的移动通信系统或应用环境中,需采用不同的工作频段。

2) 有关组网因素的影响

系统容量不同,需要的频道数也不同。对于容量较小的汽车调度业务,一个频道可以管理 100~150 辆汽车。对于拥有几万个用户的大容量移动电话系统,即使采用小区制方式也至少需要近千个频道。因此,前者可以用见缝插针的方法来选择频道;而后者则必须选择专用频段。

主管部门在现有的频段内已经对单频和双频工作方式所使用的频率作了专门的指配,因此,任何单频网络或双频网络都可分别选用无线电主管部门指配的频率。

3) 多频道共用的影响

多频道共用是提高频道利用率的主要手段,当一个基站有多个频道同时工作时,必须使它们的互调产物保持在 -60 dB(相对于载波功率)以下。当采用定向耦合器方式时,发射频道间隔的范围虽然可以减小至等于相邻频道的间隔,但这种方式由于功率损耗较大,不适宜进行多次合并。而当采用空腔谐振器方式时,由于受空腔 Q 值的限制,发射频道间隔允许值将受器件的限制。通常,在设计系统时,应根据所采用的空腔技术指标来选择频率。从天线共用的性能出发,多频道共用基站所选频道不应靠得太近,以利于天线共用设备的简化。

4) 互调的影响

由于移动通信系统的特点,场强变化最大可超过 80 dB。当一地区有多个系统同时工作或者在一个系统内采用多频道共用技术时，就会因相互调制而产生干扰。为防止互调干扰造成的严重影响，在允许条件下，可选择无三阶互调的频率组，或采取一定的措施降低干扰的影响。

二、同频复用

1. 同频复用概念

随着移动通信的发展，频道数目有限和移动用户数急剧增加的矛盾越来越大。要解决移动通信频率拥挤问题有两个方法：一是开发新频段；二是采用各种有效利用频率的措施。移动通信发展的过程，就是有效利用频率的过程，而且，这仍是今后移动通信发展中的关键问题之一。提高频率利用率的有效措施主要有两种：同频复用和多信道共用。

同频复用即频率复用，它是指同一载波的无线信道用于覆盖相隔一定距离的不同区域，相当于频率资源获得再生。

在蜂窝结构的移动网中，无线区群是以 N 个正六边形小区组成，各区群可以按一定的规律使用相同的频率组。假设每个群有 N 个小区，则需要 N 组频率。

频率复用必然会导致系统内部产生同频干扰，因此必须采取抗干扰措施，使频率干扰控制在系统允许范围内。

2. 同频复用方式

比较典型的频率复用方式除 4×3 外，还有 3×3、2×6、1×3 等方式，如图 2-20 所示。此外，还可采用分层复用方式。

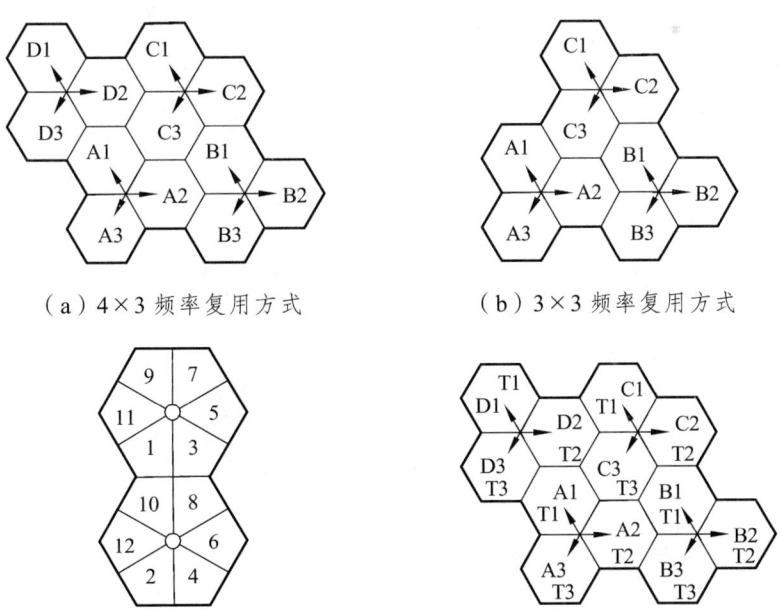

图 2-20 典型的频率复用方式

同频复用需根据移动通信系统体制的要求进行应用，如 GSM 系统的无线网络规划基本采用 4×3 频率复用方式，即 4 个基站为一群，每个基站小区分成 3 个三叶草形 $60°$ 扇区或 3 个 $120°$ 扇区，共需 12 组频率。这种方式的同频干扰保护比（C/I）能够比较可靠地满足系统标准。

移动通信系统本身采用了许多抗干扰技术，如跳频、自动功率控制、基于语音激活的非连续发射、天线分集等，这些技术合理利用，将有效提高载干比，因此可以采用更紧密的频率复用方式，增加频率复用系数，提高频率利用率。

采用 3×3 频率复用方式，一般不需要改变现有网络结构，但容量增加有限，同时需要采用跳频技术降低干扰。采用 2×6 频率复用方式，虽然可较大地提升系统容量（约是 4×3 复用的 1.6 倍）但需要对天线系统及频率规划做较大的调整，要求系统具备自动功率控制、不连续发射、跳频（一般为基带跳频）等功能。另外这种方式对天线系统要求较高，需配置高性能的窄带天线。采用 1×3 频率复用方式必须注意三点：一是必须采用射频跳频、自动功率控制、不连续发射、天线分集等技术有效降低干扰；二是要保证一定的跳频频点数；三是频率加载率必须控制在 50% 以下，同时需加强网络优化，才能获得比较好的效果。

三、多信道共用

多信道共用是指在网内的大量用户共同享有若干无线信道，这与市话用户共同享有中继线相类似。这种占有信道的方式相对于独立信道方式来说，可以显著提高信道利用率。

例如一个无线小区有 n 个信道，把用户也分成 n 组，每组用户分别被指定一个信道，不同的信道内的用户不能互换信道，这就是独立信道方式。当某一信道被某一用户占用时，在他通话结束前，属于该信道的其他用户都处于被阻塞状态，无法通话。但是，与此同时一些其他的信道可能正处于空闲状态，而又得不到利用。因此，信道利用率很低。

如果采用多信道共用方式，即在一个无线区内的 n 个信道，为该区内所有用户共用，则当 k（$k<n$）个信道占用时，其他需要通话的用户可以选择剩余的（$n-k$）中的任一空闲信道通信。因为任何一个移动用户选取空闲信道和占用空闲信道的时间都是随机的，所以 n 个信道同时被全部占用的概率远小于一个信道被占用的概率。因此，多信道共用可以明显提高信道利用率。

多信道共用的结构，在同样多的用户数和信道数的情况下，用户通信的阻塞率明显下降。如果在同样多的信道和同样阻塞率的情况下，多信道共用就可为更多的用户提供服务，当然也不是无止境地增加，否则将使阻塞率增加而影响通信质量。

四、多址技术

为了解决移动通信中提高频率利用率的问题，系统常采用多址技术，有些系统只采用一种多址技术，有些系统同时采用两种以上的多址技术，不同的多址技术具有不同的工作原理和特点。

蜂窝系统是以信道来区分通信对象的，一个信道只容纳一个用户进行通话，许多同时通话的用户，互相以信道来区分，这就是多址。移动通信系统是一个多信道同时工作的系统，具有广播信道和大面积覆盖的特点，在无线通信环境的电波覆盖区内，如何建立用户之间的无线信道的连接，是多址接入方式的问题。解决多址接入问题的方法叫做多址接入技术。

多路复用须在发送端利用复用器将多路信号结合在一起，在接收端利用分路器将各路信号分开，它是一种多用户共用信道方式。多址接入技术中各路信息不需要集中，而是各自调制送入无线信道传输，接收端各自从无线信道上取下已调信号，解调后得到所需信息，即多址技术中的合路是在空中自然形成的。

多址技术是指射频信道的复用技术，对于不同的移动台和基站发出的信号赋予不同的特征，使基站能从众多的移动台发出的信号区中区分出哪个移动台的信号，移动台也能识别基站发出的信号中哪一个是发给自己的。信号特制的差异可表现在某些特征上，如工作频率、出现时间、编码序列等，多址技术直接关系到蜂窝移动系统的容量。

蜂窝系统中常用的多址方式有频分多址（FDMA）、时分多址（TDMA）、码分多址（CDMA）等，如图 2-21 所示。

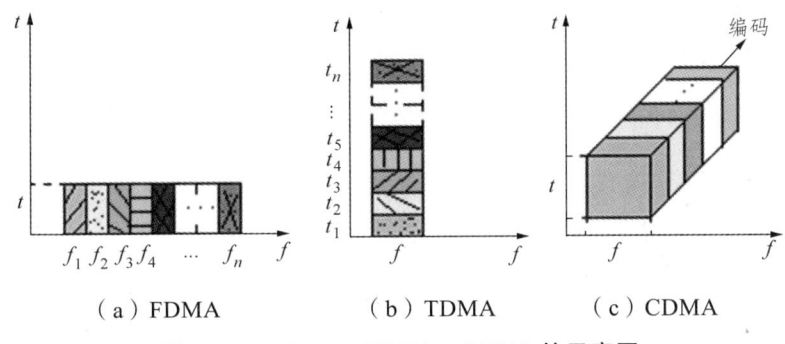

图 2-21　FDMA、TDMA、CDMA 的示意图

1. FDMA 方式

1) FDMA 系统原理

FDMA 为每一个用户指定了特定频率的信道，这些信道按要求分配给请求服务的用户，在呼叫的整个过程中，其他用户不能共享这一频道，如图 2-22 所示。

从图 2-22 可以看到，在频分双工 FDD 系统中，分配给用户一个信道，即一对频率。一个频率用作前向信道，即 BS 向 MS 方向的信道；另一个频率则用作反向信道，即 MS 向 BS 方向的信道。这种通信系统的基站必须同时发射和接收多个不同频率的信号，任意两个移动用户之间进行通信都必须经过基站的转接，因而必须同时占用 2 个信道（2 对频率）才能实现双工通信，它们的频谱分割如图 2-23 所示。在频率轴上，前向信道和反向信道的频带分割是实现频分双工通信的要求。在用户频道间，设有频道间隔 F_g，以免因系统的频率漂移造成频道间的重叠。

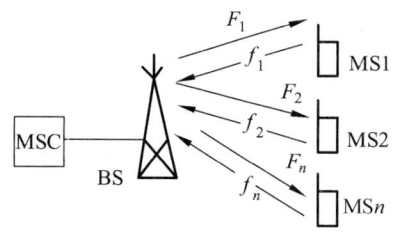

图 2-22 FDMA 系统的工作示意图

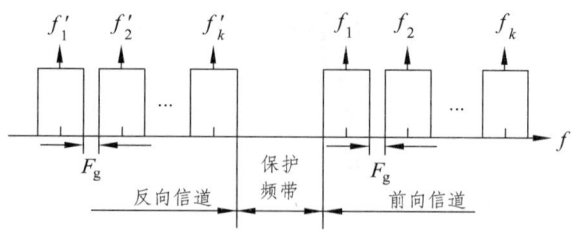

图 2-23 FDMA 系统频谱分割示意图

2）FDMA 系统的特点

① 每个频道一对频率，只可送一路语音，频率利用率低，系统容量有限。

② 信息连续传输。当系统分配给 MS 和 BS 一个 FDMA 信道，则 MS 和 BS 间连续传输信号，直到通话结束，信道收回。

③ FDMA 不需要复杂的成帧、同步和突发脉冲序列的传输，MS 设备相对简单，技术成熟，易实现，但系统中有多个频率信号，易相互干扰，且保密性差。

④ BS 的共用设备成本高且数量大，每个信道就需要一套收发信机。

⑤ 越区交换时，只能在语音信道中传输数字指令，要抹掉一部分语音而传输突发脉冲序列。

在模拟蜂窝系统中，采用 FDMA 方式是唯一的选择，而在数字移动通信系统中，则基本不用单一的 FDMA 方式。

2. TDMA 方式

1）TDMA 系统原理

TDMA 是在一个宽带的无线载波上，把时间分成周期性的帧，每一帧再分割成若干时隙（无论帧或时隙都是互不重叠的），每个时隙就是一个信道，分配给一个用户使用，如图 2-24 所示。

系统根据一定的时隙分配原则，使各个移动台在每帧只能按指定的时隙向基站发射信号，在满足定时和同步的条件下，基站可以在各时隙中接收到各移动台的信号而互不干扰。同时，基站发向各移

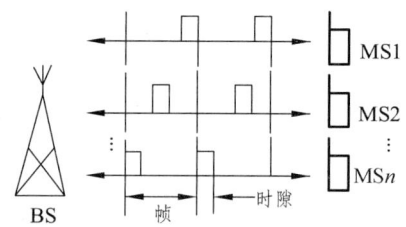

图 2-24 TDMA 系统工作示意图

动台的信号都按顺序在预定的时隙中传输，各移动台只要在指定的时隙内接收，就能从空中合路的时分复用 TDM 信号中把发给它的信号区别出来。所以 TDMA 系统发射数据是用缓存-突发法，因此，对任何一个用户而言发射都是不连续的。

2）TDMA 的帧结构

TDMA 帧是 TDMA 系统的基本单元，它由时隙组成，在时隙内传送的信号叫做突发（brust），各个用户发射的时隙相互连成 1 个 TDMA 帧，为保证相邻时隙中的突发不发生重叠，时隙间设有保护时间间隔 G_p，1 个 TDMA 帧是由若干时隙组成的，不同通信系统的帧长度和帧结构是不一样的。例如：GSM 系统的帧长为 4.62 ms，每帧 8 个时隙。

在 TDMA 系统中，每帧中的时隙结构的设计通常要考虑三个主要问题：一是控制和指令信息的传输；二是信道多径的影响；三是系统的同步。

3）TDMA 系统的同步与定时

同步和定时是 TDMA 移动通信系统正常工作的前提。TDMA 通信双方只允许在规定的时隙中发送信号和接收信号，而移动台的移动使其与基站的距离时刻发生着变化。距离的随机变化，会给突发的定时带来偏差，因而必须在严格的帧同步、时隙同步和比特（位）同步的条件下进行工作。如果通信设备采用相干检测，则接收机还必须获得载波同步。TDMA 的帧同步和位同步是靠帧结构的细节来保证的。

（1）位同步。

位同步是接收机正确解调的基础。在移动通信系统中，用于传输位同步信息的方法有两种：一种是用专门的信道传输；另一种是插入业务信道中传输，比如在每一时隙的前面发送一段"0""1"交替的信号作为位同步信息。此外，在有些通信系统中，位同步信息是从其数字信号中提取的，用这种办法可以不再发送专门的同步信息，但考虑到 TDMA 通信系统是按时隙以突发方式传输信号的，为了迅速、准确地获得位同步信息，不宜采用这种方法。

由于信号在移动环境中传输时，经常受到干扰、噪声和多径衰落的影响，因此，接收机在提取同步信息时，必须采取措施以减少由于干扰、噪声、衰落或误码引起的相位抖动，同时还要通过保护电路进行保护，防止因为偶然的原因使接收机失步，引起通信中断。

（2）帧同步与时隙同步。

帧同步和时隙同步所采用的方法一样，如果需要，可以在每帧的每时隙的前面分别设置一个同步码作为同步信息。同步码的选择是在每帧长度确定后，根据信道条件和对同步的要求而确定的。对帧同步和时隙同步的要求是：建立时间短、错误捕获概率小、同步保持时间长和失步概率小。

从提高传输效率出发，希望同步码短一些；从同步的可靠性和抗干扰能力考虑，希望同步码长一些。对同步码的码型选择，应使之具有良好的相关特性，不易被信息流中的随机比特所混淆而出现假同步。

（3）系统定时。

系统定时也称网同步，是 TDMA 移动通信系统中的关键问题。只有全网中有统一的时间基准，才能保证整个系统有条不紊地进行信息的传输、处理和交换，协调一致地对全网设备进行管理、控制和操作，进而可以保证各基站和移动台迅速进入同步状态，也不会因为定时误差随时间积累引起失步。

系统定时可以采用不同的方法。在移动通信系统中常用的是主从同步法，即系统所有设备的时钟均直接或间接地从属于某一个主时钟的信息。主时钟通常有很高的精度，其信息以广播的方式送给全网的设备，或者以分层的方式逐层送给全网的设备。各设备从收到的时钟信号中提取定时信息，或者说锁定到主时钟视频率上。

在移动通信系统中也用到独立时钟同步法，其办法是在网中各设备内均设置高精度的时钟,在通信开始或进行过程中,只要根据某一标准时钟进行一次时差校正后,在很长的时间内,时钟不会发生明显的漂移,从而得到准确的定时。这种办法通常要求各设备采用稳定度很高的石英振荡器来产生定时信号。这对于移动台,尤其是小型手机,无论从价格方面或从体积质量方面考虑都不一定适合。至于通信网中的基站和其他大型设备,采用这样办法还是可以的。

(4) 定时保护时间。

定时保护时间是根据基站覆盖小区半径和电波传播时延来确定的。若小区半径为 R,电波传播速率为 c,则传播时延为 $\zeta = R/c$。例如 $R = 10$ km,则 $\zeta = 33.3$ μs,当系统提供定时提前量时,可令保护时间 $T_g = \zeta$,甚至略小一些,如在 GSM 系统中,常规突发的保护间隔为 30.46 μs。若 $R = 35$ km,则 $\zeta = 166.66$ μs,应当令保护时间 $T_g > 166.66$ μs,如在 GSM 系统中,接入突发的保护间隔为 252 μs,这是因为系统对接入突发不能提供定时提前量信息。

定时提前量是根据移动台与基站间不断变化的距离而确定的,该信息在移动台与基站间不断传送。

4) TDMA 系统的特点

① TDMA 系统的基站只用少量发射机,可避免多部不同频率的发射机(FDMA)同时工作而产生互调干扰,抗干扰能力强,保密性好。

② TDMA 系统不存在频率分配问题,对时隙的管理和分配通常要比对频率的管理和分配简单而经济。对时隙动态分配,有利于提高容量,系统容量较 FDMA 大。

③ 在一帧的空闲时隙,可用来检测信号强度或控制信息,有利于加强网络的控制功能和保证 MS 的越区切换。

④ TDMA 系统需要严格的定时与同步,以免信号重叠或混淆,因为信道时延不固定。

⑤ TDMA 方式可提高频谱利用率,减少 BS 工作频道数,从而降低 BS 造价,还可方便非话业务的传输。

有些系统综合采用 FDMA 和 TDMA 技术。如 GSM-R 系统,首先把 885~889 MHz(4 MHz)的总频段划分成 21 个频段,每个频道再划分为 8 个时隙,共可提供 168 个信道,用户使用的信道是在某一个频道上的一个时隙。

3. CDMA 方式

1) CDMA 系统原理

CDMA 系统为每个用户分配了各自特定的地址码,利用公共信道来传输信息。CDMA 系统的地址码相互(准)正交,以区别地址,而在频率、时间和空间上都可能重叠。系统的接收端必须有与发端完全一致的本地地址码,用来对接收的信号进行相关检测。其他使用不同码型的信号因为地址码不同而不能被解调,它们的存在类似于在信道中引入了噪声和干扰,通常称为多址干扰,因此我们称 CDMA 系统为自干扰系统。

在 CDMA 蜂窝通信系统中，用户间的信息传输也是由基站进行转发和控制的。为实现双工通信，正向传输和反向传输各使用一个频率，即频分双工。无论正向传输还是反向传输，除了传输信息业务外，还必须传送相应的控制信息。为了传送不同的信息，需要设置相应的信道，但 CDMA 通信系统既不分频道又不分时隙，无论传送何种信息，信道都靠采用不同的码型来区分，类似的信道属于同一逻辑信道。这些逻辑信道无论从频域或者时域来看都是相互重叠的，或者说它们均占有相同的频段和时间。CDMA 通信系统的工作示意图如图 2-25 所示。

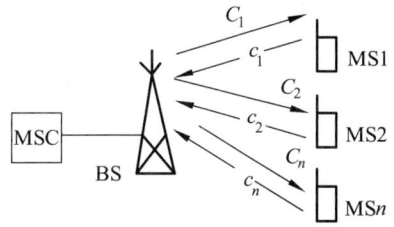

图 2-25 CDMA 系统的工作示意图

2）CDMA 特点

① CDMA 系统中许多用户使用同一频率、占用相同带宽，各用户可同时收发信号。

CDMA 系统中各用户发射的信号共同使用整个频带，发射时间是任意的，所以各用户的发射信号，在时间上、频率上都可能互相重叠，信号的区分只是所用地址码不同。因此，采用传统的滤波器或选通门是不能分离信号的，对某用户发送的信号，只有与其相匹配的接收机通过相关检测才能正确接收。

② CDMA 通信容量大。

CDMA 系统的容量大小主要取决于使用的编码的数量和系统中干扰的大小，采用语音激活技术也可增大系统容量。CDMA 系统的容量是 TDMA 系统的 4～6 倍、FDMA 系统的 20 倍左右。

③ CDMA 具有软容量特性。

CDMA 是干扰受限系统，任何干扰的减少都直接转化为系统容量的提高。CDMA 系统具有软容量特性，多增加一个用户只会使通信质量略有下降，不会出现阻塞现象，而 TDMA 中同时可接入的用户数是固定的，无法再多接入任何一个用户。也就是说，CDMA 系统容量与用户数间存在一种"软"关系，在业务高峰期，系统可在一定程度上降低系统的误码性能，以适当增多可用信道数；当某小区的用户数增加到一定程度时，可适当降低该小区的导频信号的强度，使小区边缘用户切换到周边业务量较小的区域。

④ CDMA 系统可采用"软切换"技术。

CDMA 系统的软容量特性可支持过载切换的用户，直到切换成功，当然在切换过程中其他用户的通信质量可能受些影响。在 CDMA 系统中切换时只需改变码型，不用改变频率与时间，其管理与控制相对比较简单。

⑤ CDMA 系统中上下行链路均可采用功率控制技术。

⑥ 具有良好的抗干扰、抗衰落性能和保密性能。

由于信号被扩散在一较宽的频谱上，频谱宽度比信号的相关带宽大，则固有的频率分集具有减小多径衰落的作用。同时，由于地址码的正交性和在发送端将频谱进行了扩展。在接收端进行逆处理时可很好地抑制干扰信号。非法用户在未知某用户地址码的情况下不能解调接收该用户的信息，信息的保密性较好。

3) CDMA 蜂窝系统容量

蜂窝通信系统能提高其频谱利用率的根本原因，是利用电波的传播损耗实现了频率再用技术，只要两个小区之间的距离大到一定程度，它们就可以使用相同的频道而不产生明显的相互干扰。因为频道再用距离受所需载干比的限制，模拟蜂窝系统最小无线区群有 7 个小区，故只能有 1/7 的小区公用相同的频道。GSM 数字蜂窝系统采用了有效的数字处理技术（如语音编码和信道编码等），在语音质量相同的条件下，可以降低所需载干比的门限，把每个区群的小区数减少到 4，即 1/4 的小区共有相同的频道，从而使数字蜂窝系统的容量大于模拟系统。在 3×4 组网的 GSM 系统中，容量计算公式如下：

$$N = M/m = W/(mB)$$

其中，N 为每小区的信道数；M 为信道总数；m 为小区频率复用系数；W 为频率带宽；B 信道间隔。

CDMA 蜂窝系统的所有小区公用相同的频谱，对提高 CDMA 系统的通信容量十分有利，但不能说 CDMA 蜂窝系统的容量没有限制。限制 CDMA 系统容量的根本原因是系统中存在多址干扰。如果系统允许 n 个用户同时工作，它必须能同时提供 n 个信道，n 越大，多址干扰越强。N 的极限是保证信号功率与干扰功率的比值大于或等于某一门限值，使信道能提供可能接收的语音质量。

在同频组网时，CDMA 系统容量可表示为

$$N = [1 + (W/R_b)/(E_b/N_0)](GF/d)$$

其中，N 为每小区信道数；W 为有效频率带宽；R_b 为信息速率；E_b/N_0 为信噪比；G 为扇形分区系数（2.55）；F 为信道复用系数（0.6）；d 为语音占空比（0.35）。

例如，带宽为 1.25 MHz 的 GSM 系统，若 $m = 4$，等效带宽 B 为 25 kHz，则容量为每小区 12.5 个信道；在 CDMA 系统中，若带宽为 1.228 8 MHz，R_b = 9.6 kbit/s，E_b/N_0 = 9 dB（3 dB 余量），G = 2.55，F = 0.6，d = 0.35，则系统容量为每小区 74.8 个信道。

在 CDMA 的特点中已作介绍，CDMA 系统还具有软容量特性。CDMA 系统中众多用户共享一个频道，用户的区分只靠所用码型的不同，故当系统的容量满载情况下，另外增加少数用户加入系统工作，只会引起语音质量的轻微下降。这是因为增加用户，意味着增加背景干扰，信干比稍微下降，引起语音质量稍微下降，而不会出现信道阻塞现象。这种情况在 FDMA 和 TDMA 中是根本不可能的，当全部频道或时隙被占满时，增加一个用户也不可能。

4) 码同步

码同步是 CDMA 系统中所持有的。在收端进行地址解码时必须采用与发端相同的地址码，而且相位也必须相同。

在 CDMA 系统中，同步系统的主要作用是实现本地地址码与接收信号中的地址码的同步，即频率上相同，相位上一致。同步过程中主要包括两个阶段，第一阶段是捕获阶段，接收机在 PN（伪随机码，简称"伪码"）精确同步（跟踪）前，首先搜索对方的发

送信号，把对方发来的 PN 与本地 PN 在相位上纳入可保持同步的范围内，即在一个 PN 码元内。这一阶段完成后，同步系统即进入跟踪阶段，在这一阶段，无论何种因素引起的收发两端 PN 的频率和相位发送较小的偏移，同步系统都能自动加以调整，使收、发双方的 PN 保持精确同步。

如果由于某种原因使本地 PN 与发端 PN 码间不能用跟踪电路微调获得同步，即引起失步时，需进行新的捕获和跟踪过程，重新实现同步。

地址码的捕获必须以载频捕获为前提条件，若载频频率偏差较大，则接受信号经解扩后的输出幅度很小，无法正确判断本地 PN 与信号中 PN 间的偏差。载频的跟踪又建立在伪码跟踪的基础上，若地址码不同步，解扩器输出的载比太低，则载频跟踪的锁相环路无法锁定。因此，系统一般按照"载频捕获→伪码捕获→伪码跟踪→载频跟踪"的顺序来建立同步的。

4. SDMA 方式

在时域/频域方面，很多新技术都被利用来增加蜂窝系统的容量，但人们还希望可以利用其他资源来增加容量，挖掘容量潜力，如利用一组天线的空间资源。虽然以前利用多个天线来增加的方式已经很多（如分扇区等），但还不能充分地提高容量。为充分利用空间资源，就逐步产生了一个新的多址技术——空分多址（SDMA）。

空分多址 SDMA 方式是通过空间的分割来区别不同用户的。在移动通信中，能实现空间分割的基本技术就是采用自适应阵列天线，在不同用户方向上形成不同的波束，如图 2-26 所示。SDMA 使用定向波束天线来服务于不同的用户，相同的频率或不同的用户，相同的频率或不同的频率都是可用来服务于被天线波束覆盖的这些不同区域，扇形天线可被看作 SDMA 的一个基本方式。在极限情况下，自适应阵列天线具有极小的波束和无限快的跟踪速率，它可以实现最佳的 SDMA，使用自适应天线，迅速地引导能量沿用户方向发送。

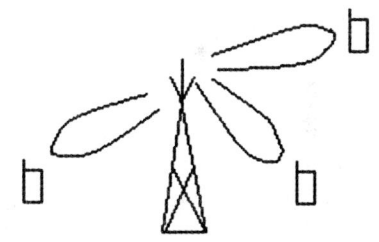

图 2-26　SDMA 系统的工作示意图

SDMA 与 CDMA 一样原来也是军用技术，现在被提出用在民事通信中，SDMA 基站由多个天线和多个收发信机组成，利用与多个收发信机相连的 DSP 来处理接收到的多路信号，从而精确计算出每个移动台相应无线链路的空间传播特性，根据此传播特性就可得出上下行的波束赋形矩阵，然后利用该矩阵通过多个天线对发往移动台的下行链路的信号进行空间合成，从而使移动台所处的位置接收信号最强。

对 FDD 来说，由于上下行链路的空间特性差异很大，所以很难采用 SDMA 方法通过计算上行链路的空间传播特性来合成下行链路信号；而 TDD 的上下行空间传播特性接近，所以比较适合采用 SDMA 技术。

使用 SDMA 技术还可以大致估算出每个用户的距离和方位，以辅助用于移动用户的定位并切换提供参考信息。SDMA 与 CDMA 一起在 TD-SCDMA 中应用。

第五节　移动通信中的控制与交换

交换控制功能及交换控制区域的构成与通信网络结构相对应。不同的通信系统要求的交换控制功能是不同的。大容量公用移动电话网不仅要具有市话网的控制交换功能，还要有移动通信特有的交换技术，如移动台位置登记技术、一齐呼叫功能、通话中的越区切换技术、无线通路的控制技术等。本节主要介绍移动交换系统特有的功能及控制技术。

一、移动交换系统的特殊要求

移动通信中，无线用户之间，无线用户与市话用户之间建立通话时需要进行接续和交换，完成这种接续和交换设备称为移动交换设备，移动交换设备多为程控电话交换机。因为移动通信的用户可在一定地理区域内任意移动，因此完成移动用户之间或移动用户与固定用户之间的一个续接，须经固定的地面网和不固定按需分配的无线信道的连接。同时，移动台位置的变动使整个服务区内话务分布状态随时发生剧烈的变化，这就产生了对移动交换机的一些特殊要求，其中主要有：① 用户数据的存储；② 用户位置的登记；③ 寻呼用户的信令系统识别及处理；④ 越区频道转换的处理；⑤ 过荷控制；⑥ 远距离档案存取；⑦ 路由的控制等。

下面简单加以说明。

1. 设置用户数据寄存器

设置用户寄存器的目的在于存储本移动交换局所辖区内的移动用户的识别码等用户管理数据，及其他呼叫连续相关数据，漫游有权用户数据等。当移动用户发出呼叫时，移动交换局根据呼叫信号中包含的用户识别码，来检索用户寄存器所存的用户名单，以确定该呼叫的对象是否被允许进入系统，经核实无误才可接入系统，并提供相应的呼叫接续。

2. 越区切换

在通话过程中，当移动用户从一个小区进入另一个小区时，为保持通话不中断，需将信道从原小区的工作频道转换到新小区的空闲频道，移动交换局应能实现对用户的透明切换。

3. 位置登记

移动用户被呼叫时，需要知道移动用户所处的地理位置，及在哪一个位置区域内，这样才能有效地发出寻呼信号。为此，须进行移动用户的位置登记。通常，以同时寻呼的区域作为位置区。当移动用户进入新的位置区，或漫游用户进入本局辖区时，用户需作位置登记，移动交换机应更新用户位置登记信息。

4. 远距离档案存取

移动用户进行入网注册登记,并存储信息的局称为本局(归属局),其他服务区域称为目的局(非归属局)。移动用户在归属局服务区内称为本局用户,而在非归属局服务区域时,称为漫游用户。当漫游用户进入非归属局并发生呼叫(主叫或被叫)时,该局必须首先查明这个用户是归属哪个局的,是否有权进行漫游,才能处理这个呼叫。这时目的局要通过局间专用数据链路向归属局查询和调用该漫游用户的信息档案,及远距离档案存取。目的局一方面对该有权的漫游用户进行位置登记和呼叫处理,另一方面通知归属局更新该用户档案。当该漫游用户移动回到归属局,或移动至另一个目的局时重复以上进程。

5. 过荷控制

当大量移动台涌向某一特定地区时,将使该基站区话务量突然增大,造成无线频道负荷过高,引起阻塞。为了避免这种情况发生,并保证重要用户在这种状态下的可通行率,移动交换机应在用户进行过荷控制。过荷控制的方法很多,最常用的方法是给予不同用户一定的级别,发生过荷时,可以通过指令暂时禁止某些低级别的用户入网,等话务量下降后再解除限制。另外,还可以采用动态频道分配技术,即按话务量来增减各基站的无线频道。如果有重叠区,且质量合格的话也可以临时调用邻近基站的无线频道作为支撑。

6. 路由控制

移动台可随意移动,在基站覆盖的交叠区,常常会有多个基站为其提供服务,这时移动交换机应根据各基站的话务分布情况,合理地控制由哪一个基站对该用户提供无线频道。另外,当要求发生越区切换时,也要根据情况确定切换门限,以控制接续路由。

此外,为了掌握网路动态,移动交换机要具有很强的统计分析功能,例如对每条无线频道和每个移动用户进行分析等。

二、位置登记

位置登记是指移动台向基站发送报文,表明自己所处的位置的过程,在大范围的服务区域中,一个移动通信系统用户达到一定数目时,要寻呼某个移动台,如果不事先知道它所处的位置,就得在所有区域同时发起寻呼,这样就可能使呼叫接续时间比通话时间还长,时间和线路的利用率都不够高。为此需要划分位置区,通常一个 MSC 服务区为一个位置区,如图 2-27 所示。

尽管移动用户没有固定的位置,但它入网注册的位置区域称为这个移动台的"家区",家区将每个移动台的位置信息及用户识别码等存入 MSC 的归属位置寄存器 HLR 中。每当移动台离开家区进入其他位置区时,移动台自动向新的位置区域进行登记,即向被访位置寄存器 VLR 进行位置登记,报告原籍位置区号及自己的识别码等。并由被访 MSC 将这一新的位置信息通知家区,使 HLR 中的位置信息得以更新,以便在移动用户被呼叫时能根据被呼移动用户的位置登记信息，决定应该呼叫的被访 MSC 区域。也就是说在移动台进行位置登记的同时，系统必须对该移动台进行位置信息的更新。

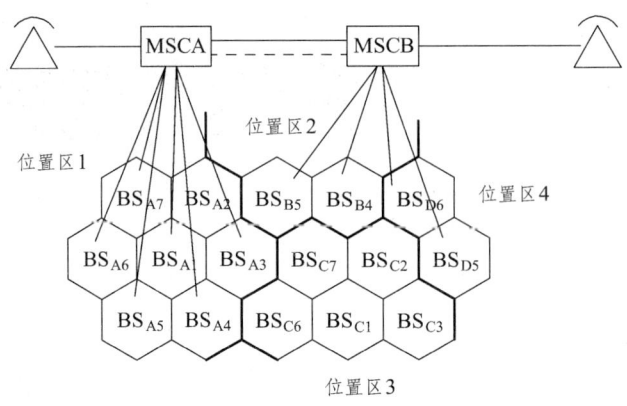

图 2-27　位置区划分示意图

若位置信息表明被呼移动用户在某个位置区，但不知其所处的位置小区，因此位置区内所有的基站一齐发出被呼移动用户识别码，被叫移动用户应答后，及由应答小区提供接续服务，系统这种功能称为"一齐呼叫"。

三、越区切换

为了保证通信的连续性，正在通话的移动台从一个小区进入相邻的另一个小区时，工作频道从一个无线频道上转换到另一个无线频道上，而通话不中断，这就是越区切换。

越区切换根据切换小区控制区域可分为三种：在同一基站控制器 BSC 下的小区间的越区切换；在同一 MSC，不同的 BSC 下的小区间进行的越区切换；在不同的 MSC 下的小区间的越区切换（也称为越局切换）。若进行越区切换两个小区分属不同的位置区域，在切换的同时还必须进行位置登记。

不论是主叫还是被叫移动台，当它越区过界时就需切换信道。在 GSM 系统中，越区切换时频道的切换，为硬切换。在切换时，移动台要先中断与原通信基站的联系，再建立与目标基站间的通信，但由于切换时间很短，用户基本没有感觉，而认为通话没有中断。在 CDMA 数字移动通信系统中既支持硬切换，也支持软切换。所谓软切换，就是移动台在切换时，先不中断与原通信基站的联系，而与目标基站先建立通信，两个基站可同时为一个用户提供服务，当与目标基站取得可靠通信后，在切断与原基站间的通信。这种切换没有中断通话，切换过程中不易产生"乒乓效应"，不易掉话，但是只能在使用相同频率的小区间进行。

越区切换中的时刻，是根据基站接收到移动台的信号强度测试报告或误码率报告确定的。

1. 越区切换的过程控制

越区切换的过程控制方式主要有以下三种。

1) 移动台控制的越区切换

在该方式中，移动台连续检测当前基站和几个越区时的候选基站的信号强度和质量。当满足某种越区切换准则后，移动台选择具有可用业务信道的最佳候选基站，并发送越区切换请求。

2) 网络控制的越区切换

在该方式中，基站监测来自移动台的信号强度和质量，当信号低于某个门限值后，网络开始安排另一个基站的越区切换。网络要求移动台周围的所有基站都监测该移动台的信号，并把测量结果报告给网络。网络从这些基站中选择一个基站作为越区切换的新基站，把结果通过旧基站通知移动台和新基站。

3) 移动台辅助控制的越区切换

在该方式中，网络要求移动台测量其周围基站的信号质量并将结果报告给旧基站，网络根据测试结果决定何时进行越区切换以及切换到哪个基站。

GSM-R 系统的越区切换采用移动台辅助控制方式。

2. 越区切换时的信道分配

越区切换时的信道分配要解决的问题是：当呼叫要转换到新小区时，新小区如何分配信道，使得越区失败的概率尽量减小。常用的作法是在每个小区预留部分信道专门用于越区切换。这种做法的特点是：因新呼叫使可用信道数减小，要增加呼损率，但减少了通话过程被中断的概率。

四、漫 游

在蜂窝移动通信系统中，某地区的移动电话用户可能持本地登记注册的移动话机到另一地区的移动电话网中使用。在联网的移动通信系统中，移动台从一个 MSC 区到另一个 MSC 区后，仍能入网使用的通信服务功能称为漫游。漫游的实现包括三个过程：位置登记、转移呼叫和呼叫建立。

移动用户进行登记注册和结算的 MSC 称为归属局，在其中活动时称为本局用户，当活动到另一个 MSC 区时，称为漫游用户。如果在一个地区有两个重叠的移动网，一个网的用户对另一个网也是漫游用户。

第六节 移动网络的抗衰落、抗干扰技术

为了提高系统的抗衰落、抗干扰性能，移动通信系统采用了很多抗衰落、抗干扰技术。本节主要介绍跳频、语音间断传输、分集、功率控制、扩频等技术的基本概念、类型、作用及基本原理。

一、跳　频

1. 跳频的概念

由于移动通信中电波传输的多径效应引起的瑞利衰落与传输的发射频率有关。衰落谷点将因频率的不同而发生在不同的地点。如果在通话期间载频在几个频点上变化，则可以认为在一个频率上只有一个衰落谷点，那么仅会损失信息的一小部分。采用跳频技术可以改善由多径衰落造成的误码特性。

跳频速率是由使用要求决定的，一般跳频速率较高，跳频系统的抗干扰性就越好，但相应的设备复杂性和成本也越高。跳频由慢跳频和块跳频两种。

慢跳频中跳频速率低于信息比特率，即连续几个信息比特跳频一次。例如 GSM 系统中的跳频属于慢跳频，每一帧改变一次频率，跳频的速率大约为 217 次/秒。快跳频中跳频速率高于或等于信息比特率，即每个信息比特跳频一次以上。

为使相邻信息比特不在同一频道中传送，在跳频前应进行比特交织，以便使信道编码纠正由衰落等原因造成的突发性差错。跳频可由网络运营者在全国或网的一部分选择使用。它的主要优点是在一个传输链路上提供频率分集，对慢移动的 MS 可增加编码和交织的效率，也可通过分集达到均衡通信质量的效果。

慢跳频的基本原则是每个 MS 根据从一个算法中导出的频率序列上发送它的时隙。跳频在两个时隙间发生，MS 在一个工作时隙内固定频率发送或接收，下一个工作时隙又跳到另一个频率上发送或接收。由于监测其他基站需要时间，故允许跳频的时间约为 1 ms。

跳频的算法的参数是在呼叫建立及切换时发给移动台的。跳频序列在一个小区内是正交的，即同一小区内的通信不会发生冲突。在具有相同的 RF 载频信道或相同的配置的小区，即同族小区间跳频序列是相互独立的。MS 由广播信道分配参数中导出跳频序列（跳频所用的一系列频率）和小区的跳频序列号（在同族小区上允许不同的序列号）。

在 GSM 系统中采用跳频技术时，支持 BCH 的物理信道不跳；基站和移动台在一个小区内，跳频是同步的；采用跳频技术时，对于同一呼叫，TDMA 第 N 帧时用 C_0，而在第 $N+1$ 帧时用另一载波 C_n。对慢速移动终端，跳频改善通话质量明显，大约有 6.5 dB 系统增益。GSM 慢跳频原理如图 2-28 所示。

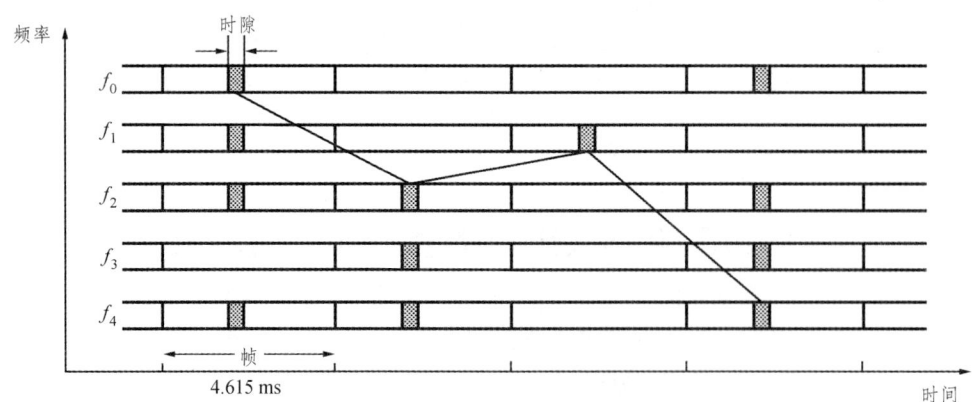

图 2-28　GSM 慢跳频原理示意图

2. 跳频的实现方法

实现跳频的方法有两种：基带跳频和频率合成器跳频。

1）基带跳频

基带信号按照规定的路由传送到相应的发射机上即形成基带跳频，基带信号由一部发射机转到另一部分发射机来实现跳频。慢跳频适合收发信机数量较多的高业务小区。

这种模式，每个收发信机停留在一个频率上，将基带数据通过交换矩阵切换到相应的收发机上，从而实现跳频，如图 2-29 所示。跳频的频率数受限于收发信机的数目，即所需要的无线电控制单元 RCU 的数目等于指定的载波频率数目。

基带跳频的天线合成器可采用谐振腔、单向器星型网络组合成的合路器。

2）频率合成器跳频

频率合成器跳频又称射频跳频，是采用改变频率合成器的输出效率，从而使无线收发信机的工作频率由一个频率调到另一个频率的，如图 2-30 所示。这种办法不必增加收发信机数量，但需要采用空腔谐振器的组合，以实现跳频在天线合路器的滤波组合。

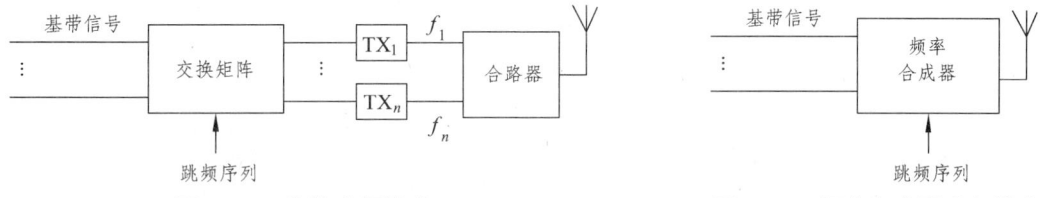

图 2-29　基带跳频模式　　　　图 2-30　频率合成器跳频模式

这种模式，给定的收发信机在每个时隙能在不同频率上发射，即收发信机要在时隙间复位，也就是说，它是不断改变收发信机的频率合成器合成的频率而实现跳频的。这种模式需要无线电控制单元 RCU 的数目等于需要改变频率的时隙数，因此，它适合只有少量收发信机的基站。

在实际 GSM 跳频系统中，每个基站只能使用一次跳频模式。每个移动台在每一 TDMA 帧中只发送和接收一次业务突发，所以在其余的时间，还可以监听网内的控制信息。这些信息包括：SACCH 中的功率控制和定时信息；BCH 中的同步及系统信息；移动台要监听的本小区和周围小区的 BCH 信息；移动台要在 SACCH 中发送周围小区的信号强度信息，以及本小区信道传输的信号质量信息等。

二、间断传输

众所周知，在双工通信方式中，通话时一方在听话期间，发送链路基本空闲，即使是在讲话期间，也有停顿或空闲。根据统计，实际链路上传输语音的时间仅占整个通话时间的 30%～40%，我们称之为激活系数，为 0.3～0.4。

为了节省移动台电源，延长电池使用时间，减少空中平均干扰电平，提高频谱利用率，移动通信系统采用语音间断传输技术。语音信号间断传输是指仅在包含有用信息帧时才打开发射机，而在语音间隙的大部分时间关闭发射机的一种操作模式。GSM 系统中采用 DTX 方式，IS-95 CDMA 中采用 DSI 方式，两者的区别在于 DSI 方式可以将收回的信道重新分配给其他用户使用，而 DTX 的信道不能重新分配。

1. 语音不连续发射 DTX

GSM 系统中采用 DTX 方式，并不是在语音间隙简单地关闭发射机，而是要求在发信机关闭之前，必须把发端背景噪声的参数传送给收端，收端利用这些参数合成与发端相类似的噪声（通常称为"舒适噪声"）。这样做的目的是当发信机打开时，背景噪声连同语音一同转发给接收端，在语音脉冲结束时，由于关掉了发射机，故噪声降低到很低的电平，使听者感到极不舒服。为了改善这种情况，采用插入人工噪声的方法，在发送端关发射机前把静寂描述帧 SID 发给接收端，收端在无语音时，移动台自动产生舒适的背景噪声。为了完成语音信号间断传输，应使发送侧有语音活动检测器，有背景噪声的评价，以便向接收侧传送特性参数，在发射机关机时接收侧产生类似噪声。DTX 基本原理如图 2-31 所示。

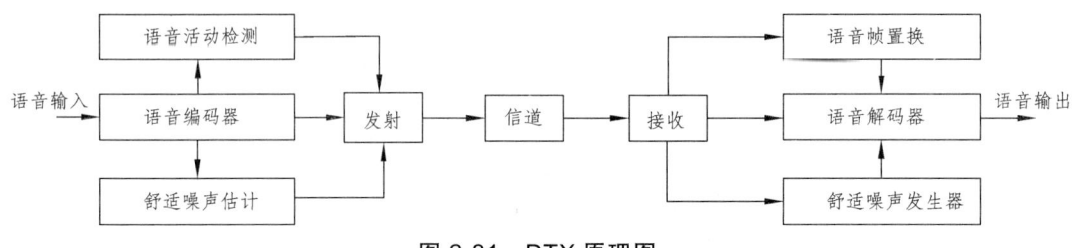

图 2-31 DTX 原理图

发送端的语音活动检测由语音活动检测器完成，其功能是检测分段后的 20 ms 段是有声段还是无声段，即是否有语音或仅仅是噪声。舒适噪声估计用于产生静寂描述帧 SID，发送给接收端以产生舒适的背景噪声。

接收端的语音帧置换的作用是当语音编码数据的某些重要码位受到干扰而解码器又无法纠正时，用前面未受到干扰影响的语音帧取代受干扰的语音帧，从而保证通话质量。舒适噪声发生器用于使接收端所收到的 SID 产生与发端一致的背景噪声。

2. 数字语音间插 DSI

利用数字语音插空技术 DSI，即发端语音识别器检测是否有语音，决定是否分配信道。理论上讲，有语音时分配信道，无语音时，系统收回信道。在 FDMA 或 TDMA 系统中，需要做到有语音时，系统给他分配频道或时隙，这种情况实现起来既不经济又较复杂。在 CDMA 中，相对来说，更便于利用语音插空技术，即将 DSI 与可变速率语音编码结合起来，从而获得通信容量的增加。

也就是说，它与 GSM 系统中采用的 DTX 技术相比，DTX 只是在无声期间关闭发射机，由接收机根据所受到的 SID 自行产生背景噪声，信道不能分配给其他用户使用。由于码分为多址时，对其他用户就不造成干扰，背景噪声（干扰）将降低，接收端的信干比提高，表明系统还可以允许新的用户接入，增加系统容量。为了充分发挥这种软容量特性，在 CDMA 系统中，采用可变速率语音编码器，提供 8 kbit/s、4 kbit/s、2 kbit/s 和

1 kbit/s 这 4 种可选速率，以适应不同的传输要求。例如，在语音间歇期间采用低速语音编码，降低传输速率、降低发射功率，从而能进一步减小对其他用户的干扰。

三、分　集

移动通信中衰落的问题尤为突出，它是影响通信质量的主要因素之一，衰落深度可达 30～40 dB。如果想加大发射功率（1 000～10 000 倍）来克服这种深衰落是不现实的，而且会造成对其他用户的干扰。因此，蜂窝移动通信系统广泛采用分集技术增强抗衰落性能。

1. 分集的概念

所谓分集接收，是指接收端对它收到的多个衰落特性互相独立（携带同一个信息数据流）的信号进行特定的处理，以降低信号电平起伏的办法。分集的含义有两点：一是分散传输，使接收端能获得多个统计独立的、携带同一信息数据流的衰落信号；二是集中合并处理，接收机把收到的多个独立的衰落信号进行合并，以降低衰落的影响。

在移动通信系统中可能用到两类分集方式：一类称为"宏分集"；另一类称为"微分集"。

"宏分集"主要用于蜂窝通信系统中，也称为"多基站"分集，这是一种减小慢衰落影响的分集技术，其作法是把多个基站设置在不同的地理位置上（如蜂窝小区的对角上）和不同方向上，同时和小区的一个移动台进行通信，移动台可以选用其中信号最好的一个基站进行通信。显然，只要在各个方向上的信号传播不是同时受到阴影效应或地形的影响而出现严重的慢衰落（基站天线的架设可以防止这种情况发生），这种办法就能保证通信不会中断。

"微分集"是一种减小快衰落影响的分集技术，在各种无线通信系统中都经常使用，理论和实践都表明，在空间、频率、极化、场分量、角度及时间等方面分离的无线信号，都呈现互相独立的衰落特性。据此，微分集又可分为：空间分集、频率分集、极化分集、场分量分集、角度分集、时间分集。

2. 分集技术

（1）空间分集。空间分集的依据在于快衰落的空间独立性，即在任意两个不同的位置上接收同一个信号，只要两个位置的距离大到一定程度，那么两处所接收到的信号的衰落就是不相关的。为此，空间分集的接收机至少需要两副相隔距离为 d 的天线，间隔距离 d 与工作波长、地物及天线高度有关，在移动信道中，通常取：市区 $d=0.5\lambda$；郊区 $d=0.8\lambda$。

在满足上述条件时，两信号的衰落相关性已很弱，d 越大，相关性就越弱。

在 900 MHz 的频段工作时，两副天线的间隔也只有 0.27 m，在小汽车顶部安装这样的两副天线并不困难，因此空间分集不仅适用于基站（取 d 为几个波长），也可用于移动台。

（2）频率分集。由于频率间隔大于相关带宽的两个信号所遭受衰落，可以认为是不

相关的,因此可以用两个以上不同的频率传输同一信息,以实现频率分集,根据相关带宽的定义:

$$B_c = 1/(2\pi\Delta)$$

式中,Δ 为延时扩展,例如市区中 $\Delta = 3$ μs,B_c 约为 53 kHz。这样频率分集需要用两部发射机(频率相隔 53 kHz 以上)同时发送同一信号,并用两部独立接收机来接收信号。频率分集技术设备复杂,而且在频谱利用方面也很不经济。

(3)极化分集。由于两个不同极化的电磁波具有独立的衰落特性,所以发送端和接收端可以两个位置很近但极化方式不同的天线分别发送和接收信号,以获得分集效果。

极化分集可以看成空间分集的一种特殊情况,二重分集情况下也要用两副天线,但仅仅是利用不同极化的电磁波所具有的不相关衰落特性,因而缩短了天线间的距离。

在极化分集中,由于射频功率分给两个不同的极化天线,因此发射功率要损失一半(3 dB)。

(4)场分量分集。由电磁场理论可知,电磁波的 E 场和 H 场载有相同的消息,而反射机理是不同的,例如一个散射体反射 E 波和 H 波的驻波图形相位差为 90°,即当 E 波为最大时,H 波最小。在移动通信中,多个 E 波和 H 波叠加,结果表明 E_z、H_x 和 H_y 的分量是互不相关的,因此通过接受三个场分量,也可以获得分集的效果。场分量分集不要求天线间有实体上的间隔,因此适用于较低工作频段。当工作频段较高时,空间分集在结构上容易实现,此时不需采用三副天线进行场分量分集。

场分量分集和空间分集都有由于极化分集之处,这两种方式不像极化分集那样要降低 3 dB 的辐射功率。

(5)角度分集。角度分集的作法是使电波通过几个不同的路径,并以不同的角度到达接收端,而接收端利用多个锐方向性接收天线分离出不同方向来的信号分量,由于这些分量具有互相独立的衰落特性,因而可以实现角度分集并获得抗衰落的效果。显然,角度分集在较高频率时容易实现。

(6)时间分集。快衰落除了具有空间和频率独立性之外,还具有时间独立性,即同一信号在不同的时间、区间多次重发,只要各次发送的时间间隔足够大,那么各次发送的信号所出现的衰落将是彼此独立的,接收机将重复收到的同一信号进行合并,就能减小衰落的影响。时间分集主要用于在衰落信道中传输数字信号。此外,时间分集也利于克服移动信道中由多普勒效应引起的信号衰落现象。

若移动台处于静止状态,即 $v = 0$,则要求 ΔT 为无穷大,表明此时时间分集的优点将丧失。换句话说,时间分集对静止状态的移动台无助于减小多普勒效应引起的衰落。

3. 合并技术

接收端收到 M($M \geq 2$)个分集信号后,如何利用这些信号以减小衰落的影响,这就是合并问题。一般使用线性合并器,把输入的 M 个独立的衰落信号相加后合并输出。

假设 M 个输入信号电压为 $r_1(t), r_2(t), \cdots, r_M(t)$,则合并器输出电压为

$$r(t) = a_1 r_1(t) + a_2 r_2(t) + \cdots + a_M r_M(t) = \sum_{k=1}^{M} a_k r_k(t)$$

式中，a_k 为第 k 个信号的加权系数。

选择不同的加权系数，就可构成不同的合并方式，常用的有以下 3 种方式。

（1）选择式合并 SD。选择式合并是检测所有分集支路的信号作为合并器的输出。在选择式合并器中，加权系数只有一项为 1，其余均为 0。图 2-32 为二重分集选择式合并的示意图。两个支路的中频信号分别经过解调，然后做信噪比比较，选择其中有较高信噪比的支路接到接收机的共用部分。

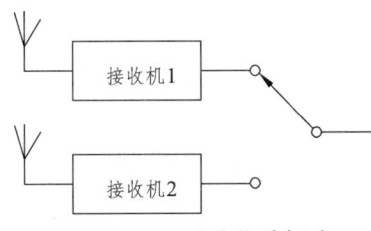

图 2-32 二重分集选择式

选择式合并又称为开关式相加。这种方式方法简单，实现容易。但由于未被选择的支路信号弃之不用，因此抗衰落不如另外 2 种方式。

需要指出的是，如果在中频或高频实现合并，就必须保证各支路的信号同相，这常常会导致电路的复杂度增加。

（2）最大比值合并 MRC。最大比值合并是一种最佳合并方式，其方框图如图 2-33 所示。每一支路信号为 r_k，每一支路的加权系数 a_k 与包络 r_k 成正比而与噪声功率 N_k 成反比，即 $a_k = r_k/N_k$。由此可得，最大比值合并器输出的信号包络为

$$r_R = \sum_{k=1}^{M} a_k r_k = \sum_{k=1}^{M} r_k^2 / N_k$$

式中，下标 R 表征最大比值合并方式。

（3）等增益合并 EGC。等增益合并方式实现比较简单，其性能接近于最大比值合并，这是由于等增益合并无需对信号加权，各支路的信号是等增益相加，其框图如图 2-34 所示。等增益合并器输出的信号包络为

$$r_E = \sum_{i=1}^{M} r_i$$

式中，下标 E 表征等增益合并。

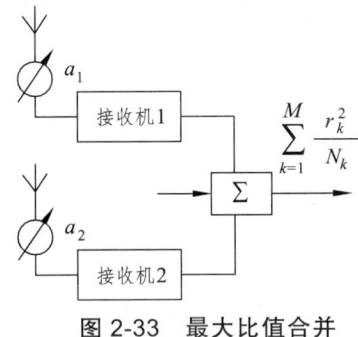

图 2-33 最大比值合并　　　　图 2-34 等增益合并

4. 分集技术的比较

众所周知，在通信系统中信噪比是一项很重要的性能指标。在模拟通信系统中信噪比决定了语音质量；在数字通信系统中信噪比（或载噪比）决定了误码率。分集合并的性能指合并前后信噪比改善程度，或者说有分集（$M=2，3\cdots$）与无分集（$M=1$）时信噪比改善的程度。为便于比较 3 种合并方式性能，假设它们都满足下列 3 个条件：

（1）每一路径支路均为白噪声，与信号无关。
（2）信号包络（幅度）的衰落速率远低于信号的最低调制频率。
（3）各支路信号的衰落互不相关，彼此独立。

通过数学分析，得 M 重分集平均信噪比均得到了大小不等的改善。所谓平均信噪比的改善是指分集接收机合并器输出的平均信噪比与无分集接收机的平均信噪比相比较，其改善的分贝数。

在相同分集重数（即 M 相同）的情况下，以最大比值合并方式改善信噪比最多，其次是等增益合并方式，选择式合并所得到的信噪比改善量最少。在分集重数较少情况下，如 $M=2$ 或 3，等增益合并的信噪比改善接近最大比值合并。而且因等增益合并比最大比值合并的电路简单得多，因此在 CDMA 的 Rake 接收机中使用了等增益合并方式。

在数字化移动通信系统中，衡量分集的效果是误码率。分析表明，从误码率角度比较 3 种合并方式，也可得出：最佳比值合并最好，其次是等增益合并，改善最少的是选择式合并。

四、功率控制

功率控制是蜂窝移动通信系统提高通信质量、增大系统容量的关键技术。移动通信系统都是干扰系统，它的通信质量和容量主要受限于收到干扰功率的大小。若基站接收到移动台的信号功率太低，则误比特率太大而无法保证高质量通信；反之，若基站接收到某一移动台功率太高，虽然保证了该移动台与基站间的通信质量，却对其他移动台增加了干扰，导致整个系统的通信质量恶化、容量减小。只有当每个移动台的发射功率控制到基站所需信噪比的最小值，通信系统的容量才能达到最大值。

在移动通信系统中，为了解决远近效应问题，同时避免对其他用户过大的干扰，我们必须采用严格的功率控制。根据功率控制的对象，功率控制可分为前向功率控制和反向功率控制；按照功率控制的控制方式，功率控制又可分为开环功率控制和闭环功率控制。

1）反向链路的功率控制

反向链路的功率控制就是控制各移动台的发射功率的大小，可分为开环功率控制和闭环功率控制。

① 开环功率控制。

采用反向链路的开环功率控制的前提条件是假设上、下行损耗相同。移动台接收并测量基站发来的信号强度，估计下行传输损耗，然后根据这一估计，移动台自行调整其发射功率，试图使所有移动台发出的信号在到达基站时都有相同的标称功率，这完全是一种移动台自主进行的功率控制。

开环功率控制只是对发送电平的粗略估计，因此反应时间不应太快，也不应太慢。如反应太慢，在开机或遇到阴影、拐弯效应时，起不到应有的作用；而如果太快，将会由于前向链路中的快衰落而浪费功率，因此前、反向衰落是两个相对独立的过程，移动台接收的尖峰式功率很可能是由于干扰形成的。根据很多测试结果，响应时间常数选择为 20~30 ms。

开环功率控制是为了补偿平均路径衰落的变化和阴影、拐弯等效应，它必须要有一个很大的动态范围。在实现时，移动台只通过测量接收功率来估计发送功率，而不需要进行任何前向链路的解调。

开环功率控制的优点是简单易行，不需要在移动台和基站之间交换控制信息，因而不仅控制速度快而且节省开销。它对付慢衰落是比较有效的，通过开环功率控制可以减小慢衰落影响。但是对于信号因多径效应而引起的瑞利衰落，效果不佳。对于 900 MHz 的 GSM-R 系统，收发频率相差 45 MHz，已远远超过信道的相干带宽，因而上行或下行无线链路的多径衰落是彼此独立的。不能认为移动台在下行信道上测得的衰落特性就等于上行信道上的衰落特性。为了解决这个问题，我们可采用闭环功率控制的方法。

② 反向闭环功率控制。

实际上，上、下行链路的衰落特性是相互独立的，即开环功率控制的前提条件并不成立，开环只能是一种粗略的功率控制。反向闭环功率控制是由基站检测移动台的信号强度或信噪比，根据测得结果与预定值比较，产生功率调整指令，并通知移动台调整其发射功率。

在反向闭环功率控制中，基站起着很重要的作用。闭环控制的设计目标是使基站对移动台的开环功率估计，迅速做出纠正，以使移动台保持最理想的发射功率。这种对开环的迅速纠正，解决了前向链路和反向链路间增益容许度和传输损耗不一样的问题。

GSM-R 中，在对反向业务信道进行闭环功率控制时，移动台将根据在前向业务信道上收到的有效功率控制比特，来调整其平均输出功率。功率控制比特（0 或 1）是连续发送的，其速率为每比特 1.25 ms（即 800 bit/s）。"0" 指示移动台增加平均输出功率，"1" 指示移动台减小平均输出功率，每个功率控制比特使移动台增加或减小功率的大小为 1 dB。

闭环功率控制的设计目标是使基站对移动台的开环功率估计迅速做出纠正，以使移动台保持最理想的发射功率。

2）前向链路的功率控制

在正向链路控制（或称前向链路控制）中，基站根据移动台提供的测量结果，调整对每个移动台的发射功率，其目的是对路径衰落小的移动台分配较小的前向链路功率，而对那些远离基站和误码率高的移动台分配较大的前向链路功率，使任一移动台无论处于蜂窝小区的任何位置上,收到基站发来的信号电平都恰好到达信干比所要求的门限值。前向功率控制可避免基站向距离近的移动台辐射过大的信号功率,也可防止或减小由于移动台进入传播条件恶劣或背景干扰过大的地区而产生较大的误码率,引起通信质量的下降。

基站通过移动台发送的前向误帧率 FER 的报告决定增加或减小发射功率。移动台的报告分为定期报告和门限报告。定期报告就是隔一定时间汇报一次;门限报告就是当 FER 达到一定门限值时才报告,这个门限值是由运营者的具体要求来设定。

GSM-R 系统支持基站和移动台各自独立地进行发射功率控制。通常采用闭环功率控制方式。GSM-R 规定总的控制范围是 30 dB,每步调节范围是 20 dB,从 20 mW～20 W 之间的 16 个功率电平,每步精度为 ±3 dB,最大功率电平的精度为 ±1.5 dB。移动台功率控制级别的范围是 0～31,在设备中储存的是功率控制级而不是具体的输出功率值。基站功率控制级别的范围是 0～15。

五、扩 频

信息论中香农(Shannon)定义表示为

$$C = W\log_2(1 + S/N)$$

由此可得:给定信道容量 C 可以用不同的带宽 W 和信噪比 S/N 的组合来传输。若减小带宽则必须发射较大功率的信号;若有较大的传输带宽,则同样的信道容量能够由较小功率的信号来传送,这表明宽带系统表现出较好的抗干扰性能。因此,扩频可提高通信系统的抗干扰能力,改善通信质量,使之在强干扰情况下仍可以保持可靠的通信。

1. 扩频通信系统

扩频通信技术是一种信息传输方式,其系统占用的频带宽度远大于要传输的原始信号的带宽(或信息比特率),且与原始信号带宽无关。在发送端,频带的展宽是通过编码及调制(即扩频)来实现的;在接收端用与发送端完全相同的扩频码进行相关解调(即解扩)来恢复信息。系统占用带宽 W 与所传送信息的带宽 B 的比值我们称为系统处理增益(G_P),只有当系统处理增益值在 100 以上时才是扩频通信。当处理增益 50 以上为宽带通信,1～2 时为窄带通信。

扩频通信系统的扩频部分,就是用一个带宽比信息带宽宽得多的伪随机码(PN 码)对信息数据进行调制,解扩则是将接收到的扩展频谱信号与一个发端 PN 完全相同的本地码相关检测来实现,当收到的信号与本地 PN 相匹配时,所要的信号就会恢复到其扩展前的原始带宽,而不匹配的输入信号则被扩展到本地码的带宽或更宽的频带上。解扩后的信号经过一个窄带滤波器后,有用信号被保留,干扰信号被抑制,从而改善了信噪比,提高了抗干扰能力。扩频通信系统的基本原理框图如图 2-35 所示。

信息数据经过信息调制器后输出的是窄带信号,经过扩频调制后频谱展宽,在接收机的输入信号中掺有干扰信号,经过解扩后有用信号频谱变窄恢复出原始带宽,而干扰信号频谱变宽，再经过窄带滤波，有用信号带外的干扰信号被滤除，从而降低了干扰信号的强度，改善了信噪比。

在扩频通信系统中，经过对信息的信号带宽的扩展和解扩处理，获得处理增益 G_p。G_p 表示了扩频通信系统信噪比改善程度，是扩频通信系统一个重要的性能指标。

例如：某系统 $W = 20$ MHz，$B = 10$ kHz，则 $G_p = 2\,000$（33 dB），说明这个系统在接收机的射频输入端和基带滤波器输出端间由 33 dB 的信噪比改善。

扩频通信系统的抗干扰性能和处理增益成正比。处理增益增大，系统接收端解扩后，在单位带宽内干扰信号的功率与有用信号的功率值差值增大，抗干扰能力就越强。

干扰容限是在保证系统正常工作的条件下（即保证输出端有一定的信噪比），接收机输入端能接受的干扰信号比有用信号高出的分贝数，直接反映了扩频系统接收机允许的极限干扰强度，往往能比处理增益更确切地表征系统的抗干扰能力。干扰容限为

$$M_j = G_p - [L_s + (S/N)_0]$$

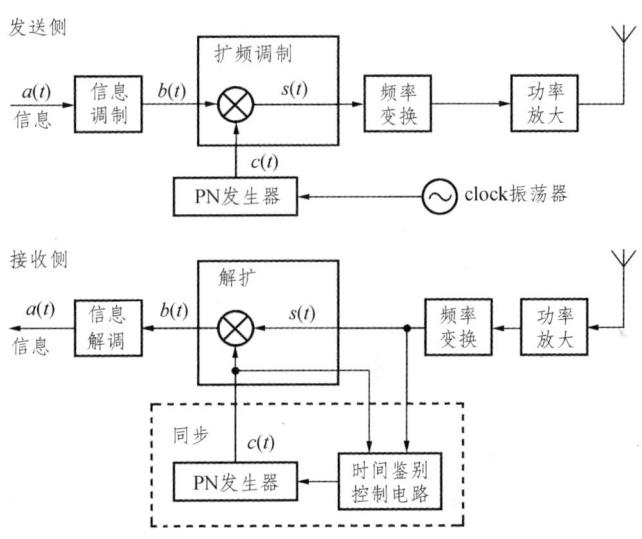

图 2-35 扩频通信系统原理框图

例如：某扩频通信系统的处理增益 $G_P = 33$ dB，系统损耗 $L_S = 3$ dB，接收机的输出信噪比 $(S/N) \geq 10$ dB，则该系统的干扰容限 $M_j = 20$ dB。这表明该系统最大能承受 20 dB（100 倍）的干扰，即当干扰信号功率超过有用信号功率 20 dB 时，该系统不能正常工作，而二者之差不大于 20 dB 时，系统仍能正常工作。

2. 扩频通信系统的特点

（1）抗干扰能力强。扩频通信系统扩展频谱越宽，处理增益越高，抗干扰能力越强，这是扩频通信的最突出的优点。

（2）保密性好。由于扩频后的有用信号被扩展在很宽的频带上，单位频带内的功率很小，即信号的功率谱密度很低，信号被淹没在噪声里，非法用户很难检测出信号。

（3）可以实现码分多址。扩频通信提高了抗干扰能力，但付出了占用频带宽度的代价，多用户共用这一宽频带，可提高频谱利用率。在扩频通信中可利用扩频码的优良的自相关和互相关特性实现码分多址，提高频率利用。

（4）抗多径干扰。利用扩频码序列的相关性，在接收端用相关技术从多径信号中提取和分离出最强的有用信号，或把多径信号合成，变害为利，提高接收信噪比。

（5）能精确定时和测距。利用电磁波的传播特性和伪随机码的相关性，可以比较正确地测出两个物体间的距离，GPS全球定位系统就是应用之一。另外，还可以应用到导航、雷达、定时等系统中。

3. 扩频通信的种类

（1）直接序列（DS）系统：用一种高速伪随机序列与信息数据相乘，由于伪随机序列的带宽远大于信息带宽，从而扩展了发射信号的频谱。

（2）跳频（FH）系统：在一伪随机序列的控制下，发射频率在一组预先指定的频率上按所规定的顺序离散地跳变，扩展发射信号的频谱。

（3）脉冲线性调频（Chirp）系统：系统的载频在一给定的脉冲间隔内线性扫过一个宽频带，扩展发射信号频谱。

（4）跳时（TH）系统：与跳频系统类似，区别在于该系统是用一伪随机序列控制发射时间和发射时长。

（5）混合系统：上面四种系统的组合。

实际扩频通信系统以前面三种为主流，民用系统一般只用前两种。

本章小结

1. 移动通信是指通信双方或至少有一方处于移动中进行信息交换的通信方式。移动通信的主要特点是：移动性、电波传播条件复杂、噪声和干扰严重、管理和控制复杂、要求频带利用率高、对移动台要求高等。

2. 移动信道电波传播特性表现为：传播损耗、阴影衰落、多径衰落、时延扩展、多普勒频移等。

3. 移动通信可按设备的使用环境、服务对象、信号形式、多址方式、工作方式等进行分类。目前主要的移动通信系统有蜂窝制移动通信系统、集群移动通信系统、无中心通信系统、卫星移动通信系统等。

4. 移动通信信道是指基站天线、移动台天线和两副天线之间的传播路径。移动通信信道的主要特征是开放性、接收环境的复杂性与用户的随机移动性。

5. GSM-R系统中的干扰主要有同频干扰、邻道干扰和互调干扰。

6. 移动通信网的区域覆盖方式可分为大区制和小区制两种。正六边形小区构成的网络成为蜂窝网络。在蜂窝网络中，可以实现在相隔距离足够远的小区之间进行同频率复用。任意两个同频小区之间的距离成为同频复用距离。

7. 蜂窝制移动通信系统是把整个服务区域划分为若干个小区，各小区各自使用基站进行覆盖。在不同的小区可以实现频率复用，大大提高系统容量。

8. 信道分配应考虑减小干扰和提高频率利用率。信道分配可以采用动态的或固定的方法。

9. GSM-R 系统无线覆盖的目标是沿铁路线实现场强无缝连续覆盖并达到系统 QoS 要求。对基站覆盖电平的要求是在 95%的时间和位置概率下，无线信道呼损率不大于 0.5%，覆盖电平大于 −92 dBm。

10. GSM-R 在网络覆盖上需要采用冗余重叠覆盖的方式。主要有单网交织冗余覆盖、同站址无线双层覆盖、交织站址无线双层覆盖等方法。

11. 多址技术用来区分不同用户的信息。在 GSM-R 系统中，采用的多址技术为 TDMA 和 FDMA。

12. 多信道共用是指在网内的大量用户共享若干无线信道，用来提高信道利用率。

13. 话音编码技术就是将模拟的话音信号转化为数字信号。GSM-R 系统采用的话音编码方式为规则脉冲激励——长期预测编码（RPE-LTP），编码速率为 13 kbit/s。

14. 信道编码就是在信息码元中再加入一些冗余码元，用来供接收端检出或纠正信息在信道中传输时产生的误码。GSM-R 系统中采用的编码技术是分组编码和卷积编码。

15. 交织技术用来分散成串的比特差错及一些突发错误。在 GSM-R 系统中，交织分为两次：第一次交织为内部交织；第二次交织为块间交织。

16. 均衡就是接收端的均衡器产生与信道特性相反的特性，用来抵消由于多径效应引起的码间干扰，改善系统传输的可靠性。GSM-R 系统中采用自适应均衡器，也称为 Viterbi 均衡。

17. 调制是为了使信号特性与信道特性相匹配。GSM-R 的调制方式是 0.3GMSK。

18. 分集接收是指接收端对它收到的多个衰落特性互相独立（携带同一信息）的信号进行特定的处理，以降低信号电平起伏的办法。分集接收主要有四种类型：频率分集、时间分集、空间分集和极化分集。合并方式主要有选择式合并、最大比值合并和等增益合并。

19. 语音间断传输方式（DTX）是指仅在包含语音信息时才打开发射机，而在语音间隙的大部分时间关闭发射机的一种操作方式。其目的有两个：一是节省移动台电源；二是减小同频道干扰。

20. 功率控制是指在保持无线通信质量的前提下，使移动台或基站的发射功率最低。功率控制的目标是为了提高频谱利用率，减少对其他呼叫的干扰，延长移动台的电池寿命。按照功率控制的对象，功率控制可分为前向功率控制和反向功率控制；按照功率控制的控制方式，功率控制又可分为开环功率控制和闭环功率控制。

21. 越区切换是指移动台从一个基站覆盖的小区进入另一个基站覆盖的小区的情况下，为了保持通信的连续性，将移动台与当前基站之间的链路转移到新基站上。

22. 为了能把一个呼叫传送到随机移动的用户，就必须有一个高效的位置管理系统来跟踪用户的位置变化。

复习思考题

1. 什么是移动通信？移动通信有哪些特点？
2. 移动通信有哪些分类？
3. 蜂窝制移动系统有何特征？
4. 蜂窝制移动通信系统由哪几部分组成？每部分的作用是什么？
5. 在 GSM-R 系统中，其移动信道有何特征？
6. 电波在自由空间传播产生损耗的原因是什么？它与哪些因素有关？
7. 什么是多径效应？它对于模拟信号传输和数字信号传输各有什么影响？
8. 什么是阴影效应？它对于无线电波传播有什么影响？
9. 什么是多普勒效应？它对于无线电波传播有什么影响？
10. 什么是大区制？什么是小区制？相比大区制，小区制有何优点？
11. 蜂窝网是如何定义的？
12. GSM-R 中主要有哪些干扰？它们各是如何产生的？如何克服？
13. GSM-R 系统的无线覆盖方式有哪些？分别如何实现？
14. 什么是多址技术？FDMA、TDMA 的原理各是什么？
15. 什么是多信道共用技术？
16. 话音编码、信道编码、交织编码各具有什么作用？
17. 什么是均衡技术？Viterbi 均衡器的基本原理是什么？
18. 什么是调制和解调？调制的作用是什么？
19. 什么是分集接收？常用的分集方法有哪些？
20. 什么是话音间断传输？它有何作用？
21. 什么是功率控制？它有何作用？
22. 开环功率控制和闭环功率控制各是如何进行的？
23. 什么是越区切换？越区切换的过程控制有几种方式？
24. 位置管理的作用是什么？位置管理包括什么任务？

第三章 GSM-R 网络结构

GSM-R 网络由若干个功能实体组成,各功能实体之间以接口相连,按照相关协议实现系统功能。

本章介绍 GSM-R 的网络组成、各接口定义和功能,还介绍了网络的区域划分及各主要号码的用途和结构。

第一节 GSM-R 系统组成

当今的无线通信系统是有线网络和无线网络的结合体。在整个通信体系中,移动蜂窝网络既是一个独立的通信系统,也可以看作公共电话网络(PSTN)或 ISDN 的扩展部分。在蜂窝移动网络中,基站与移动台之间是无线连接,基站与交换机之间,交换机与交换机之间,都是有线连接。一个移动用户要想与另一个移动或固定用户进行通信,必须经过无线和有线两种传输过程。移动网络与固定网络之间的互连实现了用户在任何时间、任何地点与任何人进行通信的功能。蜂窝系统的组成如图 3-1 所示。

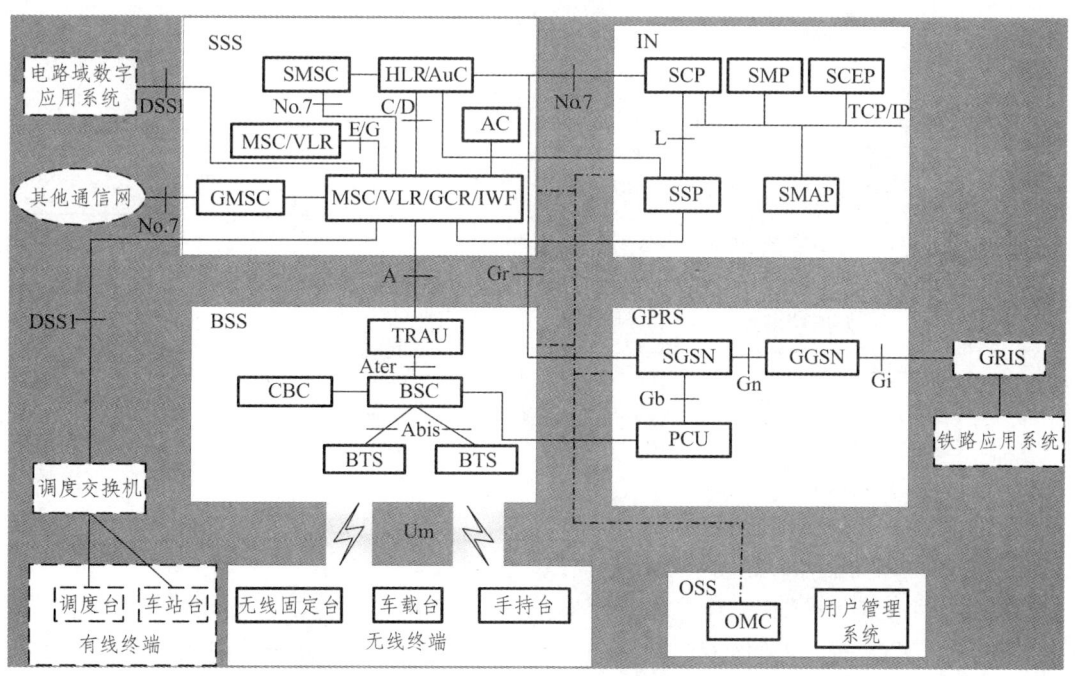

图 3-1 蜂窝系统的组成

GSM-R 陆地移动网络是由一个管理者或专门的机构组织建立并执行操作的,它的目的是为铁路提供陆地移动通信的各种业务。GSM-R 陆地网络可以看作某个固定网络的扩展,如 ISDN;或者是一个采用统一编号方案的 MSC 的集合。MSC 作为陆地移动网络和固定网络的接入单元。作为铁路专用的网络,GSM-R 可以有限地、有条件地与地面的公众或专用网络进行互连。

一个 GSM-R 陆地移动系统由若干个功能实体组成,这些功能实体所实现的功能的集合就是网络能够提供给用户的所有基本业务和补充业务,以及对于用户数据和移动性的操作和管理。GSM-R 陆地移动网络由四个子系统组成,其基本结构如图 3-2 所示。

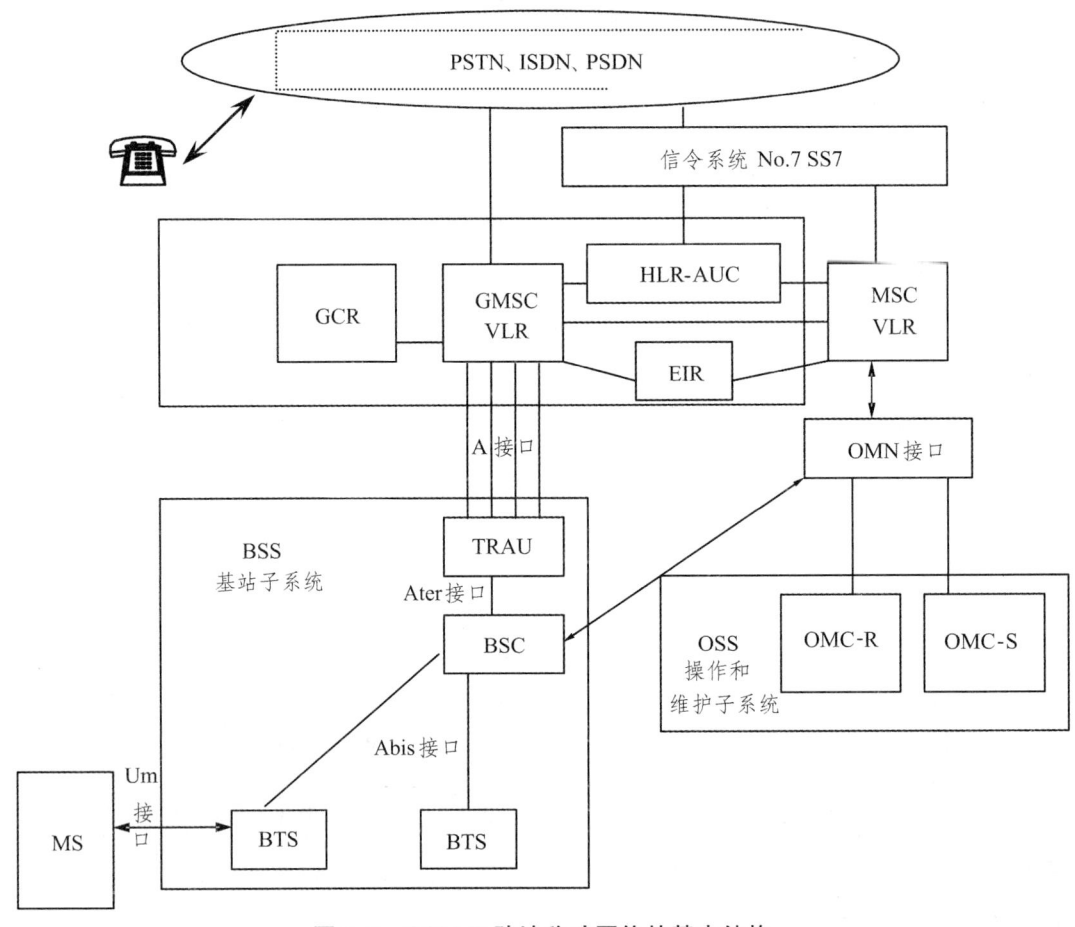

图 3-2 GSM-R 陆地移动网络的基本结构

移动台是接入 GSM-R 网络的用户设备,包括移动终端(ME)和终端设备(TE),或通过终端适配器与 ME 连接的 TE。移动台除了具有通过无线接口(Um)接入 GSM-R 系统的一般处理功能外,还为移动用户提供了人机接口。

基站子系统(BSS)由一个基站控制器(BSC)和若干个基站收发信机(BTS)组成,BTS 主要负责与一定覆盖区域内的移动台(MS)进行通信,并对空中接口进行管理。BSC 用来管理 BTS 与 MSC 之间的信息流。BTS 与 BSC 之间通过 Abis 接口通信。BSS

中还可能存在编码速率适配单元（TRAU），它实现了 GSM-R 编码速率向标准的 PSTN 或 ISDN 速率的转换。TRAU 与 BSC 通过 Ater 接口连接。

交换子系统包括网络子系统（NSS）、智能网子系统（IN）和通用分组无线子系统（GPRS）。网络子系统建立在移动交换中心（MSC）上，负责端到端的呼叫、用户数据管理、移动性管理和与固定网络的连接。NSS 通过 A 接口连接 BSS，它与固定网络的接口决定于互联网络的类型；智能网子系统包括业务控制点（SCP）、业务交换点（SSP）、业务管理系统（SMS）等设备，HLR、MSC 也是重要的智能网业务节点；GPRS 包括网关支持节点（GGSN）、业务支持节点（SGSN）、分组控制单元（PCU）、域名服务器（DNS）、认证服务器（RADIUS）等设备。

操作和维护子系统（OSS）是相对独立的子系统，为 GSM-R 网络提供管理和维护功能。它的具体功能由操作维护中心（OMC）来完成，其中 OMC-R 负责管理 BSS，OMC-S 负责管理 NSS。OSS 主要提供移动用户管理、移动设备管理、网络操作和控制三类功能。

任何 GSM-R 陆地移动通信网络都必须与固定网络连接，一同完成移动用户与移动用户之间、移动用户与固定用户之间的通信。

组成 GSM-R 网络的各个子系统之间，BSS 与移动台之间、与固定网络之间的互连都提供了标准的接口。网络中的不同设备可以通过标准的接口来实现移动业务的本地和国际互连。GSM-R 网络的信令系统采用 NO.7 信令网传送呼叫控制信息和其他信令信息。

GSM-R 网络为支持基本业务提供以下功能：
- 呼叫处理；
- 用户身份的鉴权；
- 紧急呼叫；
- 语音组呼和语音广播；
- 短消息业务；
- 信令信息的加密。

除此之外，GSM-R 网络还为支持各种补充业务提供了相应的功能。

为支持蜂窝系统的操作提供以下功能：
- 位置登记；
- 切换；
- 呼叫重新建立。

GSM-R 网络还具有网络管理功能和一些附加功能，如呼叫处理的排队、安全功能、不连续发送和接收（DTX/DTR）等。

与 GSM 网追求最大用户系统容量不同，GSM-R 系统更侧重于系统的有效性，这是铁路特殊的需求，因此 GSM-R 在网络覆盖上有更多的重叠，网络设施也采用冗余备份。可选择将 GSM 系统的 MSC、VLR、EIR、GCR、SSP、HLR、AUC 置于一个网元中，且随着网络的增长而分散到多个网元中，这样可以形成一个经济、便于维护的网络结构。

典型的基于 GSM/GSM-R 的铁路通信网与普通的 GSM PLMN 并无大的区别，在其网络的网元、标准接口和连接的扩展上也无大的区别。在公网的基础上引入一系列的新技术，即可用于铁路部门。铁路网与公网的主要区别在于由铁路网特殊需求引起的网络结构和规划上的要求。

一、GSM-R 终端

GSM-R 终端包括移动终端和固定终端两类。固定终端包括调度终端、车站终端和用户话机等。移动终端（移动台）包括各类车载台和手持台。车载台包括机车综合无线通信设备（CIR）、列控机车无线通信设备、机车同步操作机车无线通信设备、汽车车载台等。手持台包括作业手持台（OPH）、通用手持台（GPH）、调车手持台（OPS）等。其他移动台还包括移动调度台、固定移动终端（如监控设备）等。

移动台除了具有通过无线接口（Um）接入 GSM-R 系统的一般处理功能外，还为移动用户提供了人机接口。

1. 机车综合无线通信设备（CIR）

CIR 是对无线列调机车电台、GSM-R 车载综合平台、800 MHz 安全遇警机车设备、450 MHz 调度命令无线传送机车装置、列车尾部风压传送系统等多种设备进行统一规划和综合使用的设备。CIR 可以适用在 450 MHz 和 GSM-R 两种工作模式下，实现调度通信、调度命令、列尾风压查询、GPS 等功能。

CIR 由主机、操作显示终端（MMI）、打印终端、连接电缆、天线、射频馈线等组成。其中主要包括机柜、主控单元、接口单元、电源单元、电池单元、GPS 单元、GSM-R 话音单元、GSM-R 数据单元、高速数据单元、录音单元、天馈单元、450 MHz 机车电台单元、800 MHz 列尾和列车安全预警车载电台单元等，各组成部分模块化，可根据功能要求进行模块配置。

2. GSM-R 手持终端

GSM-R 手持终端主要用于列车、车站、编组场、沿线区间及其他铁路作业区的各种工作人员进行话音和数据通信。GSM-R 手持终端支持 VBS、VGCS、进行中的呼叫、短号码拨号、eMLPP、PTT、铁路紧急呼叫等功能。GSM-R 手持终端台一般支持多个频段，包括 GSM-R 频段、扩展 GSM 频段及 DCS 频段。

GSM-R 手持终端由移动设备和用户识别模块（SIM）两部分组成。

移动设备完成用户信息以及信令的收发和处理。除了通过无线接口接入 GSM-R 系统外，移动设备必须提供与使用者之间的接口，比如完成通话呼叫所需要的话筒、扬声器、显示屏和按键。或者提供与其他一些终端设备之间的接口，比如与个人计算机或传真机之间的接口。

手持终端另外一个重要的组成部分是用户识别模块（SIM），它包含所有与用户有关的信息，其中也包括鉴权和加密信息。使用 GSM-R 标准的移动台都需要插入 SIM 卡，只有当处理异常的紧急呼叫时，可以在不用 SIM 卡的情况下操作移动台。SIM 卡的应用使移动台并非固定地束缚在一个用户上，因此，GSM-R 系统是通过 SIM 卡来识别移动电话用户的。

二、基站子系统（BSS）

BSS 是 GSM-R 系统网络中最基本的组成部分。它有两种基本组成设备，分别是基站收发信机（BTS）和基站控制器（BSC）。一台 BSC 可以管理多达几十个 BTS。此外，还有一种可选择设备——速率适配单元（TRAU）。BSS 的总体结构如图 3-3 所示。

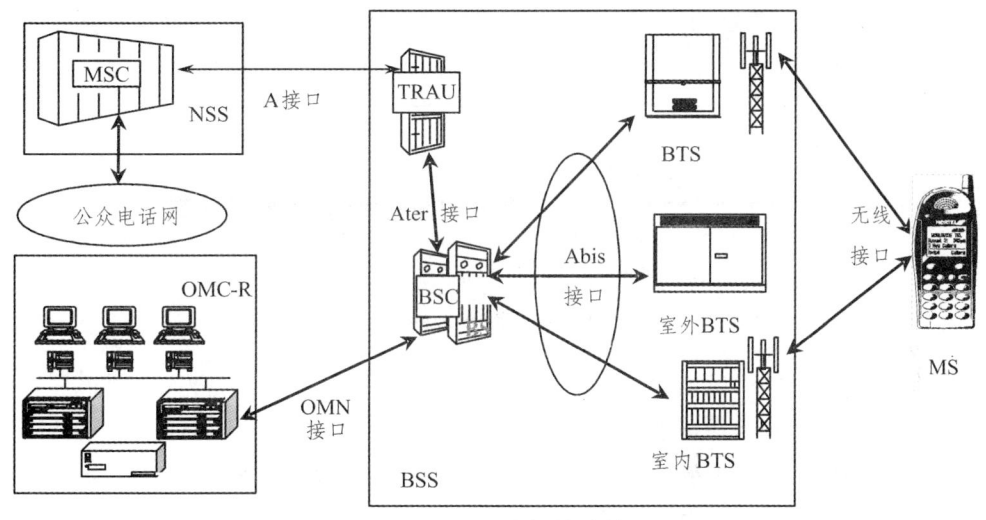

图 3-3　BSS 的总体结构

从功能上看，BSS 通过无线接口直接与移动台相连，负责无线发送接收和无线资源管理；通过 A 接口与 NSS 相连，实现移动用户之间或移动用户与固定网用户之间的通信连接，并且传送系统信令和用户信息等。

在 BSS 中，BTS 主要负责无线传输；BSC 主要负责控制和管理。如果加入了 TRAU，主要为了减少 PCM 链路的数量。

1. BTS

BTS 是网络中固定部分与无线部分之间的中继，移动用户通过空中接口与 BTS 连接。BTS 由天线、耦合系统、收发信机（TRX）及基站公共功能（BCF）组成。可以把它看成一个复杂的无线调制解调器。BTS 的结构如图 3-4 所示。

耦合系统是天线与每个小区的收发信机之间的接口。

TRX 是 BTS 中最主要的设备。一台 TRX 管理着一个 TDMA 帧，也就是说管理 8 个物理信道。TRX 的功能有：进行编码、加密、调制，然后将射频信号馈送给天线；将信号解密、均衡、然后解调；移动呼叫检测；上行链路信道测量；定时提前量的测量；跳频。

BCF 通过 Abis 接口与 BSC 相连。它的功能是：将语音和用户数据信道合成以后发送给 BSC；将信令信道合成以后发送给 BSC。此外，BCF 还具有以下功能：Abis 接口管理，时隙分配，外部警报，操作与维护，利用其主要单元的冗余进行自我防御，信令的压缩与释放。

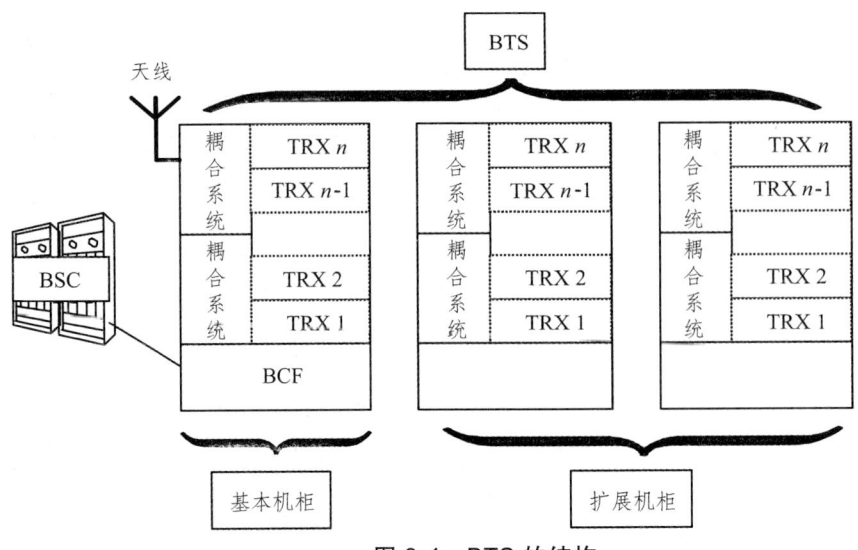

图 3-4 BTS 的结构

总的来说，BTS 的功能包括：

- 进行语音、数据和短消息的传输；
- 在无线接口上表现的功能：信号的处理（调制/解调，均衡；加密/解密；编译码，交织/解交织），跳频，系统的连接，第一层管理（无线测量预处理、切换、功率控制、呼叫清除）；
- 链路和基站的优化功能：基站的管理、摘下与插入技术、远程译码（A 接口和 Abis 接口的尺寸优化）、信令信道的集中；
- 自我保护功能，主要方法是对一些模块进行复制。

2. BSC

BSC 的结构主要包括：一个处理单元，一个交换矩阵单元和中继控制单元（PCM 和 X.25）。BSC 一面与移动交换中心（MSC）连接，另一面与 BTS 连接。BSC 与 OMC-R 的连接有两种途径：一种是通过 X.25 数据网络与 OMC-R 相连，另一种是 BSC 先与 TRAU 相连，然后通过 MSC 再与 OMC-R 连接。BSC 通过处理单元和 X.25 控制器从运营管理与维护中心（OMC）下载新的软件并释放。反过来，在周期性询问或传送时，BSC 将所有关于 OMC 的数据缓冲并转送到 OMC 中心。

BSC 的结构如图 3-5 所示。

BSC 的基本功能包括：

- 无线呼叫处理：建立与释放无线链路和进行 MSC 和 BTS 之间的信道交换；
- 无线资源管理：无线接入处理，无线信道分配（业务和信令），无线信道监控；
- 业务集中管理：可以减少传送费用；
- 短消息业务（小区广播管理）：向 OMC-R 所规定的目标小区广播短消息。

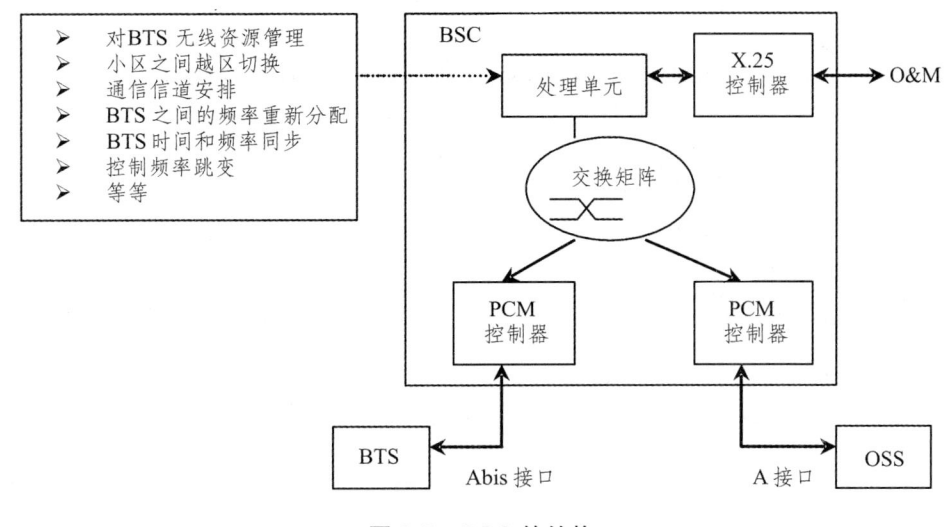

图 3-5　BSC 的结构

BSC 的主要 O&M 功能包括：

- OSS 接口管理：与 OMC-R 的链路管理，提供 OMC-R 所需求的业务，存储 BSS 配置数据（软件存储和在 BSS 各种实体中的分配）；
- BTS 和 TCU 管理：初始化，分配与再分配，软件下载，监控和观测。
- BSC 自我防御：主要通过冗余和重启机制来实现。
- BSC 的执行功能包括：
- 对其所控制的小区执行无线资源（RR）管理。并且为其所控制区域内的所有移动台（MS）分配和释放频点；
- 执行 MS 在其所控制区域内的两个 BTS 之间的切换；
- 执行在高峰时刻或特殊事件期间，为满足地区性的高需求而重新分配其控制区域内的 BTS 的频率；
- 执行其控制区域内 BTS 和 MS 的发射功率控制；
- 提供时间和频率同步的参考信号，并向每个 BTS 广播。

3. TRAU

TRAU 由编译码器，控制器和外部 PCM 接口组成。它通过 Ater 接口与 BSC 相连，通过 A 接口与 MSC 相连。TRAU 的结构如图 3-6 所示。

TRAU 能够将 13 kbit/s 话音（或数据）复用成两路传输，即转换成标准的 64 kbit/s 数据。在 BTS 中，13 kbit/s 话音（或数据）通过插入附加同步数据，使其和较低速率数据不同，插入数据后的速率变为 16 kbit/s。TRAU 将 13 kbit/s 语音转化成 64 kbit/s 的 T1μ 律 PCM 时隙或者 E1A 律 PCM 时隙。接下来，TRAU 将用户数据流路由到一种适合的设备上，这种设备是指具有互连互通功能的接收方调制解调器。

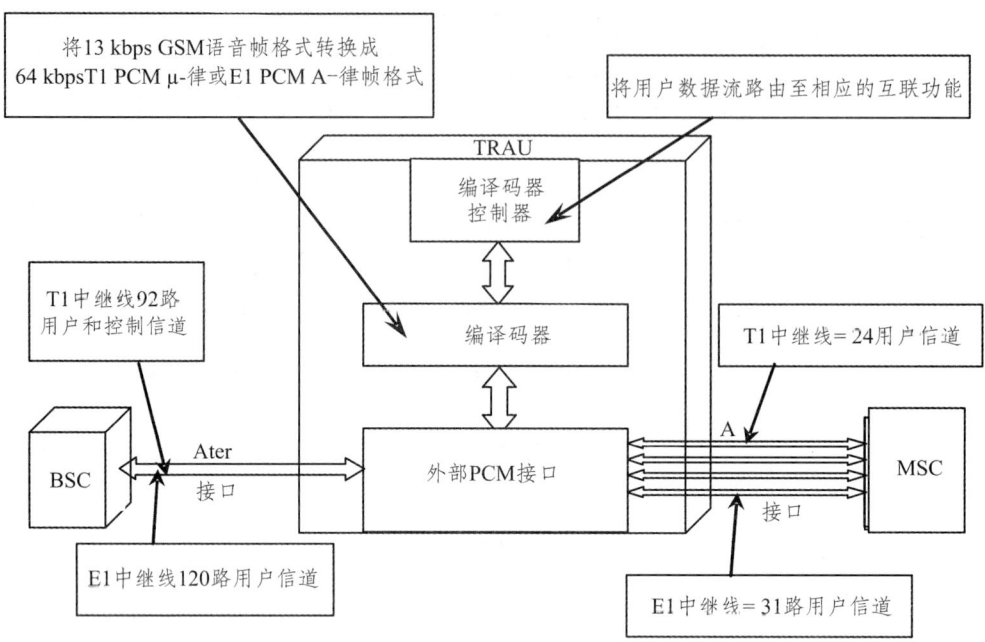

图 3-6 TRAU 的结构

值得注意的是，TRAU 在 Ater 接口上，有四个业务信道是在 64 kbit/s PCM 电路上复用，一个 T1 中继线携带多达 92 个用户和控制信道，一个 E1 中继线携带多达 120 个用户和控制信道。

4. CBC

CBC 与 BSC 和小区广播设备相连接，负责小区广播和小区短消息的管理和存储。小区广播短消息业务可向指定区域的所有移动台周期性地广播数据信息。

三、网络子系统（NSS）

GSM-R 系统的网络子系统（NSS）提供了处理建立、维持和清除呼叫的所有信令协议的功能，以及为移动环境下通信提供的特定功能。NSS 提供的主要功能如下：

- 为用户移动特征提供的特定功能，如寻呼；
- 呼叫过程中对无线资源的管理；
- 管理与 BSS 之间的信令协议；
- 位置登记，即 VLR 之间的互连；
- 切换过程；
- 查询 HLR 获得 MS 的漫游号码；
- 与其他的移动功能实体交换信令信息；
- 管理语音组呼、语音广播、增强多优先级与强拆的呼叫建立；
- 用户的鉴权。

基本的 NSS 由六个功能实体组成，分别是：移动交换中心（MSC），归属位置寄存器（HLR），拜访位置寄存器（VLR），设备识别寄存器（EIR）和互连功能单元（IWF）。如图 3-7 所示。另外，NSS 中还可以有实现语音组呼和语音广播的实体（GCR），用于短消息业务的短消息服务中心（SMS-SC）和统计服务器，这些功能实体可以根据具体的需要进行选择。

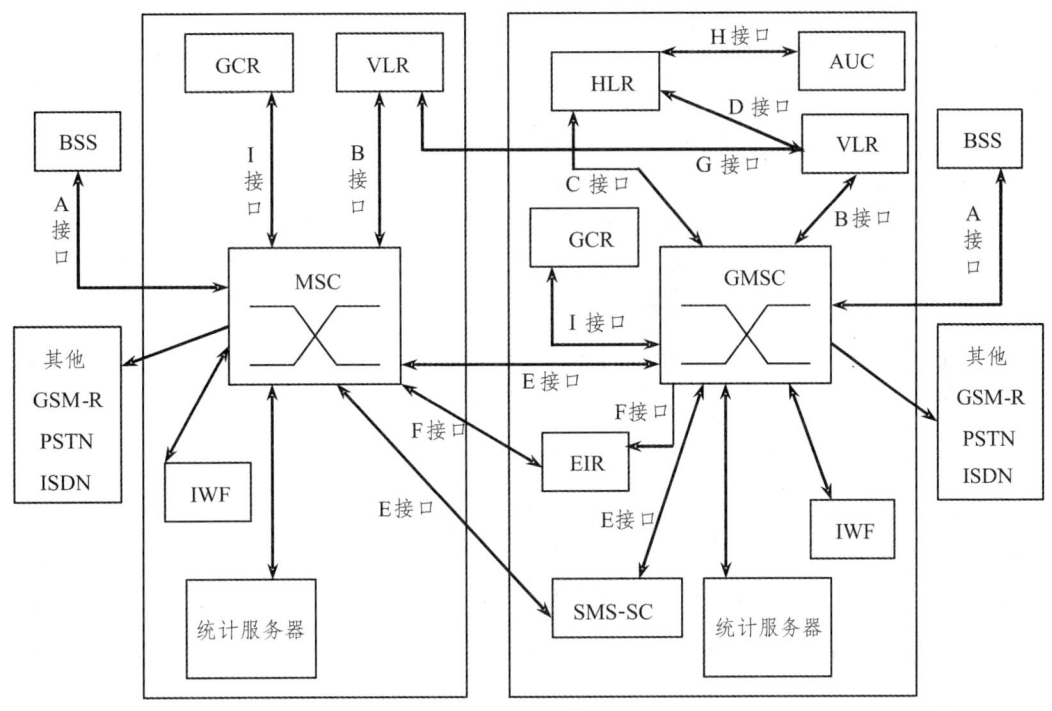

图 3-7 NSS 结构和接口

1. 移动交换中心（MSC）

移动交换中心（MSC）是 NSS 的核心，它包含了 MSC 区的所有交换功能。MSC 考虑了用户的移动性，管理一些特殊的过程，如位置登记和更新，越区切换。它还负责对无线资源进行管理。这些是它与固定网络交换机的主要差别。MSC 用于建立业务信道和在 MSC 之间或与其他网络之间交换信令信息。MSC 的主要功能归类如下：

- 处理用户呼叫的交换功能；
- 协调自己所辖区域的呼叫，特别是寻呼移动台的功能；
- 与 BSS 协作动态分配接入资源；
- 监督 BSS 与 MS 之间的无线连接；
- 进行呼叫的统计；
- 将来自 VLR 的无线接口的加密信息传送给 BSS；
- 作为短消息网关，连接用户与短消息服务中心。

通常把移动用户进行初始注册的 MSC 称为归属 MSC（HMSC），其他的 MSC 称作拜访 MSC（VMSC）。如果 GSM-R 网络收到的一个呼叫不能查询 HLR，这时将此呼叫路由到一个特定的 MSC，由此 MSC 在相应的 HLR 中进行查询，找到被叫移动台所在的位置。这种具有路由功能的 MSC 就称作网关 MSC（GMSC），它通常还作为固定网络和移动网络之间的一个接入单元，提供业务和功能的接入。网络可以在全部 MSC 中选出一些 MSC 作为 GMSC。如果一个 GMSC 与短消息服务中心连接，负责向移动台传送短消息，那么这个 MSC 就成为短消息网关 MSC。可见，MSC 根据在网络中的不同位置实现不同性质的交换功能。

MSC 的内部结构如图 3-8 所示，MSC 的核心是交换功能，除此之外，MSC 要提供与 NO.7 信令网、其他固定网络、BSS 和一些外部设备的连接。MSC 与其他网络互连时可以采用 E1 中继线，提供 31 路用户信道，或采用 T1 中继线，提供 24 路用户信道。在 MSC 中为了克服回波干扰，采用回波消除器。回波干扰是指当有用信号的反射信号有一定的时延和足够的强度时，就能产生一种与有用信号相区别的有害干扰。回波消除器用来消除或减少回波对有用信号的干扰。GSM-R 的回波消除器插接在 MSC/VLR 与固定网络（PSTN）之间的 E1 口数据流中，对数字信道进行操作而不改变传输信号的质量。

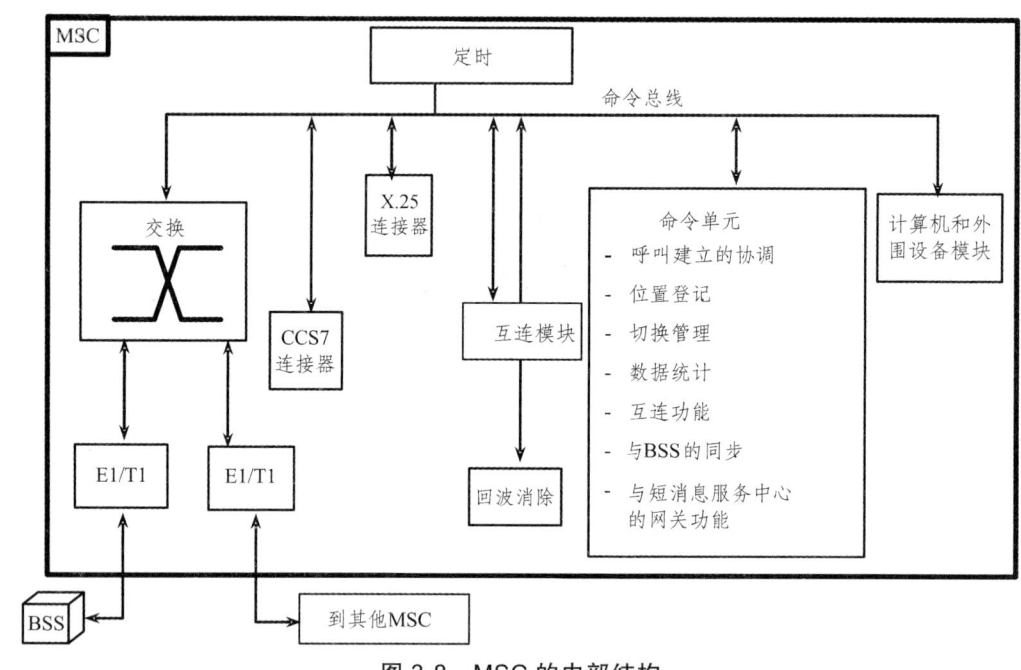

图 3-8　MSC 的内部结构

2. 归属位置寄存器（HLR）

归属位置寄存器（HLR）是 NSS 四个重要的数据库之一，实现对移动用户的管理。一个 GSM-R 网络中可以有不止一个 HLR，它的数量决定于用户的数量、设备的容量和网络的组织结构。HLR 中存储的是在网络中永久注册的移动用户的静态数据信息和一些临时动态数据信息。HLR 中存储的信息通常有以下几类：

- 用户信息；
- 位置信息：在移动台登记的区域内，这些位置信息可以提供统计数字和寻找 MSC

的路由（如 MS 的漫游号、VLR 号、MSC 号和 MS 位置识别号）；
- 移动用户的 IMSI 号和 MSISDN 号：常作为移动用户接入数据库的信息。
- 承载业务和终端业务的定制信息；
- 业务限制信息：如漫游限制；
- 语音组呼（VGCS）和语音广播（VBS）用户的组 ID；
- 补充业务信息；
- 与 AUC 之间的信息交换。

3. 访问位置寄存器（VLR）

访问位置寄存器（VLR）管理在一个 MSC 区（非归属 MSC 区）漫游移动用户的动态数据信息。当一个 MS 进入新的位置区时首先要进行位置登记，这一区域的 MSC 注意到这一登记的信息后，就把 MS 所在位置区的识别信息传送给 VLR。如果 MS 没有进行登记，漫游区的 VLR 就会从 MS 的 HLR 获取信息以使呼叫能够处理。当用户离开当前 VLR 控制区后，用户的临时数据信息将从 VLR 中清除。一个 VLR 可以管理一个或多个 MSC。由于 VLR 与 MSC 之间有大量的数据需要存取，为了提高移动管理和呼叫建立的速度，VLR 总是与 MSC 实现功能综合，作为 NSS 的一个物理实体。

VLR 中包含的是关于处理登记后 MS 呼叫建立和接收的信息，它包含以下内容：
- 移动用户的 IMSI 号和 MSISDN 号；
- 移动用户的漫游号（MSRN）；
- 移动用户的临时身份识别号（TMSI）；
- 移动用户的位置识别号（LMSI）；
- 移动台登记的位置区；
- MS 的前一时刻位置和初始位置；
- 来自于移动用户 HLR 的补充业务参数；
- 从 HLR 向 BSS 传递 AUC 的加密密钥；
- 支持寻呼功能；
- 跟踪移动台在本区域的状态。

4. 鉴权中心（AUC）

鉴权中心（AUC）有两个功能：一是对用户的 IMSI 号进行鉴权；二是为移动台和网络之间在无线路径上的通信进行加密。一个 AUC 对应于一个 HLR，存储与 HLR 中数据有关的鉴权算法和加密信息。AUC 通过 HLR 将鉴权和加密的信息传递给 VLR。一旦用户在 HLR 中进行了登记，AUC 就开始产生安全参数。参数三个一组：RAND（随机数）、SRES 和 Kc（无线接口加密密钥），这三个参数称为"三参数组"。每次提供 6 个"三参数组"，如果 VMSC 需要"三参数组"进行鉴权和加密，每次向 HLR/AUC 提供 5 个"三参数组"。鉴权和加密的信息还会存储在用户移动台的 SIM 卡里。

5. 设备识别寄存器（EIR）

设备识别寄存器（EIR）是 NSS 中的一个逻辑实体，它包含一个或几个数据库，用来存储移动设备识别号（IMEI）。这些 IMEI 号被分为三类：白名单、黑名单和灰名单。有效的 IMEI 号在"白名单"上，异常的 IMEI 号在"灰名单"上，被禁止使用的 IMEI 号在"黑名单"上（如被盗用的 IMEI 号）。一个 IMEI 号也有可能不在任何名单上。网络根据用户的 IMEI 号所在的名单来决定是否为用户提供服务。EIR 中的名单与服务如表 3-1 所示。

表 3-1　EIR 中的名单与服务

名　单			进行服务
黑名单	灰名单	白名单	
×		×	否
	×	×	是
		×	是
×			否

6. 互连功能（IWF）

互连功能（IWF）是与 MSC 有关的一个功能实体，提供 GSM-R 网络与其他固定网络的互连。IWF 的具体功能决定于互连的业务和网络类型，它能够提供不同网络与 GSM-R 网络之间的协议转换，如图 3-9 所示。针对移动用户所在的不同网络，IWF 又分为归属 IWF 和拜访 IWF，在互连时，IWF 还提供速率适配的功能。在 GSM-R 网络和固定网络的数据终端（DTE）之间，IWF 能够提供数据速率和协议的转换。对于 V 系列的终端，IWF 还可以提供调制解调器的选择功能。IWF 常与 MSC 在同一物理设备中实现。

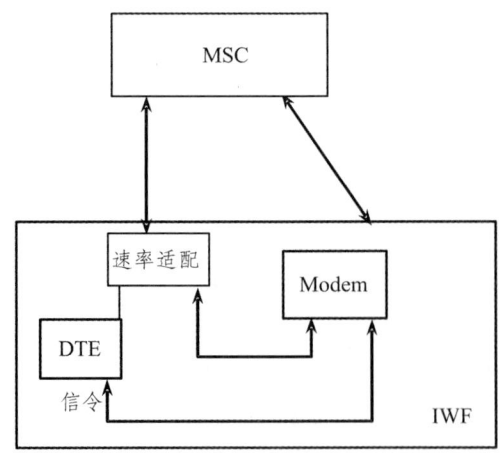

图 3-9　IWF 的功能

7. 短消息服务中心（SMS-SC）

短消息服务中心（SMS-SC）作为一个独立的实体存在于 NSS 中，它负责向 MSC 传送短消息信息。SMS-SC 不包含在 MSC 设备中。SMS-SC 与移动用户进行通信时，通过 SMS-GMSC 接入。

8. 组呼寄存器（GCR）

组呼寄存器（GCR）用于存储移动用户的组 ID、移动台利用语音组呼（VGCS）参考和语音广播（VBS）参考发起呼叫的小区信息，以及发起呼叫的 MSC 是否负责处理呼叫的指示。如果发起呼叫的 MSC 不负责处理呼叫，那么 GCR 将利用存储的路由信息寻找处理呼叫的 MSC。一个 GCR 管理一个或多个 MSC，当 MSC 处理语音组呼和语音广播时要利用语音组呼和语音广播呼叫参考从 GCR 中获取相应的属性。MSC 从 GCR 获取的内容有：

- MSC 区所有小区的列表；
- 呼叫会被发送到的所有 MSC 列表；
- 建立专用链路的调度识别列表；
- 语音组呼、语音广播呼初始化和中止的调度识别列表；
- 语音组呼结束之前检测未激活的时间长度；
- 使用 eMLPP 补充业务时语音组呼和语音广播的缺省优先级。

四、智能网子系统（IN）

GSM-R 智能网以 ITU-T 智能网为基础，在 GSM-R 网络中增加了基于 CAMEL3 协议的业务功能。GEM-R 智能网使得 GSM-R 网络能够灵活、方便地实现部分铁路特定的业务，并在将来引入新业务的时候，减少对 GSM-R 网络的改造。

智能网的基本思想是依靠 No.7 信令网和大型集中数据库的支持，将网络的交换功能和控制功能相分离；简化交换机的软件，使之只完成基本的接续功能；引入业务控制点 SCP，具体怎样根据智能业务的业务逻辑完成呼叫的接续步骤，由 SCP 来决定；交换机采用开放式结构和标准接口与业务控制点相连。这样，需要增加或修改新业务的时候，不必改动各交换中心的交换机，只要在业务控制点 SCP 中增加或修改新业务逻辑，并在大型集中数据库增加新的业务数据和用户数据即可。

1. 系统构成

GSM-R 智能网子系统由 GSN-R 智能网节点和连接这些节点的网络组成。GSM-R 智能网的网络节点包括：GSM 业务交换点（gsmSSP）、GPRS 业务交换点（gprsSSP）、智能外设（IP）、归属位置寄存器（HLP）、拜访位置寄存器（VLR）、业务控制点（SCP）、业务管理点（SMP）、业务管理接入点（SMAP）、以及业务环境接入点（SCEP）。连接 GSM-R 智能网节点的网路包括：No.7 网、数据传送网、话音网。GSM-R 智能网的系统结构如图 3-10 所示。

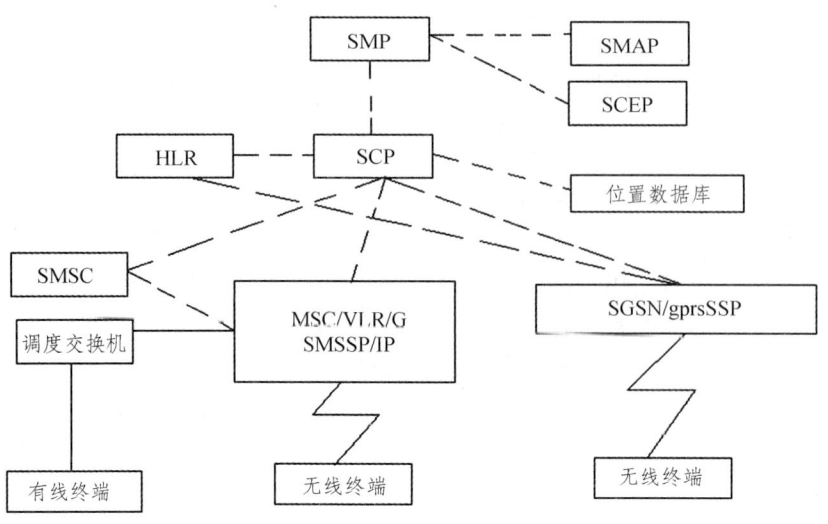

图 3-10　GSM-R 智能网的系统结构

GSM-R 智能网各网络节点的功能为：

（1）gsmSSP：具有业务交换功能，作为 MSC 与 SCP 之间的接口，可检测出 GSM-R 智能业务的请求，并与 SCP 的请求作出响应，允许 SCP 中的业务逻辑影响呼叫处理。

（2）gprsSSP：具有业务交换功能，作为 SGSN 与 SCP 之间的接口，可检测出 GSM-R 智能业务的请求，并与 SCP 进行通信，对 SCP 的请求作出响应，允许 SCP 中的业务逻辑影响呼叫处理。

（3）SCP：具有业务控制功能，包含 GSM-R 智能网的业务逻辑，通过对 SSP 发出的指令，完成对智能网业务接续和计费的控制，以实现铁路特定的业务功能。同时还具有业务数据功能，包含用户数据和网络数据，以供业务控制功能在执行 GSM-R 智能网业务时实时提取。

（4）HLP：存储用户的签约信息。

（5）VLR：当用户漫游到 VLR 区域时，VLR 将用户签约信息作为用户数据存储在数据库中。

（6）IP：在 SCP 的控制下提供业务逻辑程序所指定的各种专用资源，包括 DTMF 接收器、信号音发生器、录音通知等。

（7）SMP：是业务管理系统，能配置和提供 GSM-R 智能网业务，它包括对 SCP 中业务逻辑管理，用户业务数据的增删、修改等，也可以管理和修改在 SSP 中有关业务信息。

（8）SMAP：具有业务管理接入功能，为业务管理员提供接入 SMP 的能力，并通过 SMP 来修改、增删用户数据和业务性能等。

（9）SCEP：用于开发、生成 GSM-R 智能网业务并对这些业务进行测试和验证，并将验证后的智能网业务的业务逻辑、管理逻辑和业务数据等信息输入 SMP 中。

（10）Web 服务器：用于业务管理，客户终端通过 WEB 浏览器可对业务数据进行管理。

（11）E-MAIL 服务器：用于网络管理，当系统出现异常，预警可通过 E-MAIL 方式及时通知相关人员或自动处理。

2. 网络组织

由移动网络发起的智能业务呼叫，通过无线信道至 BTS，再经 BSC 至 MSC，触发智能业务，由 MSC 在 SCP 的控制下通过 GSM-R 网络完成呼叫的处理和选路。

由有线用户发起的智能业务呼叫，通过 FAS 与 MSC 的连接至 MSC，触发智能业务，由 MSC 在 SCP 的控制下通过 GSM-R 网络完成呼叫和选路。

由移动用户发起的 GPRS 智能呼叫业务，通过无线信道至 BTS，再经 BSC 至 SGSN，触发智能业务，由 SGSN 在 scp 的控制下 GPRS 网络完成业务的处理。

3. 业　务

GSM-R 智能网业务主要是针对铁路特殊应用的，与传统的公众移动智能网有所不同，它分为基本业务和扩展业务两类。

1）GSM-R 智能网基本业务

GSM-R 智能网基本业务包括功能号注册注销与管理，功能寻址（FA），位置寻址（LDA），基于外部精确定位信息的位置寻址（eLDA）等。

2）GSM-R 智能网扩展业务

GSM-R 智能网扩展业务主要有基于位置的呼叫限制，基于 MSISDN 号码的呼叫限制，短信的智能业务，基于车次功能号的动态组呼（可选），自动获取调度中心 IP 地址（可选）等。其中呼叫限制类业务是通过 SCP 上的增强型接入矩阵完成的，主要应用于实现调度通信主要用户个别呼叫关系矩阵表，即在智能网平台上检查各功能职务之间的呼叫能否建立。

五、通用分组无线业务子系统（GPRS）

通用分组无线业务（GPRS）是在 GSM 技术的基础上提供的一种端分组交换业务。GPRS 最大限度地重用已有的 GSM 网络基础设施，提供高效的无线资源利用率，无线接入速率可高达 171.2 kbit/s。GPRS 系统基于标准的开放接口，与已有的 GSM-R 电路交换系统有很多交互接口。

GPRS 系统的主要特点有：

（1）可以固定、动态地分配信道，多用户共享信道。

（2）一个用户可以同时使用 1~8 个时隙，空中接口支持 CS1~CS4 共计 4 种编码方式，数据传输速率可达 10~170 kbit/s。

（3）用户永远在线，但是只有在进行数据传输时，才能占用无线资源信道。

（4）用户与网络的交互，是按照会话进行管理的，传输信息时，用户需激活申请 PDP 场景。

（5）在无线数据传输安全性上具有较强的保密性和可靠性，它支持前向纠错、自动反馈重发、全程加密等功能。

GPRS在公众移动网络中是从GSM走向3G的一个必经阶段。GPRS在铁路GSM-R中的引入使移动通信与数据网络合二为一，为铁路数据业务的开展提供了空间。

铁路目前有许多数据应用的迫切需求，继续解决地车之间、现场与数据中心之间的数据传输，如书面调度命令传输、无线车次号传输、旅客信息服务、移动互联网接入等。这些业务的特点是业务点分散、非周期间断数据传输、频率小容量数据传输及个别的大容量数据传输，有些业务点同时又是移动的。在GSM-R网络应用GPRS系统，具有通信实时性好、数据量大、免维护、可靠性高等明显优势，以无线方式实现数据传输或"永远在线"实时监测。

GPRS子系统主要由GPRS服务支持节点（SGSN）、GPRS网关支持节点（GGSN）、分组控制单元（PCU）、域名服务器（DNS）、认证服务器（RADIUS）、GPRS接口服务器（GRIS）、GPRS归属服务器（GROS）等节点组成。

下面分别介绍GPRS子系统中各网络节点的作用。

1. SGSN

SGSN是GSM网络结构中的一个节点，它与MSC处于网络体系的同一层。SGSN主要完成移动性管理和路由选择功能，记录移动台的当前位置信息，并且在移动台和GGSN之间完成移动分组数据的发送与接收。

SGSN的主要功能归类如下。

（1）移动性管理。

（2）会话管理。

（3）用户数据管理。

（4）安全性。

（5）计费。

2. GGSN

GGSN通过基于IP协议的GPRS骨干网连接到SGSN，是连接GSM网络和外部分组交换网（如因特网和局域网）的网关，也被称作GPRS路由器。GGSN可以把GSM网中的GPRS分组数据包进行协议转换，从而可以把这些分组数据包传送到远端的TCP/IP或X.25网络。

GGSN的主要功能归类如下：

（1）会话管理。

（2）IP地址分配。

（3）路由选择。

（4）协议转换。

（5）安全性。

（6）计费。

3. PCU

PCU 是在 BSS 侧增加的一个处理单元，是 BSS 提供数据功能，控制无线接口，使多个用户使用相同的无线资源。主要完成数据分组、无线信道的管理、错误发送检测和自动重发等功能。

4. DNS

DNS 负责域名解析，将网元域名转换成为实际的 IP 地址。

铁路 GPRS 网的域名解析主要有四个用途：

（1）在 PDP 上下文激活过程中，SGSN 将 APN（接入点名称）提交给 DNS 进行解析，获得用户上网所使用的 GGSN 的 IP 地址。

（2）在 SGSN 间路由区更新过程中，新的 SGSN 通过域名解析查找原 SGSN 的 IP 地址。

（3）实现系统各网元之间通信时网元域名至网元 IP 地址间的解析。

（4）机车台、列尾主机等车载 GPRS 设备的域名至其 IP 地址的解析。

5. RADIUS

RADIUS 负责存储用户身份信息，对用户认证请求（用户名、密码）进行确认，给用户分配权限，完成用户的认证和鉴权功能。

RADIUS 服务器存储所有机车号、车次号与 IP 地址的映射表。

6. GRIS

GRIS 是 GPRS 网络与铁路应系统的接口设备，实现了车次之间各种分组数据信息的传输。主要提供以下的功能：

（1）GPRS 网络接入功能。

（2）协议转换功能。

（3）数据存储的转发。

（4）信息安全功能。

7. GROS

GROS 是为 CIR 分配归属局 GRIS IP 地址的关键设备。通过位置区号（LAI）和小区 ID 判断 CIR 位置，查询当前 CIR 所在路局 GRIS IP 地址。

在一个完整的 GPRS 网络中还包括 CG、BG 等网络单元。CG 为计费网关，主要完成收集、存储、传送计费信息功能；BG 为边缘网关，主要完成其他 GPRS 网络间的互通功能。

六、操作维护子系统（OSS）

操作维护子系统（OSS）是操作人员与系统设备之间的中介，它实现了系统的集中运行与维护，完成了包括移动用户管理、移动设备管理及网络运行管理维护等功能。它的一侧与设备相连（不包括 BTS，对 BTS 的运行维护是经过 BSC 进行管理的），另一侧是作为人机接口的计算机工作站。这些专门用于运行维护的设备被称为运行维护中心（OMC）。系统的每个组成部分都可以通过特有的网络连接至 OMC，从而实现集中维护。

OSS 包括无线网络管理子系统（OMC-R）、交换网络管理子系统（OMC-S）、GPRS 网络管理子系统（OMC-D）和直放站管理子系统（OMC-T）。

OMC-R 负责无限子系统设备的性能管理、故障管理及配置管理。OMC-R 与 BSC 的连接有两种途径：一种是直接通过 X.25 数据网络与 BSC 相连；另一种是 BSC 先于 TRAU 相连，然后通过 MSC 再与 OMC-R 连接。OMC-S 提供图形化界面（GUI），负责交换子系统设备的性能管理、故障管理及配置管理。OMC-S 通过 OMN 接口与 MSC 相连。OMC-D 主要是对 GPRS 系统的各网络节点进行管理。OMC-T 采用广域网将所有隧道设备连接起来，负责管理主控单元、中继器、电源单元的性能，故障报警，业务量统计及配置管理等。

OMC-S、OMC-R、OMC-D、OMC-T 等通过外部接口，统一纳入更高层的管理。

GSM-R 系统所使用的传输网、同步网等支撑网络，由相应的专业网管负责。

第二节　GSM-R 系统接口

一、GSM-R 系统接口

GSM-R 系统由多个功能单元通过接口互联构成，GSM-R 系统中的主要接口有：无线接口（Um）、Abis 接口、Ater 接口、A 接口、网络子系统内部接口、PSTN/ISDN/PSDN 接口和 GPRS 子系统中的接口。

1. Um 接口

Um 接口位于 MS 和 BTS 之间，是二者的通信接口，用于移动台与系统固定部分之间的通信，其物理连接通过无线链路实现。它的特性是完全标准化，也就是说来自不同厂商所生产的 MS 和 BTS 之间的都可以通过标准化的 Um 接口连接。

2. Abis 接口

Abis 接口是 BSS 系统的两个功能实体 BSC 与 BTS 之间的通信接口，用于 BTS 和 BSC 之间的远端互连方式。Abis 接口支持系统向移动台提供的所有服务，并支持对 BTS 无线设备的控制和无线频率的分配。它的特性是部分标准化，也就是说当前不存在专有的互操作性。

BTS 和 BSC 之间交换的消息包括：业务交换；呼叫建立和 BTS 操作与维护的信令交换。BTS 和 BSC 之间的物理接入有：2.048 Mbit/s（E1）或者 1.544 Mbit/s（T1）的 PCM 数字链路，也就是由 32 路或 24 路 64 kbit/s 的话路组成。

话音以每时隙 4×16 kbit/s 的速率传输（远端译码）。数据以每时隙 4×16 kbit/s 的速率传输。如果是初始用户，速率也可能是将 300 bit/s、1 200 bit/s、2 400 bit/s、4 800 bit/s、9 600 bit/s 或者 14 400 bit/s 调整到 16 kbit/s。

3. Ater 接口

Ater 接口位于处理 BSC 和 TRAU 之间。它的特性包括：以 1.544 Mbit/s 或者 2.048 Mbit/s（24 路或者 32 路时隙 64 kbit /s/时隙）的速率物理接入，并携带以下的消息：
- 根据 CCITT No.7（CCS7）保留的信令信道；
- 语音和数据信道（16 kbit/s）；
- BSC 与 TRAU 之间的信令链路（LAPD）；
- 通过 MSC（只通过网络）到 OMC-R（X.25）的 O&M 数据。

4. A 接口

A 接口位于 MSC 与 BSS（TRAU）之间。它的特性是完全标准化，即任何厂商的设备可以互连。

在 A 接口上面所交换的消息：用户业务（语音和数据）和信令。用户业务的传输，在无线接口上每个时隙映射成一个业务信道，64 kbit/s 的语音速率调整（A 律或 μ 律）和 64 kbit/s 的数据速率调整在 TRAU 中执行。信令的传输，遵循 CCITT 信令系统 7（SS7），由两个部分组成：消息转移部分（MTP）和信令连接控制部分（SCCP）。MTP 为所有的 CCS7 信令消息提供了基本的运输系统，并且负责信令网络管理和信令消息处理。它也可以分为三层：第一层为 64 kbit/s 信令数据链路定义物理特性；第二层通过提供差错检测和纠正，信令链路校正和差错监控来确保安全；第三层：确保信令消息通过网络以正确的序列且无丢失的传送，即使在连接失败的情况下，也能将信令消息复制出来并再次进行连接。因此，MTP 发现目的信令点后，SCCP 将传送消息。

5. 网络子系统内部接口

NSS 由 MSC、VLR、HLR 等功能实体组成。因此，GSM-R 技术规范定义了不同的接口以保证各功能实体之间的接口标准化。

1）B 接口

B 接口位于 MSC 与 VLR 之间。VLR 存储移动用户在非归属 MSC 区漫游的数据，MSC 要想知道某一移动台在自己管辖的区域内当前的位置可以随时向 VLR 查询。当一个移动台完成了位置更新的初始化过程时，MSC 就会告知 VLR 开始存储移动台的数据信息。如果用户在漫游的 MSC 中需要激活一项新的业务或更改用户数据时，该 MSC 通过 VLR 告知用户的 HLR 做具体的数据资料变化。在 B 接口上的信令是非标准化的。

2）C 接口

C 接口位于 GMSC 与 HLR 之间。GMSC 通过 C 接口向 HLR 查询用户的呼叫或短消息的路由信息。这一接口上的信令使用移动应用部分（MAP）。

3) D 接口

D 接口位于 HLR 和 VLR 之间，用来交换移动台的位置信息和管理用户数据。在整个业务域中，为移动用户提供的主要业务是建立和接收呼叫的能力。为了支持这一业务，位置寄存器之间必须要交换数据，VLR 要告知 HLR 所辖移动台的位置，同时在位置更新或呼叫建立时还要向 HLR 提供移动台的漫游号码。HLR 要将移动用户定制的所有业务信息告知 VLR，以便用户在其他 MSC 区漫游时也能获得各种已定制电信业务。当移动用户漫游到新的区域时，HLR 还要通知前一个 VLR 注销用户的临时数据信息。HLR 和 VLR 之间的数据交换通常发生在用户开始使用某种业务时，或出于管理上的原因需要修改用户数据时。在这一接口上的信令使用 MAP。

4) E 接口

当移动台在通话进行的过程中从一个 MSC 区移动到另一个 MSC 区时，要保证切换过程中通信的连续性，就要求两个 MSC 之间在切换的初始化和结束过程中通过 E 接口交换数据。

当移动台之间进行短消息通信时，必须由 MSC 与 SMS-SC 进行交流。这时 MSC 与 SMS-SC 之间也通过 E 接口进行数据交换。在这一接口上的信令使用 MAP。

5) F 接口

F 接口用于 MSC 和 EIR 之间进行交换数据。EIR 要先验证移动台的 IMEI 号的有效性，然后 MSC 才能根据结果决定是否提供服务。在这一接口上的信令使用 MAP。

6) G 接口

当移动台从一个 VLR 区移动到另一个 VLR 区时，需要进行位置登记，这时两个 VLR 之间需要进行数据交换。在位置登记的过程中，新的 VLR 将从旧的 VLR 中获取移动台的 IMSI 号和鉴权参数。在这一接口上的信令使用 MAP。

7) H 接口

H 接口位于 HLR 和 AUC 之间。移动用户先向 HLR 发起请求获取加密和鉴权信息，HLR 再向 AUC 请求获取数据，HLR 中不保留从 AUC 来的数据。这一接口上使用的协议是非标准化的。

8) I 接口

I 接口位于 GCR 和 MSC 之间。当有语音组呼或语音广播的需求时，MSC 向 GCR 查询相应的语音组呼和语音广播呼叫参考的数据。这一接口上使用的协议是非标准化的。

6. PSTN/ISDN/PSDN 接口协议

PSTN/ISDN/PSDN 接口是 MSC、公共交换电话网络（PSTN）、综合业务数字网络（ISDN）和分组交换公共的数字网络（PSDN）之间的接口。接口的规范经过不断地使用和改进后，由国家制定出来，各国家之间的接口应具有一定的互联互通能力。

GSM-R 系统通过 MSC 与这些公用电信网相连，其接口必须满足 ITU-T 的有关接口和信令标准，以及各个国家邮电运营部门制定的与这些电信网有关的接口和信令标准。

根据我国现有公用电话网 PSTN 的发展现状和综合业务数字网（ISDN）的发展前景，GSM-R 系统与 PSTN 和 ISDN 网的互连方式采用 7 号信令系统接口，其物理链路方式是通过 MSC 与 PSTN 或 ISDN 交换机之间的标准 2.048 Mbit/s PCM 数字传输实现的。如果具备 ISDN 交换机，HLR 与 ISDN 网之间可建立直接的信令接口，使 ISDN 交换机可以通过移动用户的 ISDN 号码直接向 HLR 询问移动台的位置信息，以建立当前所登记的 MSC 至移动台之间的呼叫路由。

7. GPRS 子系统接口

GPRS 子系统的相关接口如图 3-11 所示。

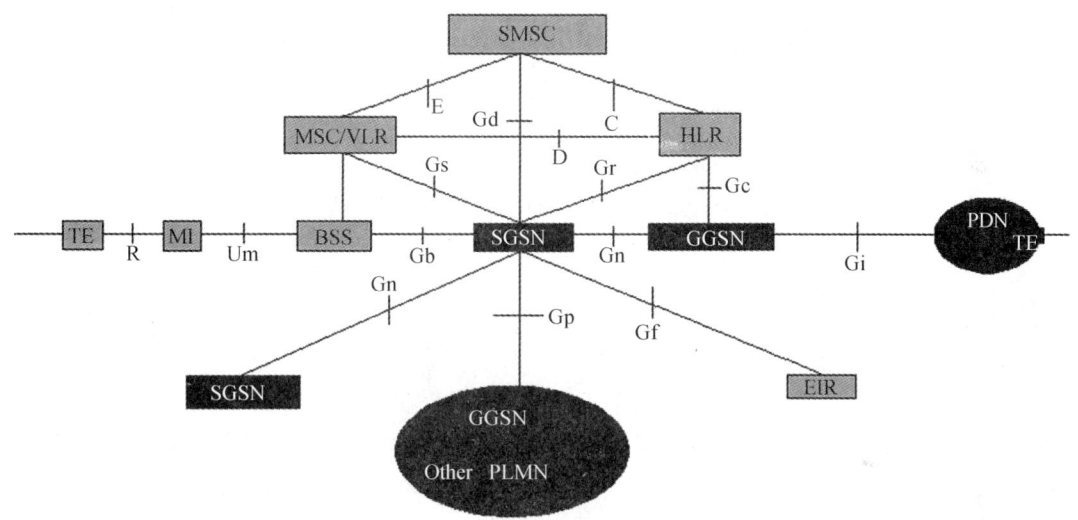

图 3-11 GPRS 子系统的接口

Gb 为 SGSN 与 BSS 之间的接口。

Gc 为 GGSN 与 HLR 之间的接口。

Gd 为 SMSC 与 SGSN 之间的接口。

Gf 为 SGSN 与 EIR 之间的接口。

Gi 为 GPRS 与外部分组数据之间的参考点。

Gn 为同一公共陆地移动网（PLMN）中两个 GPRS 支持节点（GSN）之间的接口。

Gp 为不同的 PLMN 中的两个 GSN 之间的接口采用 GPRS 隧道协议。

Gr 为 SGSN 与 HLR 之间的接口，SGSN 通过该接口获取 SHLR 中的用户信息。

Gs 为 SGSN 与 MSC/VLR 之间接口，SGSN 向 MSC 发送移动用户的位置信息，同时接收 MSC 寻呼请求，提高无线资源的利用率。

Um 为无线空中接口，用于无线通信接入，移动终端（例如手机）通过 Um 接口接入 GPRS PLMN。

R 参考点为终端设备（TE）和移动终端（MT）之间的接口，用于信息的产生和接收。

二、信 道

GSM-R 中的无线信道分为物理信道和逻辑信道。一个载频上的 TDMA 帧的一个时隙为一个物理信道，它相当于 FDMA 系统中的一个频道。因此，GSM-R 中每个载频分为 8 个时隙，有 8 个物理信道，即信道 0～7（对应时隙 TS_0～TS_7），每个用户占用一个时隙用于传递信息，在一个 TS 中发送的信息称为一个突发脉冲序列。

1. 物理信道

我国 GSM-R 通信系统采用 900 MHz 频段，具体为：

885～889 MHz（上行，移动台发，基站收）

930～934 MHz（下行，基站发，移动台收）

共 4 MHz 频率带宽。双工收发频率间隔 45 MHz，相邻频道间隔为 200 kHz。按等间隔频道配置的方法，共有 21 个载频。频道序号从 999～1 019，扣除低端 999 和高端 1 019 作为隔离保护，实际可用频道 19 个，频道序号为 1 000～1 018。

频道序号和频道标称中心频率的关系为：

- $f_L(n) = 890$ MHz $+ (n - 1\,024) \times 0.2$ MHz（移动台发，基站收）
- $f_H(n) = f_L(n) + 45$ MHz（基站发，移动台收）

  $n = 999$～$1\,019$

2. 逻辑信道

大量的信息传递于 BTS 和 MS 间，GSM-R 中根据传递信息的种类定义了不同的逻辑信道。逻辑信道是一种人为的定义，在传输过程中要被映射到某个物理信道上才能实现信息的传输。逻辑信道可分为两类：业务信道 TCH 和控制信道 CCH。

业务信道用于传送编码后的语音或用户数据。

为了建立呼叫，GSM-R 设置了多种控制信道，除了与模拟蜂窝系统相对应的广播控制信道、寻呼信道和随机接入信道外，数字蜂窝系统为了加强网络控制能力，增加了慢速随路控制信道和快速随路控制信道等。控制信道用于传递信令或同步数据，可分为三类：广播信道、公共控制信道及专用控制信道。

（1）广播信道 BCH 可分为：频率校正信道 FCCH、同步信道 SCH 和广播控制信道 BCCH 三种，全为下行信道。

- FCCH↓：用于校正 MS 工作频率。
- SCH↓：传送时间同步信息（含 TDMA 帧号、BSIC）。
- BCCH ↓：广播每个 BTS 的特定的通用信息。

（2）公共控制信道 CCCH：是基站与移动台间的点到多点的双向信道，可分为：寻呼信道 PCH、随机接入信道 RACH 和允许接入信道 AGCH 三种。

- PCH↓：用于寻呼 MS。
- RACH↑：用于寻呼响应或主呼接入时向系统申请分配一个 SDCCH。
- AGCH↓：用于为 MS 分配一个 SDCCH。

（3）专用控制信道 DCCH 可分为：独立专用控制信道 SDCCH、慢速随路控制信道 SACCH 和快速随路控制信道 FACCH。

- SDCCH：用于在分配 TCH 前，呼叫建立过程中传送系统信令，如登记、鉴权等。
- SACCH：用于传连接信令，与 TCH、SDCCH 相关。如 RSSI 报告、MS 功率管理、时间调整等。
- FACCH：传送比 SACCH 处理速率快得多的信息，与 TCH 相关。如切换指令等。

GSM-R 系统空中接口逻辑信道配置如图 3-12 所示。

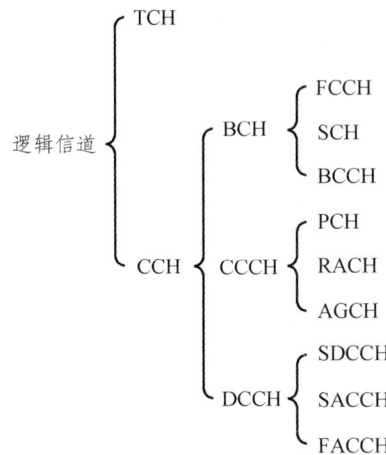

图 3-12 GSM 系统空中接口逻辑信道配置图

3. 突发脉冲序列

GSM 系统中有不同的逻辑信道，这些逻辑信道以某种方式映射到物理信道，为了了解上面提到的映射关系，首先介绍突发脉冲序列的概念。

TDMA 信道上一个时隙中信息格式称为突发脉冲序列，也就是说信道以固定的时间间隔（TDMA 信道上每 8 个时隙中的一个）发送某种信息的突发脉冲序列，每个突发脉冲序列共 156.25 bit，占时 0.577 ms。突发脉冲序列共有五种类型。

1）普通突发脉冲序列 NB

NB 用于携带业务信道及除 RACH、SDH、和 FCCH 以外的控制信道上的信息，结构如图 3-13 所示。

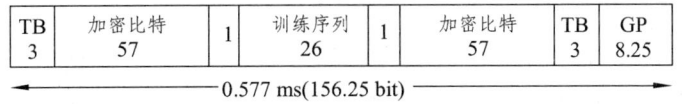

图 3-13 普通突发脉冲序列 NB

加密比特是 57 bit 的加密数据或编码后语音。

1 bit 为"借用标志"，表示这个突破发脉冲序列是否被 FACCH 信令借用。

训练比特共 26 bit，是一串已知比特，供均衡器用于产生信道模型以消除时间色散。

训练比特可以用不同的序列，分配给小区中使用相同频率的前向信道，以克服它们间的干扰。

尾比特 TB 总是 000，帮助均衡器知道起始位和停止位，因均衡器中使用的方法需要一个固定的起始和停止点。

8.25 bit 为保护间隔 GP，是一个空白间隔，不发送任何信息。由于每个频道最多有 8 个用户，因此必须保证他们使用各自时隙发射时用户不重叠。由于移动台在呼叫时不断移动，在实践中很难使每个突发脉冲序列精确地实现同步，来自不同移动台的突发脉冲序列彼此间仍会有小的"滑动"，或在送到基站时由于移动台到基站的距离不同而具有不同的时延。为了保证他们间各自使用的时隙不至造成重叠，故而采用 8.25 bit 相当于大约 30 μs 的时间。GP 可使发射机在 GSM 建议的技术要求许可范围内上下波动。

2）频率校正突发脉冲序列 FB

FB 用于构成 FCCH，使 MS 获得频率上的同步。FB 结构如图 3-14 所示。

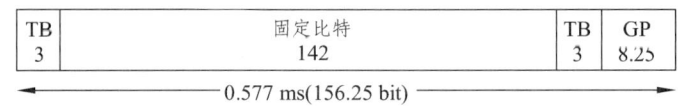

图 3-14　频率校正突发脉冲序列 FB

图 3-14 中 142 bit 为固定比特，使调制器发送一个频偏为 67.5 kHz 的全"0"比特。

3）同步突发脉冲序列 SB

SB 用于构成 SCH，使移动台获得与系统的时间同步。SB 包括一个易被检测的长同步序列，及携带有 TDMA 帧号和基站识别码 BSIC 信息的加密信息，其结构如图 3-15 所示。

图 3-15 中，39 bit 的加密比特包含 25 bit 信息位、10 bit 奇偶校验、4 bit 的尾比特，再经 1∶2 卷积编码，得到总比特数为 78，分成两个 39 bit 的编码段填入。其中 25 bit 信息位由两部分组成：6 bit 基站识别码信息 BSIC、19 bit TDMA 帧号。

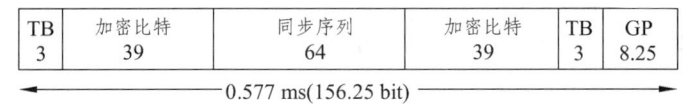

图 3-15　同步突发脉冲序列 SB

TDMA 帧号：GSM 的特性之一是用户信息的保密性。它是通过在发送信息前对信息进行加密实现的。加密序列的算法中，TDMA 帧号为一个输入参数，因此每帧都必须有一个帧号。帧号以 2 715 648 个 TDMA 帧作为周期循环的，有了 TDMA 帧号，移动台就可以根据这个帧号判断控制信道 TS_0 上传送的是哪一类逻辑信道。

当移动台进行信号强度测量时，用 BSIC 检测进行基站识别，以防止在同频小区上测量。

4)接入突发脉冲序列 AB

接入突发脉冲序列用于 MS 主呼或寻呼响应时随机接入,它有一个较长的保护时间间隔(68.25 bit),这是因为移动台的首次接入或切换到一个新的基站后不知道时间提前量,移动台可能远离基站,这意味着初始突发脉冲序列会迟一些到达,由于第一突发脉冲序列没有时间前提,为了不与正常到达的下一个时隙中的突发脉冲序列重叠,此突发脉冲序列必须要短一些,保护间隔长一些。AB 结构如图 3-16 所示。

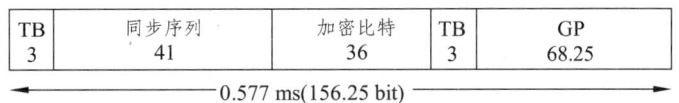

图 3-16 接入突发脉冲序列 AB

图 3-16 中 36 bit 为加密比特,包含 8 bit 信息、6 bit 的奇偶校验和 4 bit 的尾比特,共 18 bit,经 1∶2 的卷积编码得到 36 bit 并填入。8 bit 的信息位中,其中 3 bit 为接入原因,用于表明紧急呼叫等;5 bit 为随机鉴别器,用于检查确定碰撞后的重发时间。

5)空闲突发脉冲序列 DB

当用户无信息传输时,用 DB 代替 NB 在 TDMA 时隙中传送。DB 不携带任何信息,不发送给任何移动台,其格式与普通突发脉冲序列相同,只是其中加密比特改为具有一定比特模型的混合比特。

4. 逻辑信道到物理信道的映射

传递各种信息的信道,在传输过程中要放在不同载频的某个时隙上,才能实现信息的传送。一个基站有 n 个载频,由 C_0,C_1,C_2,$\cdots$,C_n 表示,每个载频约 8 个时隙。一个系统的不同小区使用的 C_0 不一定是同一载波,C_n 表示小区内的不同载波。一般控制映射到 C_0 载频上,下面介绍 C_0 载频上的映射关系。

1)TS_0 上的映射

图 3-17 给出了广播信道 BCH 和公共制信道 CCCH 在一个小区内的下行 TS_0 上的复用。

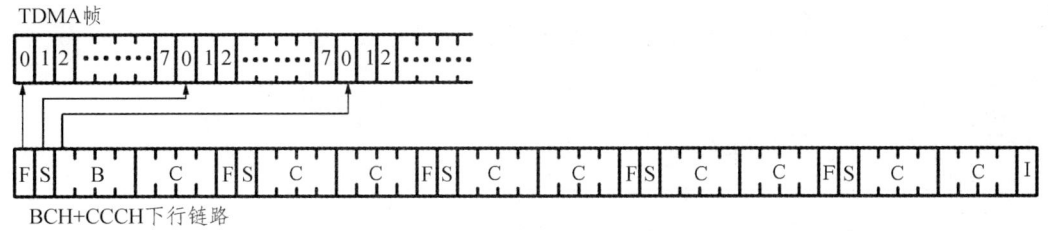

图 3-17 BCH 与 CCCH 在 TS_0 上的复用

广播信道和公共控制信道以 51 个时隙的帧重复,但是从所占的时隙来看只用了 TDMA 帧的 TS_0,在空闲帧之后从 F、S 开始。图中 F 表示 FCCH,用于移动台的频率同步；S 表示 SCH，移动台据此读取 TDMA 帧号和 BSIC，获得时间上的同步；B 表示 BCCH，移动台由此读取有关小区的通用信息；I 表示 IDLE，为空闲帧，不发送任何信息。

当没有呼叫时，基站也总在发射，使移动台能够测试基站的信号强度以确定使用哪个小区更合适，即当移动台开机、越区切换时，FCCH、SCH 及 BCCH 总在发射。C_0 的 $TS_1 \sim TS_7$ 时隙也一样常发，如果没有信息传送，则用空闲突发脉冲序列代替。

对上行链路，C_0 上的 TS_0 不包含上述信道，TS_0 用作移动台的接入，如图 3-18 所示，这里只给出了 51 个连续 TDMA 帧的 TS_0，图中 R 表示 RACH。

BCCH、FCCH、SCH、PCH、AGCH 和 RACH 均映射到 TS_0，RACH 映射到上行链路，其余信道映射到下行链路。

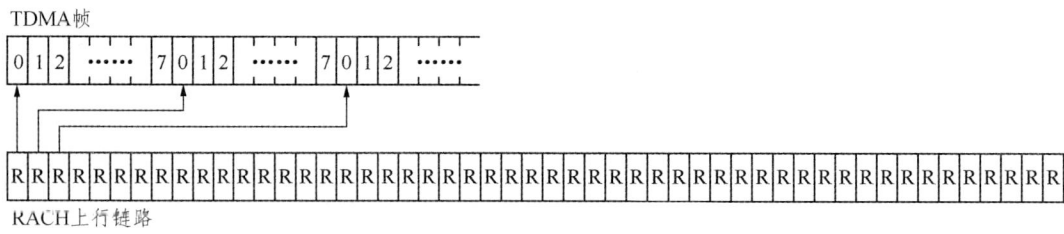

图 3-18　TS_0 上 RACH 的复用

2）TS_1 上的映射

下行链路 C_0 上的 TS_1 的映射如图 3-19 所示，TS_1 用来将专用控制信道映射到物理信道，共 102 个时隙重复一次。由于呼叫建立和登记时的比特率相当低，可在一个 TS（TS_1）上放 8 个专用控制信道，使时隙的利用率提高。

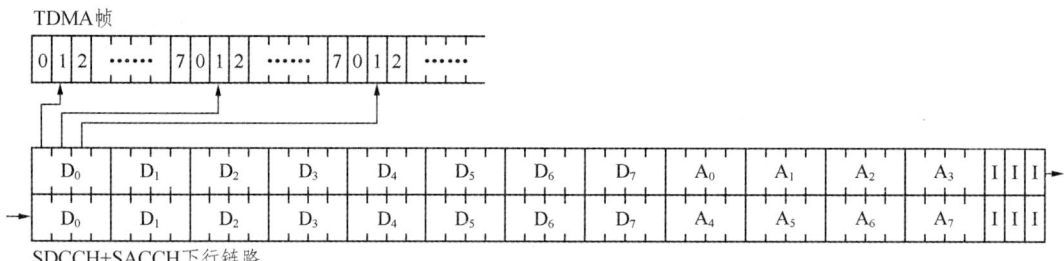

图 3-19　SDCCH 与 SACCH 的在 TS_1 上的复用（下行链路）

上行链路 SDCCH 和 SACCH 的复用与下行链路类似，102 个时隙构成一个时分复用帧，如图 3-20 所示。

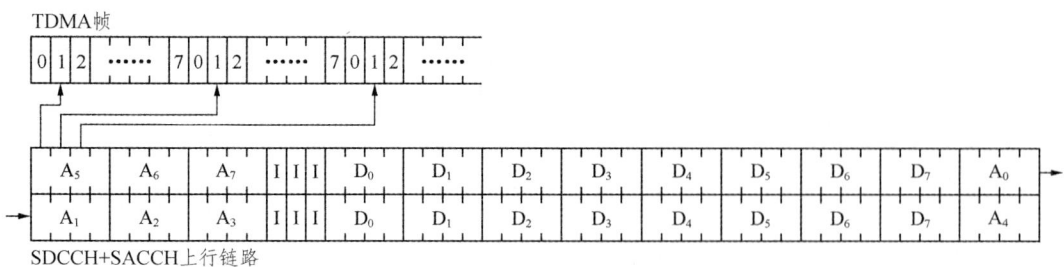

图 3-20　SDCCH 与 SACCH 的在 TS_1 上的复用（上行链路）

SDCCH 用 D_X 表示，只在移动台建立呼叫时使用，移动台转到 TCH 上开始通话或登记结束后释放，即可提供给其他移动台使用。

在传输建立阶段（也可能是切换时），必须交换控制信令，如功率调整、无线测量数据等，移动台的这些信令在 SACCH 上由 A_X 传送。

在载频 C_0 上的 TS_1 时隙的上行链路的结构与下行链路的结构相同，只是时间上有一个偏移，偏移 3TS，使 MS 可进行双向接续，如图 3-20 所示。

3) TCH 的映射

C_0 上的上、下行信道的 TS_0、TS_1 由控制信道使用，$TS_2 \sim TS_7$ 则分给业务信道使用，业务信道 TCH 的物理信道的映射如图 3-21 所示，在 TS_2 上的信息构成了一个业务信道。业务信道 TCH 上、下行链路共 26 个 TS，包含 24 个信息帧、一个控制帧和一个空闲帧。在空闲帧后序列从头开始，图中 T 表示 TCH，包括编码语音或数据，用于通话和低速数据传送；A 表示随路信道（SACCH 或 FACCH），用于传送控制信息，如命令调整输出功率。若某 MS 分配到 TS_2，每个 TDMA 帧的每个 TS_2 包含了此移动台的信息，直到该 MS 通信结束。只有空闲帧是个例外，它不含任何信息，移动台以一定方式使用它，空闲帧后序列从头开始。

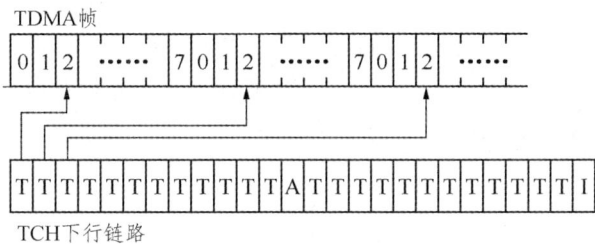

图 3-21 TCH 的复用

上行链路 TCH 的结构与下行 TCH 一样，但也有 3TS 的偏移，时间偏移是 3 个 TS，也就是说上下行的 TS_2 不同时出现，这意味着移动台不必收发同时进行，如图 3-22 所示。

下面我们看一下 C_0 上的全部时隙：TS_0 映射逻辑控制信道，重复周期 51 个 TS；TS_1 映射逻辑控制信道，重复周期为 102 个 TS；$TS_2 \sim TS_7$ 映射逻辑业务信道，重复周期为 26 个 TS。

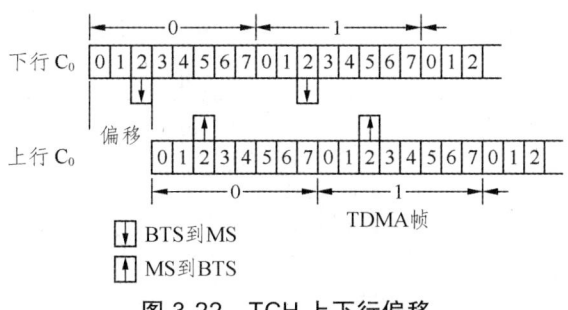

图 3-22 TCH 上下行偏移

同一小区的其他载频，即 $C_1 \sim C_n$ 个频点，只用于业务信道，$TS_0 \sim TS_7$ 全部是业务信道。即每个小区 C_0 载频有 6 个时隙 $TS_2 \sim TS_7$ 是业务信道，每增加一个载频就增加 8 个业务信道。

映射到 TDMA 帧中的信号，按分级帧结构逐级形成超高帧。

5. 定时提前量

由于 GSM-R 的多址方式采用 TDMA，移动台必须只在指配给它的时隙内发送，而且从移动台发射出来的信号需要经过一定时间才能到达基站。移动台在呼叫期间，与基站之间的距离可能会发生变化，信号的延迟也会发生变化，这样就造成某一移动台的信号到达基站时，可能会与邻近时隙的信号发生重叠。因此我们必须采取一定的措施，来保证信号在恰当的时候到达基站，这就是时间调整。

时间调整的原则是：当移动台接近小区中心时，BTS 就会通知它减少发射前置的时间；而当它远离小区中心时，就会要求它加大发射前置时间。

当 MS 处于空闲模式时，它可以接收和解调基站来的 BCH 信号。在 BCH 信号中有一个 SCH 的同步信号，可以用来调整 MS 内部的时序，当 MS 手机接收到一个 SCH 信号后，它并不知道它离基站有多远。如果 MS 和基站相距 30 km，那么 MS 的时序将比基站慢 100 μs。当 MS 发出它的第一个 RACH 信号时，就已经晚了 100 μs，再经过 100 μs 的传播时延，到达基站就有了 200 μs 的总时延，很可能和基站附近的相邻时隙的脉冲发生冲突。因此，RACH 和其他的一些信道接入脉冲将比其他脉冲短。只有在收到基站的时序调整信号后，MS 才能发送正常长度的脉冲。

第三节　GSM-R 网络的互连

一、互连类型

一个 GSM-R 网络可以与其他的 GSM-R 网络或固定网络进行互连，互连功能（包括物理层连接、电气状态和协议映射）由互连功能单元（IWF）来提供。GSM-R 网络的互连如图 3-23 所示，终端网络可以是 GSM-R 网络或其他的固定网络，中间网络的类型也

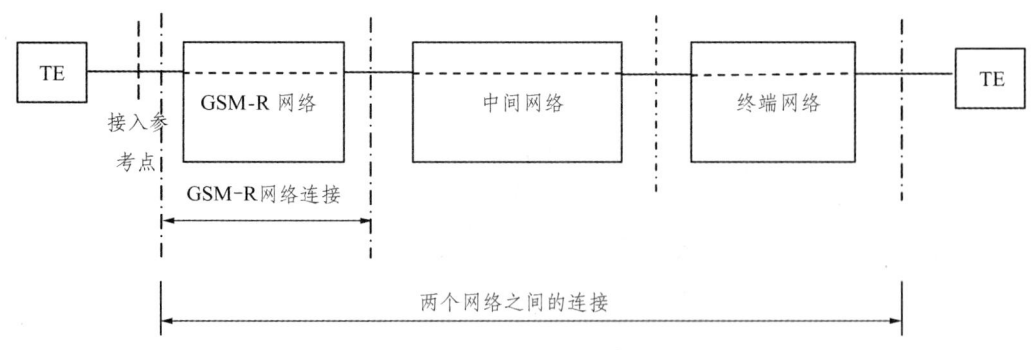

图 3-23　GSM-R 网络的互连

可以是各种固定网络，但通常情况下都采用 ISDN 网络。终端 TE 与 GSM-R 网络之间接入参考点可以是 S 或 R（采用终端适配器时为 R 参考点）。各个网络之间的接口或参考点决定于网络的类型。

互连有两种类型：网络互连和业务互连。网络互连指在 GSM-R 网络之间，GSM-R 网络和非 GSM-R 网络之间建立端到端的连接。

GSM-R 网络支持以下连接：

- GSM-R 网络与公共电话交换网（PSTN）的连接；
- GSM-R 网络与电路交换公共数据网（CSPDN）的连接；
- GSM-R 网络与 ISDN 的连接；
- GSM-R 网络之间的连接。

网络之间的互连要求对信令进行具体的定义，各种呼叫控制的信令都会存在，例如：7 号信令系统、ISDN 用户部分（ISUP）以及电话用户部分（TUP）。当移动台在不同的 GSM-R 网络之间漫游时，信令系统还要支持移动应用部分（MAP）的消息传递。

GSM-R 网络与 PSTN 和 ISDN 网络的承载业务互连如表 3-2 所示。对于终端业务的互连，主叫和被叫终端有不同的要求。对于补充业务，如果双方都支持这项补充业务，并且能够提供相应的承载能力，就可以实现补充业务的互连。互连时要检查互联网络的低层承载能力（LLC）和高层承载能力（HLC）。

表 3-2　承载业务互连

GSM-R 网络的承载业务类	ISDN 的承载业务	PSTN 的承载业务
电路模式无限制数据业务（透明和非透明）	电路模式 64 kbit/s 无限制数据业务	无应用
电路模式无限制数据业务（非透明分组业务）	分组业务	无应用
3.1 kHz 音频业务（透明和非透明）	3.1 kHz 音频业务	3.1 kHz 音频业务
电路模式无限制 3.1 kHz 音频业务（数据和话音交替）	3.1 kHz 音频业务	3.1 kHz 音频业务

二、互连方式

本节以 GSM-R 网络与 PSTN 和 ISDN 的互连为例，说明网络互连的方式。

1. 与 PSTN 的互连

GSM-R 网络与 PSTN 的互连方式如图 3-24 所示。当从 GSM-R 网络向 PSTN 发起呼叫时，IWF 实体提供速率适配、调制解调器选择和信令格式转换的功能，通过 3.1 kHz 的音频承载业务与 PSTN 进行互连。在呼叫建立的信息里要包含"调制解调器的类型""承载能力信息"等信息。这时针对呼叫失败或异常的各种带外提示音不能使用，只能使用带内铃音和提示。

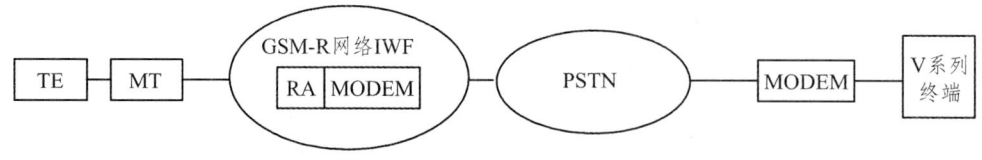

图 3-24 GSM-R 网络与 PSTN 的互连

当从 PSTN 向 GSM-R 网络发起呼叫时，由于 PSTN 不具备 ISDN 的信令能力，不能提供承载能力的兼容性信息，因此，将由 HLR 对其中存储的关于移动用户承载业务的数据信息进行检查来判断兼容性。对于 PSTN 发起的呼叫，GSM-R 网络可能会采用"单一拨号方案"或"多拨号方案"两种方法来分配移动台的 MSISDN 号。

对于透明传输，在呼叫建立和证实的消息里将包含调制解调器的选择信息和基于承载能力的速率信息，同时还要建立端到端的同步。透明传输还要求提供网络独立锁闭功能（NIC），以保证信息的透明传输。对于非透明传输，网络将对用户的信息进行一些处理，包括速率的变换、数据的重组、带内/带外信令的映射、数据的缓冲和压缩、业务级别的升降等。

2. 与 ISDN 的互连

由于 GSM-R 网络可以看作 ISDN 网络的一个扩展网络，因此两个网络之间本身就存在很多兼容性。当移动网络向 ISDN 网络发起呼叫时，移动用户的 MSISDN 号完全可以表述呼叫的地址信息。如果 ISDN 用户采用了多号码的编号方案，这时只有基本的 MSISDN 是有效的。在与 ISDN 的呼叫中，互连功能处理的内容主要集中在对"承载能力""低层一致性（LLC）"和"高层一致性（HLC）"这三类信息元中。

在由移动网络发起的呼叫中，ISDN 主要进行 LLC 的检查，根据呼叫的参数选择匹配的承载业务。如果定义了端到端的能力，还要进行进一步的兼容性检查（如 HLC 的检查）和用户对业务定制状态的检查。如果是 ISDN 网络发起的呼叫，GSM-R 网络首先会由 GMSC 接收兼容性的参数，然后将这些参数映射到 HLR 中，做 LLC 的检查，并选择匹配的基本业务。与此同时，还要进行用户业务定制状态的检查。ISDN 发起的呼叫一般不可能对移动用户提供具体的能力信息，如透明/非透明、全速率/半速率，这些参数由 IWF 选择一些默认的设置来匹配。

在与 PSTN 和 ISDN 网络互连时，还有一个重要的问题就是帧同步，即要保证 MSC/IWF 与 BSS 之间链路和 MSC/IWF 与 PSTN/ISDN 之间链路上的帧同步。

GSM-R 网络与固定网络的接口基于 ISDN 与其他网络的交换。对于呼叫控制，与 ISDN 有同样的接口；对于信令，采用 No.7 信令系统电话用户部分（TUP）和 ISDN 用户部分（ISUP）。

三、信令协议

GSM-R 采用的 No.7 信令系统，是一种公共信令方式。No.7 信令系统遵守 OSI 体系模型，它的一个简单的分层模型如图 3-25 所示。

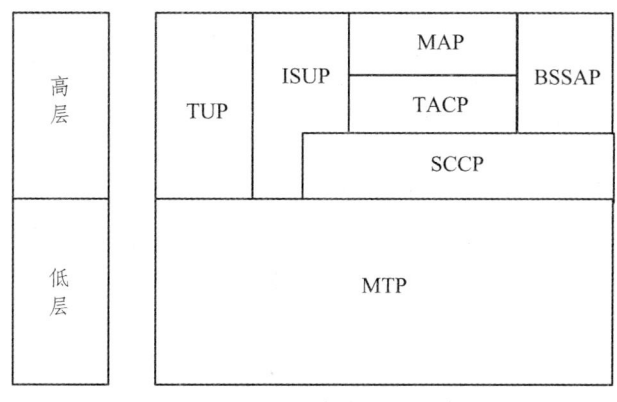

图 3-25 GSM-R 系统的 7 号信令协议层

TCP—电话用户部分；BSSAP—BSS 应用部分；ISUP—ISDN 用户部分；
SCCP—信令连接控制部分；MAP—移动应用部分；
MTP—消息传递部分；TCAP—事务处理应用部分

消息传递部分（MTP）处在信令协议模型的下三层，其功能是在信令节点之间为用户提供可靠的信令传输能力。信令连接控制部分（SCCP）用于传送电路交换控制以外的信令和数据，如与操作维护中心之间的信令，智能节点间的信令等。事务处理应用部分（TCAP）与 SCCP 配合，为用户与用户之间提供快速有效地传送数据协议的能力，支持增加新业务，也可支持远端用户操作并提供应答等。移动应用部分（MAP）属于高层应用部分，应用于 NSS 中各功能实体间接口的通信，支持位置登记和删除、用户数据管理、漫游和越区切换、鉴权加密等功能。BSS 应用部分（BSSAP）为 MSC 与 BSS 之间提供信令连接，包含对 BSS 的管理和 MSC 与 MS 之间透明传输两大功能。

GSM-R 网络主要接口的信令协议模型如图 3-26 所示。GSM-R 网络的高层功能有：
- 无线资源管理功能（RR）；
- 移动性管理（MM）功能；
- 连接管理（CM）功能。

RR 层负责呼叫的建立、释放、重建、切换以及业务信道（TCH）模式的变换。MM 层负责 MS 的登记、位置管理以及鉴权。CM 层提供各种补充业务、呼叫控制和短消息服务。MS 和 NSS 之间端到端的信息传递依靠低层协议完成。在以上三类功能中又包括一些具体的子功能。

CM 层功能和 MM 层功能对于 BSS 是透明的，BSS 只负责 MS 与 NSS 这部分数据的透明传输。在与 MS 进行连接时，CM 层首先向 MM 层发出请求，MM 层再向 RR 层请求分配无线资源。

低层是数据链路层和物理层。数据链路层主要包括两种协议 LAPDm 和 LAPD。LAPDm 的主要功能是确定帧格式、编址格式、纠错编码和交织的要求。LAPD 用于 Abis 接口进行帧的处理。物理层是基于 PCM 的传输通道，提供 32 路或 24 路的 64 kbit/s 的传输通道。各层的具体功能在接口和协议部分详细描述。

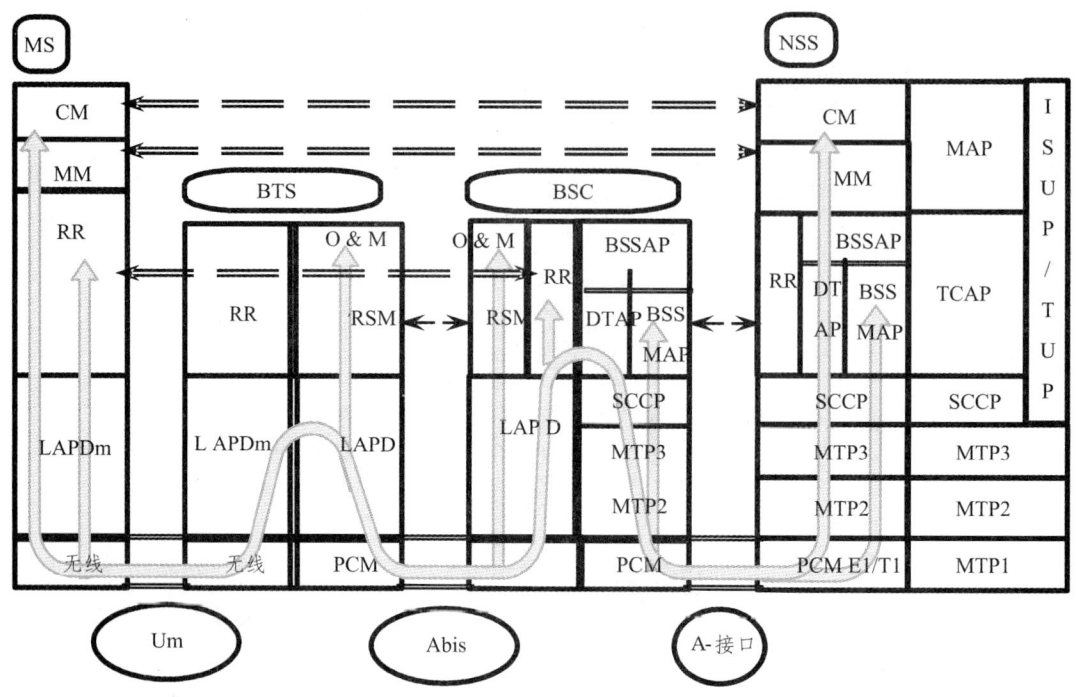

图 3-26 GSM-R 的协议模型

第四节 用户数据管理

一、用户数据类型

用户数据是指与用户有关的所有信息,包括业务提供、身份识别、鉴权、呼叫处理、路由、统计、操作和维护的所有信息。用户数据按照用途可以分为两类:永久数据(主要用于管理)和临时数据(主要用于操作)。

在 GSM-R 网络中,用户数据的主要载体是 HLR、VLR、AuC 和 EIR 四大数据库。HLR 主要存储永久用户信息和与用户登记的永久信息相关的临时信息;VLR 主要存储呼叫处理和与位置有关的临时信息。在鉴权中心(AuC)中存储的用户鉴权参数 Ki,鉴权算法 A3,加密参数 Kc,加密算法 A8 也是一类用户信息,这些用户信息同时还存储在移动台的 SIM 卡中。EIR 中存储移动设备信息。组呼寄存器(GCR)也可以作为用户数据的存储单元,它主要存储语音组呼和语音广播的配置和呼叫建立信息。

以下对主要的几类用户数据进行简要描述:

1. 与移动台有关的数据

1)国际移动用户识别码(IMSI)

IMSI 在全球范围内唯一地标识每一个移动用户,它同时存储在 HLR、VLR 和用户的 SIM 卡中。IMSI 号是所有用户数据中最根本的数据信息，用于位置登记、位置更新、呼叫建立和 GSM-R 网络的所有信令中。

IMSI 由三部分组成，如图 3-27 所示。

图 3-27　IMSI 的组成

其中：

移动国家码 MCC：包含三位数字，唯一地表示移动用户所在的国家，如中国为 460。

移动网络代码 MNC：包含两位或三位数字，标识移动用户归属的 GSM 网络，MNC 的长度与 MCC 的值有关，在单个 MCC 区域，一般不建议 MNC 采用两位和三个数字的混合方式。如中国移动的 MNC 为 00，中国联通的 MNC 为 01。

移动用户识别码 MSIN：标识 GSM 网络内的一个移动用户。

MNC 和 MSIN 合起来，组成国内移动用户识别码 NMSI。

IMSI 只能包含数字字符 0~9，IMSI 的长度不能超过 15 位。

我国 GSM-R 网络的 MNC 暂定为 20。MSIN 为 $H_0H_1H_2SXXXXXX$，$H_0H_1H_2$ 与 MSISDN 号码中的 $H_0H_1H_2$ 相同，S 为 MSISDN 号码中的 NDC 的末位。

一个移动用户的 IMSI 和 MSISDN 具有对应关系，但是它们之间又具有独立性，即可以在不改变移动台的 IMSI 的条件下，改变移动台的 MSISDN，反之也可。

2）用户的 ISDN 号（MSISDN）

MSISDN 号是呼叫移动用户时拨打的号码，存储在 HLR 和 VLR 中。MSISDN 采用 ISDN 的编码方案，以便与 ISDN/PSTN 用户能够进行相互呼叫。

MSISDN 的号码结构如图 3-28 所示。

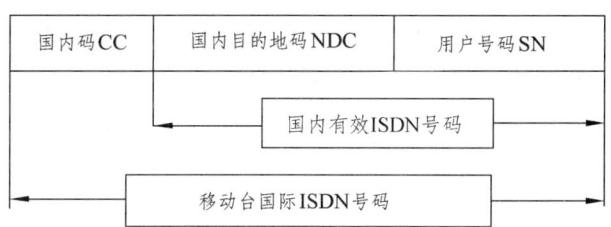

图 3-28　MSISDN 的组成

其中：

国家码 CC：移动台注册所在国家的号码，如中国为 86。

国内目的地码 NDC：国内接入号。通常，每一个 GSM 网络安排一个 NDC。在有些国家，可能需要给一个 GSM 网络安排多个 NDC。如中国移动的 NDC 有 139、138、137 等，中国联通的 NDC 有 130、131 等。

用户号码 SN：在某一 PLMN 内 MS 唯一的识别码。

NDC 和 SN 组成国家移动台号码。

我国 GSM-R 网络的 NDC 暂定为 149；SN 号码长度暂定为 8 位，结构为：$H_0H_1H_2$ + $ABCDE$。$H_0H_1H_2$ 为 HLR 的识别号，其中 $H_0 = 8$，H_1H_2 为铁路调度通信网络长途区号，例如铁道部为 20，北京局为 21。按照调度网的编号规则，为各工种分配移动用户号码 $ABCDE$，其中预留 00000 为 HLR 识别号。

3）临时移动用户识别码（TMSI）

当用户在 VMSC 区内漫游时，用 TMSI 号来识别用户，作为临时数据，TMSI 存储在 VLR 中。TMSI 只在某一 VLR 管辖区有效，当用户离开此管辖区后，即释放此号码。

4）国际移动设备识别号（IMEI）

IMEI 唯一地标识一个移动终端设备，用于监控被窃或无效的移动设备。IMEI 存储在 EIR 中。

2．加密和鉴权数据

1）随机号码（RAND）、符号响应（SRES）和加密密钥（Kc）

此三参数组构成一个向量，用于鉴权和加密。这一向量在 AuC 中进行计算，再提供给 HLR。HLR 向 VLR 提供时，五个这样的向量为一组。

2）加密密钥序列号（CKSN）

CKSN 用来确保加密密钥 Kc 在移动台和 VLR 之间的一致性。

3．与漫游有关的数据

1）移动台的漫游号（MSRN）

移动台在漫游时使用的短期临时数据，每个 IMSI 号可以对应多个 MSRN 号，MSRN 存储在 VLR 中。

MSRN 用来为呼叫移动台提供直接路由。GMSC 向 HLR 发出请求并由 VLR 分配给移动台一个临时的漫游号码。移动台利用 MSRN 号将自己的地址信息通过 GMSC 提供给 VLR。

在位置登记或位置更新时，是由 VLR 分配给移动台一个 MSRN 并传送至 HLR，当移动台离开该地后，在 VLR 和 HLR 中删除该 MSRN。

MSRN 与 MSISDN 有相同的结构，在使用 MSRN 的区域可以采用以下分配方案：

（1）国家码为 VLR 所在国家的代码。

（2）国内目的地码为访问 GSM-R 网络的代码或编号区域的代码。

（3）用户代码采用符合编号区域的代码。

我国 GSM-R 网络的 MSRN 的结构为：NDC + 0 + $M_0M_1M_2$ + ABCD。其中：NDC + 0 为漫游号码标记；$M_0M_1M_2$ 为漫游地 MSC 端局号码，与 MSISDN 号码中的 $H_0H_1H_2$ 相同，即 $M_0 = 8$，$M_1M_2 = H_1H_2$；ABCD 为漫游地 MSC 临时分配给用户的漫游号码。

2）位置区识别码（LAI）

LAI 用来标识一个位置区，它是临时数据，存储在 VLR 中，在检测位置更新和切换的需求时使用。

LAI 结构如图 3-29 所示。

| MCC（460） | MNC（00） | LAC（X1X2X3X4） |

图 3-29 LAI 结构示意图

其中：MCC 和 MNC 同 IMSI 的 MCC 和 MNC；LAC 为位置区域码，固定长度为 2 字节，用来识别 GSM 网络。

3）VLR 号

用户漫游时的 VLR 的号码作为临时数据存储在 HLR 中。

4）MSC 号

在缺少 VLR 号时，MSC 号可以替代 VLR 号存储在 HLR 中。

5）HLR 号

HLR 号在位置更新时作为一个可选参数存储在 VLR 中。当 HLR 进行复位后，需要重新获得这一号码。

4. 定制禁止信息和业务禁止信息

定制禁止信息规定了用户接受服务的地理范围，业务禁止信息规定了用户使用业务的种类。这两类信息都存储在 HLR 中。

5. 全球小区识别码（CGID）和业务域识别码（SAID）

作为小区和业务域的标识，这类数据与移动台当前的状态有关，存储在 VLR 中。

6. 与基本业务相关的数据

1）承载业务数据

网络向用户提供的承载业务数据以参数"承载业务提供"的形式存储在 HLR 和 VLR 中。

2）终端业务数据

网络向用户提供的终端业务数据以参数"终端业务提供"的形式存储在 HLR 和 VLR 中。

3）承载能力分配数据

移动用户的归属 GSM-R 网络会为每个移动用户提供一个支持承载业务和终端业务的承载能力分配清单，MS 只能在清单允许的范围内建立连接。这一数据存储在 HLR 和 VLR 中。

7. 与补充业务相关的数据

由于补充业务种类繁多，所以具体的数据视网络支持的具体补充业务而定。

8. 移动台状态数据

1）IMSI 分离标识符

当移动用户不可到达时，会将 MS 与 IMSI 号进行分离；可以到达时，再进行连接。IMSI 分离标识符是标识分离状态的参数，是临时数据，存储在 VLR 中。

2）复位标识符

当 VLR 或 HLR 发生错误导致运行失败时，要进行复位，重新装载用户数据。复位标识符用来指示复位状态。

9. 与切换有关的数据

它主要用来切换号码，存储在 VLR 中。

10. 与短消息有关的数据

（1）消息等待数据。
（2）存储器溢出标识符。
这两类数据都存储在 VLR 中。

11. 语音组呼和语音广播数据

这类数据主要有 VGCS 成员列表和 VBS 成员列表，存储在 HLR 和 VLR 中。

二、用户数据管理

用户数据的管理主要是指在几个数据库之间的数据操作。这其中包括几个主要的部分：

- 数据的创建；
- 数据的更新；
- 寄存器复位；
- 网络对数据的修改；
- 用户对移动台存储数据的修改。

一般来说，用户数据的创建是在用户第一次接入网络时完成的。有些数据是事先就已经存在于网络中的，用户入网时需要激活这些数据，如 MSISDN。最初创建的数据只要满足网络提供服务的最小属性集合就可以了，其他的数据可以在用户使用某种服务时再创建或激活。

VLR 中存储的数据是 HLR 中的一个子集，在进行数据更新时，要保证数据的可用性和与 HLR 的一致性。数据更新和修改有两种操作类型。

（1）集中操作：在位置更新或复位的过程中，将共享数据以一个集合的形式完全插入 VLR 中。这种操作在 HLR 和 VLR 的一次对话中完成。

（2）单独操作：对 HLR 中的数据可以随时进行增加、删除或修改，这时对于 VLR 的共享数据来说就是部分地进行变动。

在 HLR 和 VLR 之间传递的消息中，信息是按一定的顺序组织的。对于任意一个接收方都必须按顺序处理信息流，这样不仅可以保证 HLR 与 VLR 中的数据不会发生重叠的错误，而且保证了 HLR 与 VLR 共享数据的一致性。如果在接收信息时破坏了固定的顺序，VLR 可以拒绝接受所有的消息，或者接收出错的消息并对它进行处理。存储在 HLR 和 VLR 中的共享用户数据的组织符合树状的结构，具有层次关系，图 3-30 给出了 HLR 和 VLR 中共享数据的一般组织形式。由这个树状结构图可以看出，在 HLR 和 VLR 中寻址数据必须要具备用户的 IMSI 号或者 IMSI 号和 MSISDN 号。因此 IMSI 号是标识关于一个用户所有信息的源头。

补充业务数据的处理具有一定的特殊性。规定补充业务数据必须与一定的基本业务相对应。定义一组基本业务为一个基本业务组（BSG），由必选基本业务组成的 BSG 称为基本 BSG（EBSG）。存储在 HLR 和 VLR 中 EBSG 和相关的信令数据必须遵循以下规则：

- EBSG 中至少要有一项基本业务；
- 一项补充业务至少要与 EBSG 中的一项基本业务对应；
- 用户至少要定制一项 EBSG 中的基本业务。

用户在 AuC 中存储的数据用于鉴权和加密。在 AuC 建立第一个移动用户之前，首先要设定 AuC/HLR 识别码，该识别码由一到三位数字组成，作为用户 IMSI 号的一部分。AuC 中创建的用户数据必须与 SIM 卡中的对应数据保持一致。用户每次进行位置登记、呼叫建立、或执行某些补充业务前需要鉴权。AuC 产生的三参数组存储在 HLR 中，鉴权时，VLR 首先向 HLR 请求获取鉴权信息，获取后 VLR 向 MS 发送 RAND，MS 使用该 RAND 和 SIM 卡中存储的与 AuC 内相同的

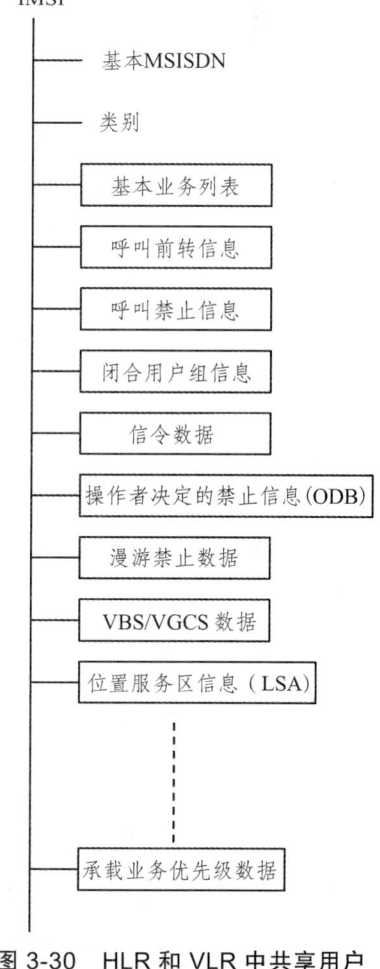

图 3-30 HLR 和 VLR 中共享用户数据的一般组织形式

鉴权参数 Ki 和鉴权算法 A3 计算出 SRES，SIM 卡计算出的 SRES 与 AUC 三参数组中的 SRES 比较，以验证用户的合法性。这一过程叫作向 AuC 进行查询。当用户的数据从 HLR 中删除时，AuC 也会将用户的相关数据删除。

对 EIR 中存储的移动设备识别号（IMEI）的管理相对简单。IMEI 号由网络运营方存储在 EIR 中，当用户接入网络时将 IMEI 发给 VLR，VLR 向 EIR 查询 IMEI 号的合法性。EIR 中只能有三类名单（白名单、灰名单和黑名单），不能增加和删除名单，只能改变名单的内容。每一类名单按照 IMEI 号的范围划分入口，查询时根据 IMEI 号所在的范围进入名单查询。

三、移动性管理

移动性管理（MM）的主要功能是支持用户终端的移动性，例如向网络通知它当前的位置和为用户提供身份验证。MM 进一步的功能是为上层连接管理的不同实体提供连接管理业务。

根据 MM 连接是开始的原因，可以分为三种 MM 过程：

第一种：常规 MM 过程，它总是在 RR 连接存在的情况下开始。包括以下过程：

（1）由网络发起的。
- TMSI 重新分配过程；
- 确认过程；
- 鉴别过程；
- MM 通知过程；
- 中断过程。

其中，中断过程只在 MM 连接建立或已经建立时使用。在 MM 特殊过程或 IMSI 分离过程中不使用中断过程。

（2）由移动台发起的。
- IMSI 分离过程。

第二种：特殊 MM 过程，它只在无其他特殊 MM 过程运行时或无 MM 连接存在时开始。包括以下过程：
- 标准的位置更新过程；
- 周期性的位置更新过程；
- IMSI 附着过程。

第三种：MM 连接管理过程。

这三种过程是用来建立、维护和释放在 MS 和网络之间的 MM 连接。只有在没有 MM 特殊过程运行时，才能建立 MM 连接。在同一时刻允许激活多个 MM 连接。

接下来将分别介绍 MM 的三个主要方面：位置更新、切换和漫游。

1. 位置更新

MS 从一个位置区移到另一位置区时，必须进行登记，也就是说一旦 MS 发现其存储器中的位置区识别码（LAI）与接收到的 LAI 发生了变化，便执行登记。这个过程就叫"位置更新"。位置更新过程总是由 MS 开始，它有三种主要目的：常规位置更新、周期性位置更新和 IMSI 附着。

常规更新过程是用来对 MS 在网络中实际位置区域注册的更新。使用常规更新过程的条件是 MS 处于 MM 空闲模式。如果网络在作为 MM 连接建立请求的响应中指示 MS 在未知的 VLR 中，这时也可以开始常规更新过程。

周期性位置可以用做移动台向网络实时的周期性通知，它是通过位置更新过程执行的。使用周期性位置更新过程的条件也是 MS 处于 MM 空闲模式。

IMSI 附着过程用来补充 IMSI 分离过程。它指示出 IMSI 在网络中已经激活。如果网络需要分离/附着过程并且 MS 已经将 IMSI 激活时就要调用 IMSI 附着过程。

2. 切　换

将一个正处于呼叫建立状态或忙状态的 MS 转换到新的业务信道上的过程称为切换。切换是由网络决定的，一般在下述两种情况下要进行切换：一种是正在通话的客户从一个小区移向另一个小区；另一种是 MS 在两个小区覆盖的重叠区进行通话时，当前小区的 TCH 处于满负荷状态，这时 BSC 通知 MS 测试它邻近小区的信号强度、信道质量，决定将它切换到另一个小区，这就由业务平衡的需求导致的切换。

切换的产生是 BTS 首先要通知 MS 将其周围小区 BTS 的有关信息及 BCCH 载频、信号强度进行测量，同时还要测量它所占用的 TCH 的信号强度和传输质量，再将测量结果发送给 BSC，BSC 根据这些信息对周围小区进行比较排队，最后由 BSC 做出是否需要切换的决定。另外，BSC 还需判断在什么时候进行切换，切换到哪个 BTS。BSC 有如下三种不同的切换。

第一种：在同一个 BSS 的物理信道之间的切换。这种切换用于以下的情况。
- 当用于呼叫的物理信道受到干扰或者其他影响的情况；
- 当用于呼叫的物理信道或者信道设备由于需要维护或者其他原因而退出服务的情况。

第二种：在同一个 MSC 的 BSS 之间的切换。

第三种：在同一个 GSM-R 网络内，不同 MSC 的 BSS 之间的切换。

第二种和第三种情况是在 MS 从一个 BSS 区域移动到的另一个 BSS 区域时，用来确保连接的连续性。

在第三种情况中定义了两个过程：

➢ 基本切换过程：呼叫从呼叫最初建立时的主控 MSC（MSC-A）切换到 MS 使用基本切换所到达的另一个 MSC（MSC-B）；

➢ 中继切换过程：呼叫从 MSC-B 又切换到 MSC-A 或者切换到 MS 使用中继切换所到达的第三个 MSC（MSC-B）。

3. 漫　游

漫游就是指在归属 GSM-R 网络外的其他 GSM-R 网络（拜访 GSM-R 网络）中使用

移动业务。漫游者就是指在拜访 GSM-R 网络中寻找服务或获得服务的 MS。在两个 GSM-R 网络间管理漫游的一系列标准称为漫游协议。

根据漫游的方案，漫游可以分为两种：标准的 GSM-R 网络内部漫游（或基本漫游）和较复杂级别的国家漫游。

1) 基本漫游

这种漫游的相互连接只与相关网络间三个相互连接的系统有关：
- SS7-MAP 将归属网络的 HLR 与拜访网络的 VLR 连接；
- 对于传送语音或者相关网络间电路交换数据在国际电路交换之间的连接；
- 国际分组交换的相互连接。

提供给漫游用户的业务是由两方面决定的：一方面是拜访网络对于漫游者的技术限制；另一方面是从归属网络的 HLR 中传送来的用户数据。由于这些限制，基本漫游有如下的局限性：
- 在两个不同的网络中不能实现越区切换；
- 由拜访网络决定用户业务。

2) 区域性的国家漫游

在这种漫游情况下，当拜访 GSM-R 网络和归属 GSM-R 网络不属于同一个国家，为了允许接入拜访网络的一部分（区域漫游）需要增加特殊的设备。

四、无线资源管理

无线资源管理过程具有一般传输资源管理的功能，例如控制通道上物理信道和数据链路的连接。

无线资源管理的目的是：建立、维护和释放 RR 连接，所谓 RR 连接就是允许网络和 MS 之间点到点的通话。它包括小区选择/重选和切换过程。此外，当没有 RR 连接建立时，无线资源管理过程还包括接收单向的 BCCH 和 CCCH 信道，它允许自动小区选择/重选。

在 GSM-R 系统中，由于 VGCS 听者和 VBS 听者角色的增加，无线资源管理还要包括分别接收语音组呼信道和语音广播信道的功能，并且包括组接收模式下 MS 的自动小区重选。而由于 VGCS 讲者角色的增加，无线资源管理要包括抢占和释放语音组呼信道的功能。

无线资源管理向上层提供的业务有以下几种模式。

1. 空闲模式

空闲模式就是没有为 MS 分配任何专用信道，此时 MS 只能收到 CCCH 和 BCCH 信道上的消息。在空闲模式时，没有 RR 连接存在。此时，上层能够要求建立 RR 连接。

在 MS 一端，RR 过程包括自动小区选择/重选。RR 实体向上层表明 BCCH/CCCH 信道有效和由 RR 实体决定的小区改变。当选择了一个新的小区时，上层获得 BCCH 信道上的广播信息。当 BCCH 信道上的广播信息相关部分改变时，上层还能够收到新的 BCCH 信道上的广播信息。

2. 专用模式

专用模式就是指为 MS 至少分配两个专用信道，其中只能有一个是 SACCH 信道。

在专用模式时，RR 连接是物理上点对点的双向连接，它包括在主 DCCH 信道上以复帧方式操作的 SAPI0 数据链路连接。如果建立了专用模式，那么 RR 过程提供如下的业务：

- 建立/释放复帧模式，此模式存在于数据链路层连接上而不是 SAPI0 上，或者存在于主 DCCH 信道上，或者存在于存放主信道信令的信道相关的 SACCH 上；
- 传送在任何数据链路层连接上的消息；
- 指示暂时性的有效传输（延迟，恢复）；
- 指示 RR 连接的丢失；
- 为维持 RR 连接的自动小区选择和切换；
- 设置/变换在物理信道上的传输模式，包括信道类型的变化，编码/解码/译码模式的变化和密码的设置；
- 附加信道的分配/释放（TCH/H + TCH/H 结构）；
- 复时隙操作的附加信道的分配/释放。

3. 组接收模式

组接收模式：只适用于支持具有 VGCS 听者或者 VBS 听者功能的 MS。在这种模式下，没有为 MS 分配与网络连接的专用信道，它接收分配给小区的语音广播信道或者语音组呼信道下行链路的消息。这种模式下，在 MS 一端 RR 过程提供的业务有：

- 与语音广播信道或语音组呼信道的本地连接；
- 在没有确认的情况下接收消息；
- 组接收模式下 MS 的自动小区重选；
- 断开当前正在进行的语音广播信道或语音组呼。

对于既支持 VGCS 聆听又支持 VGCS 讲话的 MS，还要额外加入建立 RR 连接的上行链路接入过程。

4. 组发送模式

组发送模式：只适用于支持具有 VGCS 讲话功能的 MS。在这种模式下，为语音组呼的 MS 分配两个专用信道，这两个信道可以同时分配给一个 MS，但是在语音组呼期间，也可以分配给不同的 MS。在组发送模式下，RR 连接是物理上点对点的双向连接，它包括在主 DCCH 信道上以复帧方式操作的 SAPI0 数据链路连接。如果建立了组传送模式，那么 RR 过程提供如下的业务：

- 传送数据链路层连接上 SAPI0 的消息；
- 指示 RR 连接的丢失；
- 为维持 RR 连接的自动小区选择和切换；
- 设置物理的传输方式，信道类型的变换和加密；
- 释放 RR 连接。

无线资源管理子层可以使用数据链路层提供的业务也可以直接使用物理层为其提供的业务。

五、连接管理

连接管理功能（CM）是 GSM-R 协议模型中最高层的管理功能，它主要包括几个独立的协议实体，如呼叫控制（CC）、短消息（SMS）。CM 功能主要提供对基本呼叫控制、补充业务的呼叫控制和短消息的连接管理功能。

1. 基本呼叫控制

基本呼叫分为移动用户发起呼叫（MO）和移动用户接收呼叫（MT）两种类型。

移动用户为呼叫发起方的模型如图 3-31 所示。当 MS 发起呼叫时，通过无线接口的信令与 BSS 建立起无线连接，并发送包含被叫方地址的信息。VMSC 向 VLR 请求获取呼出呼叫发送的消息来处理呼叫，如果 VLR 认为呼出呼叫合法，就会发给 VMSC 一个"完成呼叫"的响应。收到 VLR 响应的 VMSC 将完成以下操作：建立与 MS 之间的业务信道；建立一个 ISUP 的初始地址消息，并将它发送给目的端的交换机。图 3-32 是描述 MO 呼叫的 MSC 图，在呼叫建立过程中必须要经过鉴权和启动安全性管理。

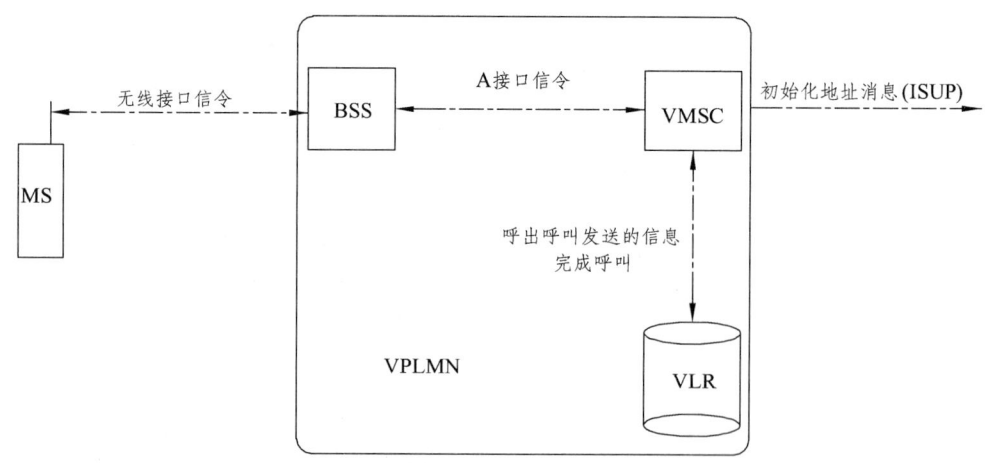

图 3-31 MO 呼叫模型

移动用户接收呼叫（MT）的模型如图 3-33 所示。当移动台为被叫方时，要经过以下的处理步骤：首先，GMSC 收到一个 ISUP 的初始化地址消息。GMCS 用 MAP 协议向 HLR 请求获取寻找 MS 的路由信息，HLR 收到后用 MAP 协议向 VLR 查询 MS 的漫游号码，查询成功后，VLR 向 HLR 发送一个漫游号码确认消息，HLR 将漫游号码放在路由请求的确认消息中发给 GMSC。第二步 GMSC 在将漫游号码重新构造一个 ISUP 的初始化地址消息送到 VMSC，VMSC 收到这个消息后，向 VLR 发送呼入呼叫消息。如果 VLR 允许呼入呼叫，VMSC 就开始通过 BSS 寻呼 MS。如果 MS 有响应，VMSC 会向 VLR 发送寻呼确认消息，表示找到了被叫的 MS。这时，VLR 将向 VMSC 发送一个完成呼叫的消息，标志着呼叫建立成功。图 3-34 为 MT 呼叫的 MSC 图。

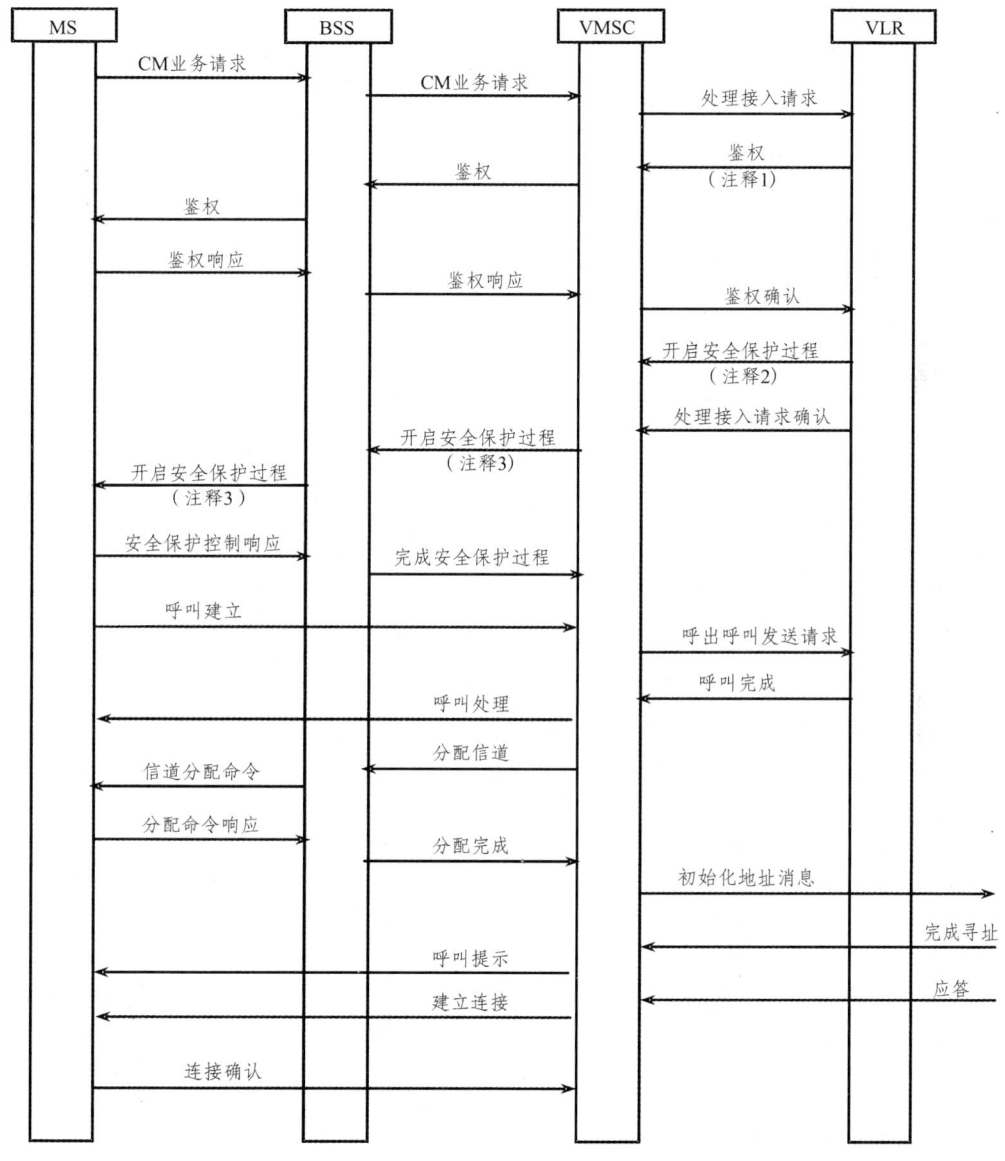

注释：

1. 鉴权的过程可以发生在呼叫建立的任何阶段。
2. 安全保护的功能必须在鉴权过程完成之后。
3. 如果不需要加密，MSC 可以直接向 MS 发送一个 CM 业务接收指示。

图 3-32 MO 呼叫控制 MSC 图

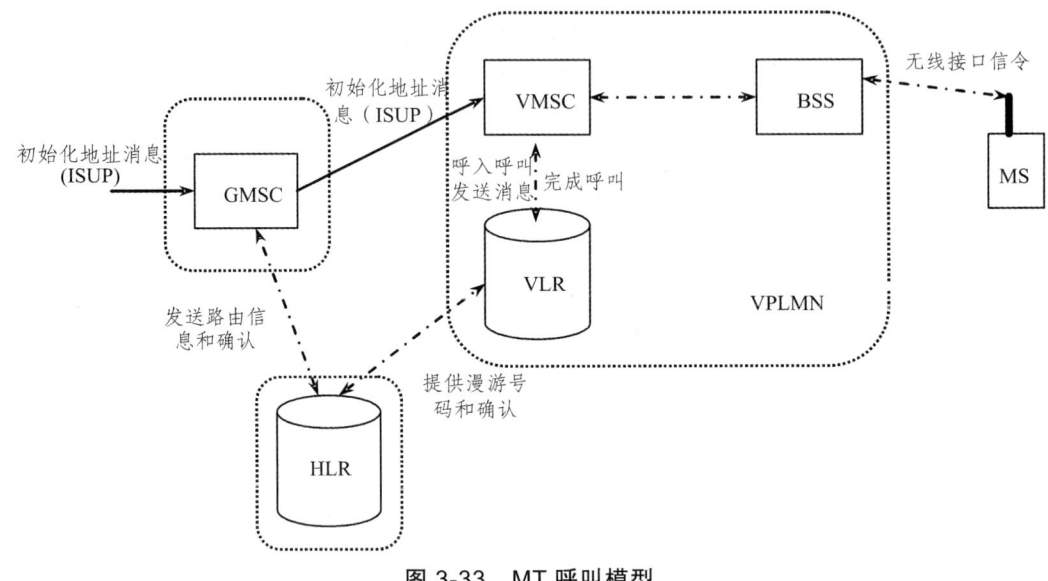

图 3-33 MT 呼叫模型

2. 补充业务呼叫控制

正如补充业务是建立在基本业务的基础上，补充业务的呼叫控制也是建立在基本业务的呼叫控制上。补充业务的实现相当于在网络基本呼叫控制的实体上又添加了独立的处理补充业务的实体，由这些实体在基本业务的呼叫控制消息中加入关于补充业务的信息。如果网络不支持某项补充业务，即使处理补充业务的实体存在，网络也不会通过此实体进行处理。由于补充业务种类繁多，其呼叫控制的原理与基本呼叫类似，此处不再详述。

3. 短消息

短消息业务提供了 MS 和短消息服务中心（SMS-SC）之间的短消息交换服务。类似于基本业务，短消息的呼叫也可以分为移动台发起（SM MO）和移动台接收（SM MT）两种类型。SM MO 描述的是 MS 通过 SMS-SC 向短消息实体发送短消息，SM MT 是 SMS-SC 向 MS 发送短消息。图 3-35 和图 3-36 描述了这两种类型的呼叫。

处于激活状态的移动台可以在任何时候发送或接收短消息，即使通话或者数据传输正在进行也不会受到影响。如果 SC 收到短消息，会发给 MS 一个证实的消息；如果 SC 不能完成短消息的传送，也会给 MS 发送一个报告的消息。需要注意的是，如果 MS 正在进行状态转换，如从忙状态转到空闲状态、从空闲转入忙状态或处于切换中，这种情况下网络将会放弃短消息的操作。

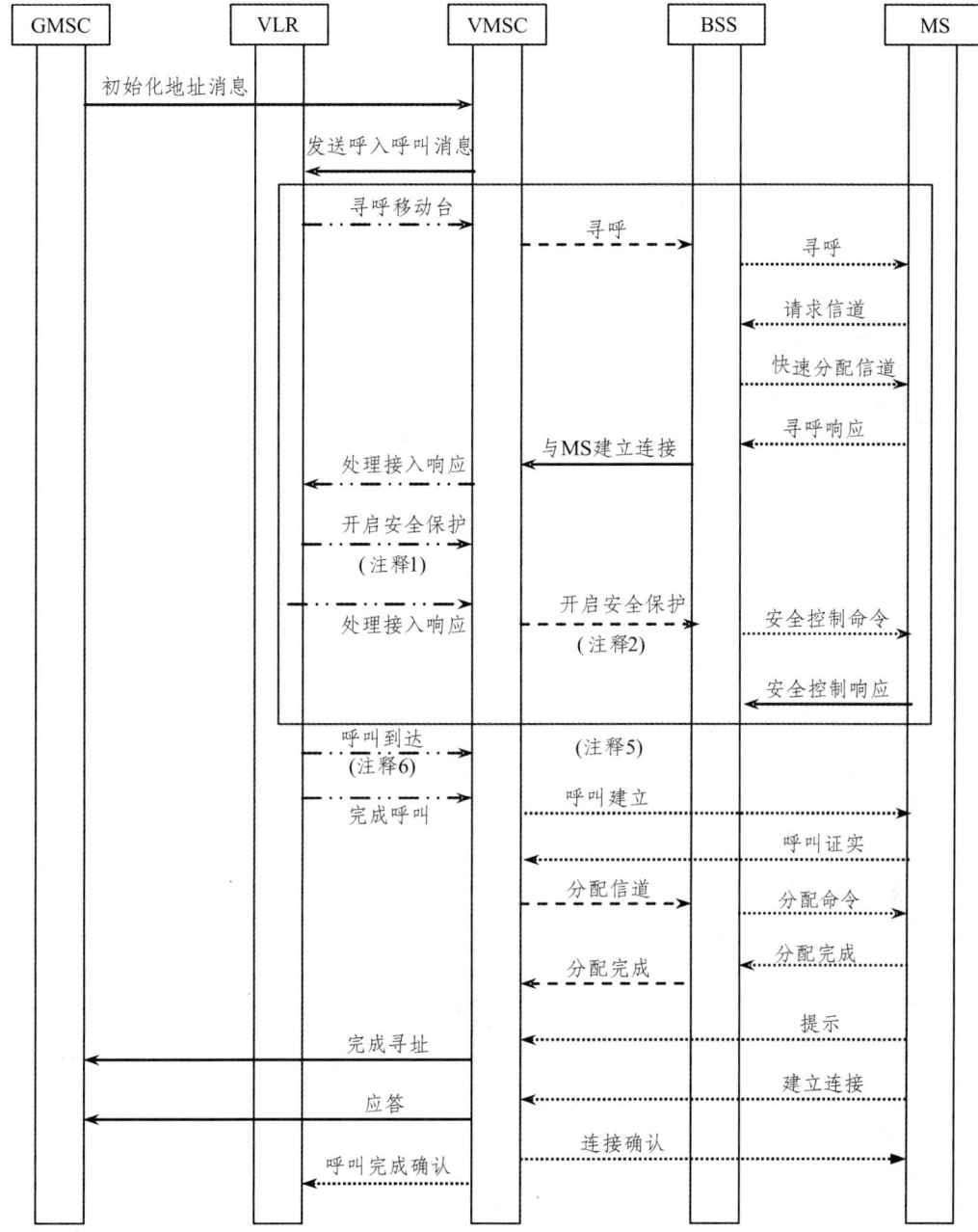

注释:
1. 安全过程可以发生在网络接收到寻呼响应的任何阶段。
2. 如果不需要安全过程，可由 MSC 发出指示。
3. 图中标识的是 MS 已经进行了鉴权过程的情况。否则，要在 MS 发出寻呼响应后开始鉴权。
4. 网络可以在 MS 响应寻呼后的任何阶段向移动台请求获取 IMEI 号。
5. 如果 MS 与 MSC 之间的连接在寻呼前已经存在，方框中的部分可以省略。
6. 如果 MS 与 MSC 之间的连接在寻呼前已经存在，VLR 将发出命令停止释放连接的定时保护。

图 3-34　MT 呼叫的 MSC 图

图 3-35 SM MO 模型

图 3-36 SM MT 模型

六、安全性管理

与网络的业务和功能相关的安全性管理主要涉及三方面：
- 用户身份的加密；
- 用户身份的鉴权；
- 信令信息的加密和物理连接上数据的加密。

在用户身份的加密和鉴权上，GSM-R 网络采用了与固定网络不同的加密和鉴权算法；对于信令的安全性，要能够保证在信令失败的情况下具有自我恢复的机制。这些安全性保证了网络在运行时具有最小的风险。

1. 用户身份加密

用户身份加密的目的是为了防止网络的入侵者通过侦听无线路径上的信令交换获取用户使用无线资源（如业务信道和信令资源的占用）的情况。这使得用户的数据和信令具有高加密优先级可以防止被跟踪和监视。由于表明用户身份最基本的数据是用户的 IMSI 号，因此在无线路径上不能直接传输 IMSI 号，通常也不能用 IMSI 号作为寻址的信息。如果信令允许，对无线路径上所有的用户身份信息都应该加密。

用户身份加密的基本思想是利用用户的临时身份识别号（TMSI）代替 IMSI 在无线路径上的直接传送。由于 TMSI 号是一个临时的号码，随着用户位置区改变，TMSI 号也会改变，因此 TMSI 号被侦听到的概率就会减小，为了具有更高的安全性，对 TMSI 号也要进行加密。用户在每次进行位置更新时，都会分配到一个新的 TMSI 号，这个 TMSI 号采用与前一个 TMSI 号不同的加密密钥进行加密。在获得新的 TMSI 号后，前一个 TMSI 号就会被注销。只有当 TMSI 号与 IMSI 号无法完成对应，并且与当前的 VLR 无法建立联系时，才需要从 MS 获得 IMSI 号。

2. 用户身份鉴权

鉴权的过程发生在加密之前，网络必须事先知道所有用户的身份。鉴权的过程发生在网络与移动台之间，如图 3-37 所示。首先网络将参数 RAND 传送给 MS，MS 根据自己在 SIM 卡中存储的鉴权参数 Ki，利用鉴权算法 A3 计算出参数 SRES，再将 SRES 送至鉴权中心 AuC，与 AuC 中的 SRES 比较，二者一致表明用户合法，否则拒绝接入。鉴权参数 Ki 与 IMSI 在注册时一起分配给用户。

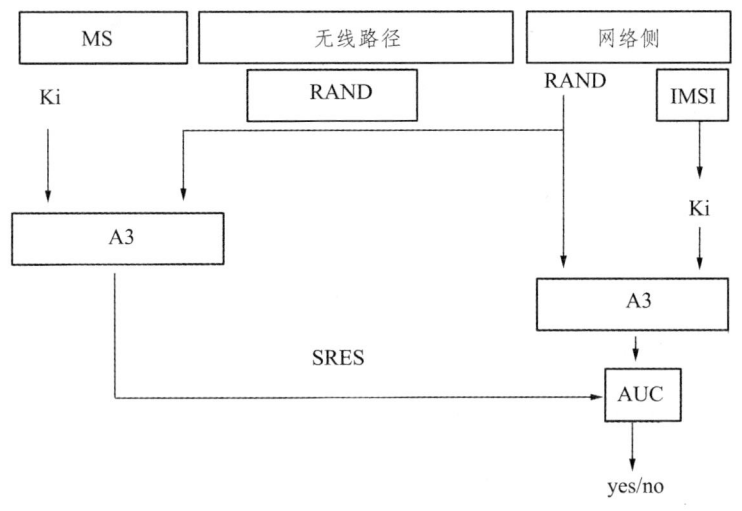

图 3-37 鉴权过程

3. 信息加密和用户信息加密

信令加密中对 TMSI 号的加密与用户身份加密方法一致，这里主要介绍物理连接上对用户信息的加密。物理层上的用户信息流在业务信道（TCH）和专用控制信道（DCCH）上传输，这些数据采用对每比特进行加密的方法，加密算法是 A5，加密密钥是 Kc。

1）密钥 Kc 的设置

密钥 Kc 在移动台和网络中都要进行设置。密钥的设置过程由鉴权过程来触发，通常是由网络运营方来完成。Kc 设置在 DCCH 中，在用户的身份得到了网络的确认后开始进行加密。

密钥设置的过程描述如下：首先网络向移动台发送 RAND 参数开始鉴权过程，这时密钥的设置过程被触发，密钥 Kc 就包含在 RAND 参数中。在 MS 一端，MS 通过 A8 算法和鉴权参数 Ki 从 RAND 参数中计算出 Kc。同时，SRES 参数也被计算出来。计算出来的 Kc 储存在 SIM 卡中，直到下一次鉴权过程开始才会被更新。

与 Kc 一同存储在移动台和网络中的还有用来标识密钥的密钥序列号（CKSN）。密钥设置过程如图 3-38 所示。

2）加密和解密过程

在 DCCH 和 TCH 开始加密和解密时，MS 和 BSS 必须保持同步。DCCH 在鉴权完成之后，Kc 对于 BSS 有效时开始启动加密过程。首先，BSS 进入解密状态，然后向 MS 发出"开始加密"的指令，MS 接到指令后开始加密和解密过程。BSS 收到从 MS 来的第一个经过正确解密的消息后，才开始加密。TCH 信道上的加密在 DCCH 完成呼叫建立后开始。

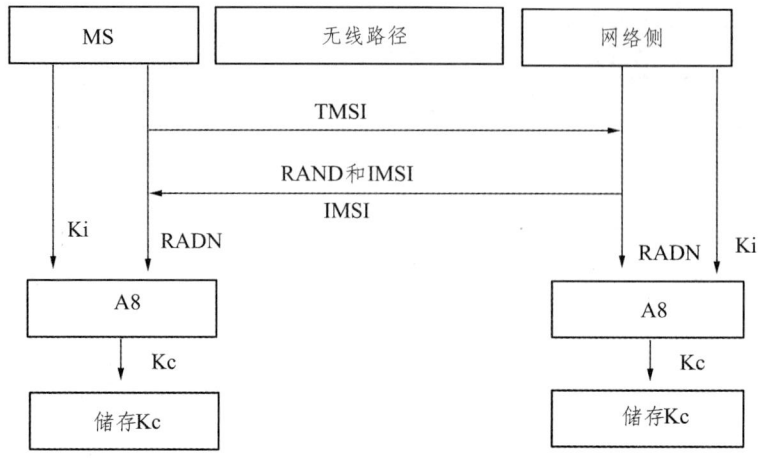

图 3-38 密钥设置过程

3）A5 算法

A5 算法至少有 7 个版本，在 MS 与网络建立连接时，先要向网络指示 A5 算法的版本。如果网络没有与 MS 相同的 A5 算法版本，网络将释放加密连接，重新建立一条不加密的连接；如果网络与 MS 之间有不止一个相同版本，网络将会选择一个可用的版本。

本章小结

1. 我国铁路 GSM-R 系统主要由 GSM-R 终端、基站子系统（BBS）、网络交换子系统（NNS）、智能网子系统（IN）、通用分组无线业务子系统（GPRS）、运行和维护子系统（OOS）几部分组成。

2. GSM-R 终端包括移动终端和固定终端两类。固定终端包括调度终端、车站终端和用户电话机。移动终端（移动台）包括各类车载台和手持台。

3. 基站子系统（BSS）通过无线接口直接与移动台相连，负责无线发送接收和无线资源管理，通过 A 接口与 NSS 相连，实现移动用户之间或移动用户与固定网用户之间的通信连接，并且传送系统信令和用户信息。

4. 网络交换子系统（NSS）负责端到端的呼叫、用户数据管理、移动性管理和其他网络的连接。基本的 NSS 由六个功能实体组成，分别是：移动业务交换中心（MSC）、归属位置寄存器（HLR）、拜访位置寄存器（VLR）、鉴权中心（AuC）、设备识别寄存器（EIR）和互连功能单元（IWF）。另外，NSS 中还可以有实现语音组呼和语音广播的实体（GCR），用于短消息业务的短消息服务中心（SMS-SC）和统计服务器。

5. GSM-R 智能网的网络接地节点包括：GSM-R 业务交换点（gsmSSP）、GPRS 业务减缓点（gprsSSP）、智能外设（IP）、归属位置寄存器（HLR）、拜访位置寄存器（VLR）、业务控制点（SCP）、业务管理点（SMP）、业务管理接入点（SMAP）以及业务环境接入点（SCEP）。

GSM-R 智能网基本业务包括功能号注册、注销与管理，功能寻址（FA），位置寻址（LDA），基于外部精确定位信息的位置寻址（Elda）等。

6. GPRS 子系统主要由 GPRS 服务支持节点（SGSN）、GPRS 网关支持节点（GGSN）、分组控制单元（PCU）、域名服务器（DNS）、认证服务器（RADIUS）、GPRS 接口服务器（GRIS）、GPRS 归属服务器（GROS）等节点组成。

在 GSM-R 网络中应用 GPRS 系统，可以解决地车之间、现场与数据中心之间的数据传送。

7. 操作维护子系统（OSS）是操作人员与系统设备之间的中介，它实现了系统的集中运行与维护，完成了包括移动用户管理、移动设备管理及网络运行维护等功能。

OSS 包括无线网络管理子系统（OMC-R）、交换网络管理子系统（OMC-S）、GPRS 网络管理子系统（OMC-D）和直放站管理子系统（OMC-T）。

8. GSM-R 系统中主要接口有：Um 接口、Abis 接口、Ater 接口、A 接口、网络子系统内部接口、PSTN/ISDN/PSDN 接口和 GPRS 子系统中的接口。

9. Um 接口位于 MS 和 BTS 之间，实现了 MS 到 GSM 系统固定部分的无线连接，还负责传递无线资源管理，移动性管理和接续管理等信息。Abis 接口是 BSC 与 BTS 之间的通信接口，用于 BTS 和 BSC 之间的远端互连方式，A 接口是 BSC 与 MSC 之间的接口，所交换的消息有用户业务（语音与数据）和信令。

10. GPRS 子系统接口主要包括 Gb（SGSN 与 BSS 之间的接口）、Gn（SGSN 与 GGSN 之间的接口）、Gi（GPRS 与外部分组数据之间的接口）、Gs（SGSN 与 MSC/VLR 之间接口）、Um 接口等。

11. GSM-R 系统的协议模型为 3 层结构：物理层、数据链路层和网络层。物理层提供各类信道，负责为上层的信息进行传送。数据链路层主要功能是在设备之间来提供可靠的无线链路。网络层主要负责完成各种管理和控制工能，如无线资源管理（RM）、移动管理（MM）和接续管理（CM）。

12. GPRS 协议栈分为 RLC/MAC（无线链路控制/媒体访问控制）层、LLC（逻辑链路控制）层、SNDCP（子间聚合协议）等。

13. MSISDN 是主叫用户为呼叫用户而拨打的号码。IMSI 是在全球范围内唯一地分配给 GSM（含 GSM-R）系统中的每一个用户的号码。TMSI 号码的使用是为了保护 IMSI 的安全。MSRN 用来呼叫移动台提供直接路由。HON 是在进行 MSC 之间切换时为了选择路由，由目标 MSC/VLR 临时分配给移动用户的一个号码。LAI 用来识别位置区。GCI 可以唯一地标识一个小区。BISC 用来让 MS 区分别采用相同载频的相邻的基站。IMEI 用来唯一地识别一个移动台设备。

14. 语音组呼和语音广播呼叫成员所在的逻辑组用组身份来标识。使用语音组呼和语音广播呼叫的一组小区称为一个组呼区域,用组呼区域识别码来识别。在一个组呼区域,具体的语音组呼和语音广播呼叫由呼叫参考值来识别。呼叫参考值由组身份和组呼叫区域识别两部分组成。

15. IP 地址用于 GPRS 网络设备、终端设备以及网管设备的 TCP/IP 寻址。GSM-R 网络中 IP 地址主要包括 BPRS 网络中网络设备和用户设备的 IP 地址两部分。

复习思考题

1. GSM-R 系统由哪几部分组成?
2. GSM-R 终端有哪些类别?
3. BSS 子系统是如何构成的?各部分的功能是什么?
4. NSS 子系统是如何构成的?各部分的功能是什么?
5. IN 子系统是如何构成的?各部分的功能是什么?
6. GPRS 子系统是如何构成的?各部分的功能是什么?
7. OSS 子系统是如何构成的?各部分的功能是什么?
8. GSM-R 系统的主要接口有哪些?
9. Gb、Gi、Gn、Gs 接口分别处于什么位置?
10. 简述 GSM-R 系统协议模型的组成。
11. 简述 GPRS 协议栈传输平面的组成。
12. MSISDN、IMSI、TMSI 各有何作用?各是如何组成的?
13. LAI、GCI、BSIC 各有何作用?各是如何组成的?
14. IMEI 有何作用?各是如何组成的?
15. 语音组呼和语音广播呼叫时,用哪些号码来识别?
16. GSM-R 系统中,IP 地址有何作用?

第四章 GSM-R 组网及业务

2006 年 7 月 1 日，随着青藏铁路格拉段的开通，我国第一条采用 GSM-R 技术的铁路线正式运行。随后 GSM-R 技术相继在胶济线、大秦线、合宁、合武客运专线、武广高速铁路等多条铁路线上应用。GSM-R 技术从根本上解决了铁路运输调度指挥移动通信以及车-地间信息传送等问题，在铁路运输生产中发挥了巨大的作用。由于 GSM-R 网络不仅要满足网内移动用户之间的通信需求，同时还应满足调度员、车站值班员、铁路运营维护管理部门等固定通信用户与司机、铁路沿线作业人员等 GSM-R 移动用户之间的通信需求，因此，GSM-R 网络要同时实现与铁路调度通信网、铁路专用电话交换网（铁路 PSTN 网）互联互通。

目前，GSM-R 核心节点网络设备是随铁路客运专线工程逐点建设，如何保证现阶段分期建设开通的 GSM-业务正常开展，最大限度地减少后期网络调整的工作量，对 GSM-R 网内及 GSM-R 网与其他铁路通信网间的组网方案和路由组织方案提出了更高要求。结合近期 GSM-R 网络互联及运营维护管理工作需要，对 GSM-R 网内及 GSM-R 网与铁路调度通信网、铁路 PSTN 网间组网、路由组织（话路、信令）、码号传递方案进行初步研究和探讨。

第一节 GSM-R 网内组网

一、GSM-R 网内移动交换中心与汇接移动交换中心之间的归属关系

GSM-R 网络设置汇接移动交换中心（TMSC）、网关移动交换中心（GMSC）及移动交换中心（MSC），建网初期 TMSC 和 GMSC 均与 MSC 合设，根据 GSM-R 网络技术规划，明确 TMSC、MSC 的设置及 MSC 与 TMSC 之间的归属关系（见表 4-1）。

表 4-1 铁路 GSM-R 网内 TMSC、MSC 设置及其归属关系

序号	TMSC	第一归属 MSC	第二归属 MSC
1	北京	沈阳、哈尔滨、济南、太原、呼和浩特、北京	上海、南昌、兰州、西宁、拉萨、乌鲁木齐
2	武汉	上海、南昌、广州、郑州、南宁、武汉	沈阳、哈尔滨、北京、济南、成都、昆明、西安
3	西安	兰州、西宁、拉萨、乌鲁木齐、成都、昆明、西安	太原、呼和浩特、广州、武汉、郑州、南宁

二、GSM-R 网络组网方案

（1）TMSC 之间通过核心基干路由（TMSC 之间设置的电路）组网，3 个 TMSC 之间为网状连接。

（2）各 MSC 应按 GSM-R 网内 MSC 与 TMSC 之间的归属关系，设置主基干路由（MSC 与第一归属 TMSC 之间设置的电路）和辅基干路由（MSC 与第二归属 TMSC 之间设置的电路）实现 MSC 与 TMSC 之间的互联。

（3）任意两无线覆盖区相邻或相互间有较大话务量的 MSC 间设置高效直达路由。（两 MSC 之间设置直达的电路）

三、GSM-R 网内话路路由组织方案

GSM-R 网络建网初期，TMSC 与 MSC 兼用，其网内话路路由组织方案可按以下方式组织。

（1）TMSC 负责本汇接区内 MSC 之间的长途话路转接并与其他 TMSC 汇接区内 MSC 之间的长途话路转接。

（2）MSC 之间的话路路由组织方案。

当两 MSC 间设置高效直达路由时，首选高效直达路由，次选主基干路由，再选辅基干路由。

MSC 与 TMSC/MSC 间设置的主基干路由或辅基干路由均视为高效直达路由。

TMSC/MSC 与 TMSC/MSC 间设置的核心基干路由视为高效直达路由。

（3）MSC 经 TMSC 进行长途话路转接时应首选主基干路由，次选辅基干路由。即：MSC 至第一归属的 TMSC 设置为第一路由，至第二归属的 TMSC 设置为第二路由。

（4）GSM-R 网内 TMSC 间长途话路路由仅允许一次迂回。

四、GSM-R 网内信令路由组织方案

1. GSM-R 网络信令网组网方案

GSM-R 信令网为二级网络结构，在北京、武汉核心节点设置信令传输点（STP）为第一级，各 MSC、业务支持节点（SGSN）及 GSM-R 共用设备归属位置寄存器标志（HLRi）、业务控制点（SCP）、短消息业务中心（SMSC）均设置信令点（SP）为第二级。STP 之间设置直联信令链路；全网各 MSC、SGSN 按照双归属原则分别与北京、武汉 STP 采用直联方式互联；各 MSC、SGSN 与 HLRi\SCP\SMSC 之间信令采用准直联方式，即通过 STP 转接方式；HLRi\SCP\SMSC 之间信令采用准直联方式；相邻 MSC/SGSN 之间以及 TMSC 与 MSC 之间设置直联信令链路或准直联链路。

2. GSM-R 网络各信令点间路由组织方案

（1）SP 至北京、武汉 STP 方向的路由方式（SP→STP 方向）分为信令链路控制部分（SCCP）和消息传递部分（MTP），其中：

SCCP 层：一是 MSC/SP 至 SCP、SMSC 以北京 STP 为主用、武汉 STP 为备用方式。二是 MSC/SP、SGSN/SP（北京、武汉 MSC/SP、SGSN/SP 除外）至 HLRi 采用以北京、武汉 STP 负荷分担方式；北京、武汉均设置 STP，为提高效率，北京、武汉 MSC/SP 至 HLRi 采用以本地 STP 为主用、异地为备用方式。

MTP 层：采用 SP 访问北京 STP 信令点时首选北京 STP、备用武汉 STP；访问武汉 STP 信令点时首选武汉 STP、备用北京 STP。

（2）北京、武汉 STP 至 SP 方向的路由方式（STP→SP 方向）分为 SCCP 和 MTP，其中：

SCCP 层：一是 SCP、SMSC 至 MSC/SP 采用北京、武汉 STP 主备方式；主备方式按地域划分主备用原则，即第一归属为北京 STP 的 SP，首选北京 STP，次选武汉 STP。第一归属为武汉 STP 的 SP，首选武汉 STP，次选北京 STP。（注：SCP 至 MSC/SP 也可采用负荷分担方式。）二是 HLRi 至 MSC/SP、SGSN/SP 采用北京、武汉 STP 负荷分担方式。MTP 层：北京 STP 访问 MSC/SGSN 信令点时首选直达、备选武汉迂回；武汉 STP 访问 MSC/SGSN 信令点时首选直达、备选北京迂回。

3. 规范全球标志数据制作方案

（1）位置更新全球标志（GT）数据。各 MSC/SGSN 采用 GT 寻址方式分析 46020，指向北京、武汉 STP；北京、武汉 MSC/STP 到此类号码后指向 HLRi。

（2）用户号码 GT 数据。各 MSC 采用 GT 寻址方式分析 861498，指向北京、武汉 STP；北京、武汉 MSC/STP 收到此类号码后指向 HLRi。

（3）网元 GT 数据。直连方式的节点间采用 DPC + SSN 寻址方式分析对方完整网元 ID；非直连网元间采用 GT 方式分析 8614900，指向北京、武汉 STP。

第二节　GSM-R 网与其他通信网组网

一、GSM-R 网与 PSTN 组网

1. 近期组网方案

（1）GSM-R 建网初期，MSC 兼作 GMSC，GSM-R 网络仅与铁路 PSTN 互联，必要时通过铁路 PSTN 实现与其他公共陆地移动网（PLMN）等公众通信网络互联。

（2）MSC 与其所在地的铁路 PSTN 关口局互联，有以下两种方案。

方案一：MSC 仅与其所在地铁路 PSTN 关口局互联，该 MSC 覆盖区域的其他地区铁路专网 PSTN 交换机通过与 MSC 互联的铁路 PSTN 关口局实现与 MSC 互通。此种互联方式对于 GSM-R 网络与铁路 PSTN 之间的话路路由简单，但由于铁路 PSTN 在本地网是根据早期运输组织结构设置的，与 GSM-R 网络的 MSC 设置地点相比，铁路 PSTN 设置的数量远多于 MSC，因此对非直联铁路 PSTN 用户与 GSM-R 网络用户通信将产生长途话费。

方案二：MSC 与铁路局管辖内各铁路 PSTN 交换机直连。此种互联方式解决了 GSM-R 与铁路 PSTN 之间长途话费问题，但增加了互联中继电路，同时也增加了 MSC 数据分析量，对 GSM-R 网络后期呼叫限制增加了难度。综上，在 GSM-R 建网初期，MSC 与其所在地的铁路 PSTN 关口局互联采用方案一是比较可行的互联方案。

（3）信令规程采用 No.7 信令方式。

2．远期组网方案建议

（1）GMSC 可视具体情况直接与相关的 PLMN 等公众电话网络互联。

（2）在铁路用户比较集中且未设 MSC 的地区，铁路 GSM-R 网络 GMSC 可与该地区其他网络关口局互联。

（3）信令规程采用 No.7 信令方式。

二、GSM-R 网与铁路 PSTN 网组网

1．方案一

采用发端入网原则，即从被叫号码上分析判别被叫用户的归属，若为非本网用户时，则通过关口局将呼叫送至对方进行接续。其中：

1）GSM-R→PSTN

① 设置 MSC 的地区：发端入网点在 MSC 所在地，并由铁路 PSTN 专网交换机按照其内部路由组织接续至被叫。

② 已设基站但未设置 MSC 的地区：发端入网点在该基站归属 MSC 的所在地，并由铁路 PSTN 专网交换机按照其内部路由组织接续至被叫。

2）PSTN→GSM-R

① PSTN 所在地设有 MSC 且与 MSC 互联时，发端入网点在本地 PSTN，由 MSC 按 NGSM-R 网络路由组织接续至被叫。

② PSTN 所在地未设 MSC 或未与 MSC 互联时，发端入网点在本地 PSTN，由 PSTN 按照本网路由组织接续至与被叫相关的 GMSC。

2．方案二

GSM-R 网络组织 GSM-R 网与铁路 PSTN 之间的长话路由。

1）GSM-R→PSTN

① 设置 MSC 的地区，发端入网点在 MSC 所在地，由 MSC 判断被叫用户号码，送至被叫 PSTN 用户所在地的 MSC，并由该 MSC 通过本地路由至被叫 PSTN 关口局，将呼叫送至对方进行接续。

② 已设基站但未设置 MSC 的地区：发端入网点在该基站归属 MSC 的所在地，路由方式同上。

2）PSTN→GSM-R

路由组织同方案一。

第三节　GSM-R 网与铁路调度通信网（FAS）组网

一、GSM-R 网与 FAS 间组网方案

（1）调度所 FAS 设备均与其铁路局所在地 MSC 互联。

（2）相邻铁路局调度所 FAS 以及有调度通信业务需求的调度所 FAS 设备之间设立直连通道。为确保调度用户的正常通信，FAS 调度所设备与 GSM-R 网应属于同一个 MSC 下。

（3）信令规程采用 1 号数字用户信令（DSS1）方式。

二、铁路 GSM-R 网与 FAS 网间路由组织方案

1）个　呼

GSM-R 网与 FAS 网之间个呼包括按移动台国际 ISDN 号码（MSISDN）、功能号以及按位置寻址方式呼叫。本地话路路由组织采用发端入网原则；长途话路路由由 GSM-R 网络内 MSC 组织（注：不通过 TMSC 组织），则此时要求相邻 MSC 能识别邻局调度用户。

2）组　呼

① GSM-R 移动用户发起组呼，且 GSM-R 网络无线用户与 FAS 网络中的有线调度用户在同一 MSC 下。在组呼成员中有两个或两个以上 FAS 用户时即启用虚拟用户号，MSC 把组呼类型、组呼区域、组 ID 作为主叫号码，把 FAS 用户 ISDN 号码（或虚拟用户号）作为被叫号码发送到调度所 FAS。调度所 FAS 根据被叫用户号码组织有线调度用户的组呼，MSC 根据主叫号码组织 GSM-R 移动用户的组呼。

② GSM-R 移动用户发起组呼，且 GSM-R 网络无线用户与 FAS 网内的有线调度用户不在同一 MSC 下。有线调度用户组呼成员中有邻局调度 FAS 网内的有线调度用户，此时有两种组呼实现方式。

方案一：MSC 组织无线用户参与组呼，FAS 组织有线用户参与组呼。MSC 把组呼类型、组呼区域、组 ID 作为主叫号码，把 FAS 用户 ISDN 号码（或虚拟用户号）作为被叫号码发送到与其相连的调度所 FAS，MSC 仍根据主叫号码组织 GSM-R 移动用户的组呼，由收到被叫用户号码的调度所 FAS 负责组织有线调度用户的组呼（含邻局调度用户），邻局调度用户的组呼通话通过两相邻调度所 FAS 互联通道并按个呼方式组织。

方案二：通过 MSC 组织两地 FAS 用户参与组呼。MSC 分析组呼成员中 FAS 用户号码（或虚拟用户号），把组呼类型、组呼区域、组 ID 作为主叫号码，把归属于本局的 FAS 用户 ISDN 号码（或虚拟用户号）作为被叫号码传送至与本 MSC 相连的调度

所 FAS，同时把组呼类型、组呼区域、组 ID 作为主叫号码，把邻局 FAS 用户 ISDN 号码（或虚拟用户号）作为被叫号码传送至邻局 MSC，由邻局 MSC 根据被叫号码组织邻局 FAS 用户参与组呼。

两种方案比较：方案二对两 MSC 中组呼业务区（SA）编号有所限制，即两 MSC 中若出现重复 SA 编号，则呼叫无法实现；方案一话路组织比较简单。

③ FAS 用户发起组呼，且 GSM-R 网络无线用户与 FAS 网络有线用户在同一 MSC 下，调度所 FAS 将呼叫路由到与本 FAS 互联的 MSC，并将主叫 ISDN 号码作为主叫号码，把组呼类型、组呼区域、组 ID 作为被叫号码发送到 MSC，MSC 根据被叫号码完成无线用户的组呼。当组呼成员中有两个或两个以上 FAS 用户时，由 FAS 组织有线用户的组呼。

④ FAS 用户发起组呼，且 GSM-R 网络无线用户与 FAS 网内有线用户不在同一 MSC 下。有线调度用户组呼成员中有邻局调度 FAS 网用户，无线用户组呼成员中有邻 MSC 无线覆盖下的移动用户，此时 FAS 将呼叫路由到与该 FAS 互联的 MSC，并将主叫 ISDN 号码（组呼成员预定义的调度用户 ISDN 号码）作为主叫号码，把组呼类型、组呼区域、组 ID 作为被叫号码发送到与该 FAS 互联的 MSC，MSC 根据被叫号码组织两 MSC 下移动用户参与组呼（注：当两 MSC 中有相同 SA 编号时组呼无法组织），主叫用户所在的 FAS 根据 FAS 用户 ISDN 号码组织有线用户参与组呼（含邻局调度用户），邻局调度用户的组呼通话通过两相邻调度所 FAS 互联通道并按个呼方式组织。

第四节　GSM-R 工程组网

一、全路 GSM-R 移动交换网规划

GSM-R 移动交换网采用二级网络结构：
（1）移动汇接网：3 个 TMSC，北京、武汉、西安，兼作 MSC 和 GMSC；
（2）移动本地网：共计 19 个 MSC，在 18 个铁路局所在地及拉萨设置 MSC。
GSM-R 移动交换网网络结构如图 4-1 所示。
TMSC、MSC 设置及汇接如表 4-2 所示。

表 4-2　TMSC、MSC 设置及汇接

大区汇接中心 TMSC（3 个）	汇接的移动业务本地网端局 MSC（19 个）
北京	北京、沈阳、太原、呼和浩特、哈尔滨、济南
武汉	武汉、上海、南昌、广州、郑州、柳州
西安	西安、昆明、成都、拉萨、西宁、兰州、乌鲁木齐

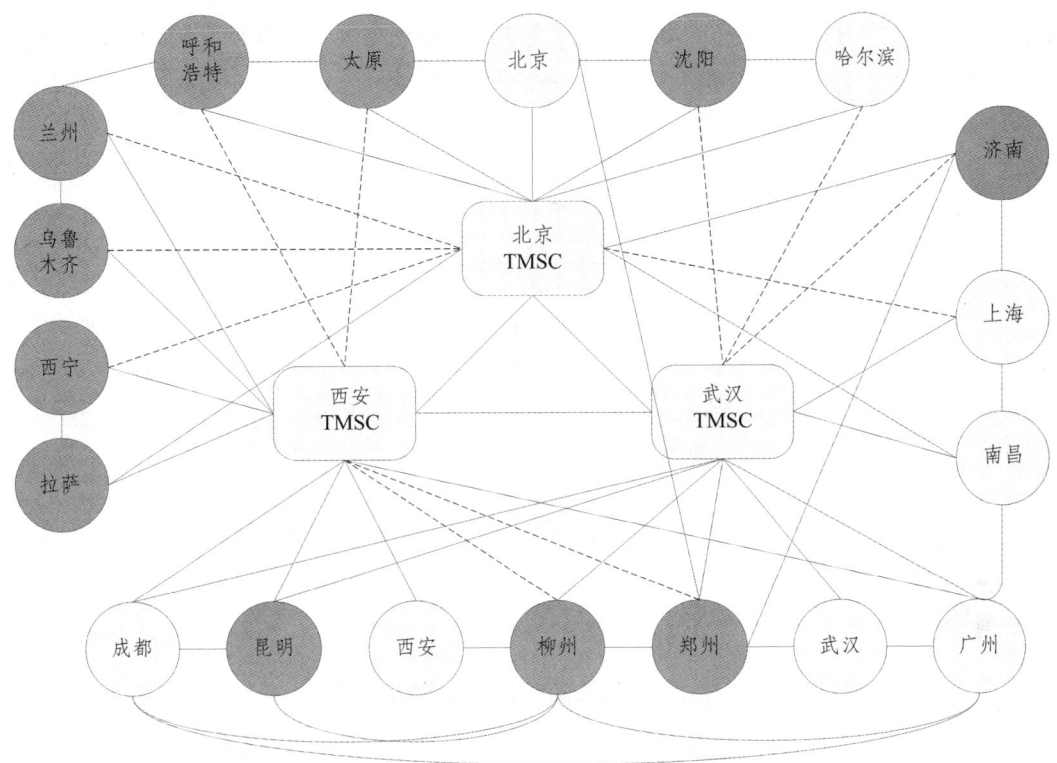

图 4-1 GSM-R 移动交换网网络结构

二、全路 GSM-R 智能网网络规划

在北京、武汉各设置 1 套智能网设备,采用主、备工作方式。

三、全路 GPRS 网络规划

GPRS 网络建设包括 GPRS 数据网和 GPRS 节点两部分。

GSM-R 的 GPRS 系统接入铁路综合 IP 数据网。

GPRS 节点的设置为北京、武汉各设置一套全网 DNS 和 RADIUS 服务器,全路共享;在铁路局所在地及拉萨等地新设 19 个 GPRS 节点(GGSN、SGSN)。

第五节 GSM-R 终端显示方案

一、GSM-R 网内的码号传递及终端显示方案

GSM-R 网内 MSISDN 结构为:国家代码(CC)(86)+ 本国目的代码(NDC)(暂用 149)+ 用户号码(SN)。GSM-R 网内移动用户之间可通过 NDC + SN、SN、功能号码或短号码方式呼叫,主叫号码传递 NDC + SN,被叫用户终端主叫用户号码显示为

NDC + SN 或 SN，号码属性为国内有效；对于注册了功能号的主叫用户，呼叫过程 GSM-R 网络透明传递主叫用户功能号，用户终端可显示以呼叫类型（CT）开头的主叫用户功能号或主叫 NDC + SN（SN）号码。

二、GSM-R 网与 PSTN 网间码号传递

1）GSM-R→铁路 PSTN

用户拨号方式为：901 + 专网长途冠号（0）+ 专网长途区号 + 铁路 PSTN 用户号码。MSC 向 PSTN 关口局传递主叫号码格式为 NDC（暂用 149）+ SN，即由 MSC 负责删除 901 后，向 PSTN 关口局传送主叫号码，PSTN 用户主叫用户号码显示为 NDC + SN。

2）铁路 PSTN→GSM-R

用户拨号方式为：NDC + SN 或 0 + NDC + SN。铁路 PSTN 关口局向 MSC 传递主叫号码传递方案为 NDC + SN，GSM-R 网络主叫用户号码显示为 901 + 专网长途冠号（0）+ 专网长途区号 + PSTN 用户号码。

三、GSM-R 网与 FAS 间码号传递及终端显示方案

FAS 调度网终端用户号码（ISDN）结构为：CC（86）+ NDC + SN。FAS 调度用户功能号码结构为：91 + LN + FC。

1）FAS→GSM-R

FAS 可通过 NDC + SN、SN 或功能号码呼叫 GSM-R 移动用户。网间主叫号码传递格式为：FAS 用户的 NDC + SN 及功能号码（注：如果 FAS 用户具有功能号）。

GSM-R 移动用户显示主叫号码格式：NDC + SN 或 SN；CIR 终端设备显示主叫号码为 NDC + SN、FAS 用户功能号（注：如果 FAS 用户具有功能号）及调度身份，其中调度身份（XX 行车调度员）显示由移动终端负责主叫用户号码翻译。

2）GSM-R→FAS

GSM-R 移动用户可通过 NDC + SN、SN、功能号码、短号码呼叫 FAS 用户。网间主叫号码传递格式为：GSM-R 用户的 NDC + SN、SN 及功能号码（注：如果 GSM-R 移动用户注册了用户功能号）。

FAS 用户显示主叫号码格式：NDC + SN、SN、GSM-R 移动用户功能号码（如 D2012 次司机）。

3）FAS→FAS

FAS 网内部通过 NDC + SN、SN 呼叫，网内主叫号码传递及调度用户终端显示格式为 SN。

第六节　GSM-R 的业务

GSM-R 技术是欧洲铁路联盟在 TDMA（时分多址）数字移动通信标准中引入了特殊寻址方式和高级语音呼叫业务（ASCI）而形成的技术体制，是具有调度功能的数字移动通信系统。因此，GSM-R 也可以算作一种数字集群体制。特殊寻址方式包括功能寻址（即功能号呼叫）FA 和基于位置寻址 LAD；高级语音呼叫业务 ASCI 主要包括语音组呼业务 VGCS、语音广播业务 VBS、增强多优先级与强拆（eMLPP）、多司机通信等。为满足列车高速运行的要求，GSM-R 采用了适合高速运行环境的特殊算法以及基于无线通信的列车控制等关键技术。

GSM-R 是一个比较完善的、综合业务的铁路数字移动通信平台。GSM-R 可以囊括目前各种无线通信系统业务，包括无线列调、平面调车以及各部门各工种的对讲机通信系统，提供列车调度、编组场调车、区间维修、工程施工、应急抢险以及普通话音（即公务通信）等需要的移动通信功能，可以取代传统的电缆加通话柱的区间通信方式，能够给铁路运输指挥带来更多的好处、提供更多的先进功能，满足铁路运输生产各种基本要求；另外由于其组网方式和系统功能，完全具备了目前的有线调度通信系统功能，特别是 GSM-R 还满足了列车高速运行速度下的传输列控信息的任务。

一、多优先级与强拆（eMLPP）

eMLPP 业务分为优先级与强拆两部分。优先级是指结合快速呼叫的建立为一个呼叫提供某个较高的级别。强拆是指抢夺资源，在缺乏空闲资源的情况下，一个优先级较低的呼叫会被一个优先级较高的呼叫强拆。强拆还可用于当一个优先级较低的呼叫正在进行时，如果有一个优先级较高的呼叫进入，那么优先级较高的呼叫可以切断优先级较低的呼叫。

铁路对于有些类型的通信有很高的性能要求，特别是无线信道和通话的快速建立。比如，列车控制系统（CTCS）需要一个连续的数据信道，在越区切换时，如果临近小区的无线信道拥塞，就必须将那些低优先级的通信切断，释放无线信道，以便切换时能马上提供无线信道。又如，在铁路紧急呼叫区域内，不管是否有空余的信道，紧急呼叫必须马上建立。

eMLPP 业务定义了 7 个优先等级：
A（最高，内部使用）；
B（网络内部使用）；
0（预定）；
1（预定）；
2（预定）；
3（预定）；
4（最低，预定）。

最高的两个优先级 A 和 B 保留给本地网络内部（同一个 MSC 控制范围内）的呼叫使用，用于紧急呼叫的网络或特殊语音广播呼叫或语音组呼设定的网络。其他 5 个优先级 0、1、2、3、4 可以提供给用户在整个网络覆盖范围使用，例如：可以应用于集群呼叫的网络切换，前提是这些网络都支持 eMLPP 业务；另外也可以应用于能提供 MLPP 业务的 ISDN 网络之间的互联互通。当等级 A 和 B 的呼叫应用到 MSC 区域之外时，这两个优先级都要映射为等级 0。在呼叫建立时用户可以选择预先签约的任何一个优先级。

eMLPP 的资源抢占有两种情况：网络资源抢占和用户接口资源抢占。

网络资源抢占指呼叫建立或切换时，没有空闲的网络资源，则终止低优先级呼叫，将资源给高优先级呼叫使用的过程。

用户接口资源抢占指具有较高优先级的呼叫请求与正在进行较低优先级通话的用户建立通信时，网络终止被叫用户的当前呼叫，并将其接入较高优先级呼叫的过程。用户接口资源抢占由被叫移动台设置和决定。对于点对点呼叫，用户接口资源抢占这一过程表现为移动台自动接入处于等待状态的高优先级呼叫。

二、语音组呼业务（VGCS）

VGCS 是指一种由多方参加（GSM-R 移动台或固网电话）的语音通信方式，其中一人讲话、多方聆听，讲话者角色可以转换，它工作于半双工模式下。

这项业务中包含两种身份的成员，调度员和移动业务用户。调度员可以是固网用户或者移动用户，最多只能有五个，可以没有。移动业务用户是指预订了 VGCS 业务的移动用户，数量不限。

一个特定的 VGCS 通信由组功能码（简称组 ID）的组呼区域唯一确定。组 ID 与组呼区域的结合称作组呼参考，即组呼参考唯一地确定 VGCS 通信。组 ID 标识该组的功能，即由哪些身份的成员参加；一个用户可以同时签约多个组 ID，并给他们设置不同的优先级。组呼区域是指 VGCS 通信所覆盖的地理范围，以无线蜂窝小区为基本单位，可以由一个或几个蜂窝小区组成。

组成员拨打组 ID 号，在组呼区域内呼叫签约了该组 ID 的所有组成员。组成员接收到通知消息即可加入。非本组成员忽略此消息。组呼区域外的本组成员在呼叫进行时进入组呼区域也会收到通知消息并可以加入。

系统给主叫用户和调度员提供标准的双向信道，给所有的被叫业务用户分配同一业务信道的下行链路进行接听。在整个呼叫过程中调度员一直占用一对业务信道，其他业务用户要通过抢占上行链路来实现讲者和听者身份之间的转变。一个 VGCS 通信过程中，某一时刻只能有一个"非调度身份"的移动用户讲话，调度员可以随时讲话。

VGCS 业务突破了 GSM 网络点对点通信的局限性，能够以简捷的方式建立组呼叫，实现调度指挥、紧急通知等特定功能，尤其适用于铁路的调度指挥通信。

三、语音广播呼叫（VBS）

VBS 允许一个业务用户，将话音或者其他用话音编码传输的信号发送到某个预先定义的地理区域内的所有用户或用户组。显然，它工作于单工模式下。VBS 中的讲话者没有像 VGCS 中的角色转换，即讲话者（发起者）只能讲，听话者（接收者）只能听，因而可以看作 VGCS 的最简单形式。它也是用组功能码（组 ID）来呼叫所有该组成员。同 VGCS 一样，VBS 也提供了点对多点呼叫的能力，适用于铁路的调度指挥通信。

第七节 铁路特定业务

为了实现铁路阵营应用，GSM-R 系统还包含另外一些铁路所特有的功能，主要有功能寻址、功能号表示、接入矩阵、基于位置的寻址。

一、功能号表示

功能号是将铁路用户根据其当前行使的职能进行编号，相比普通的用户号码，利用功能号进行呼叫更符合铁路的运营特色，使得铁路工作人员之间的通信更加及时和方便。功能号需要用户注册和注销。

下面介绍一下我国 GSM-R 网络号码的编号方案。

国内 GSM-R 网络号码用于在同一 GSM-R 网络内注册的用户之间的呼叫。国内 GSM-R 网络号码的结构如图 4-2 所示。

呼叫类型（CT）用来区分 GSM-R 网络内不同类型的呼叫，提示网络如何解释所拨打的号码。CT 由 1~3 个数字组成，其定义见表 4-3。

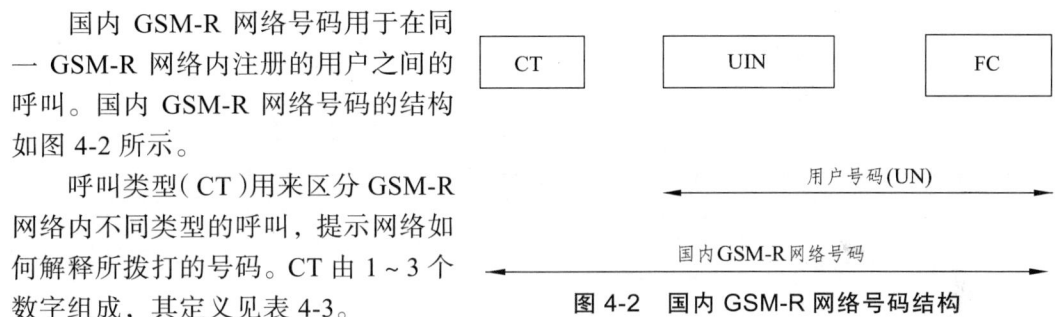

图 4-2 国内 GSM-R 网络号码结构

表 4-3 呼叫类型形式

呼叫类型（CT）	用途	呼叫类型（CT）	用途
1	短号码	7	FAS 网络用户号码 ISDN
2	车次功能号	8	移动用户号码 MSISDN
3	机车功能号	900	接入国际 GSM-R 网络
4	车号功能号	901	接入铁路专用电话网
50	语音组呼	902~909	预留
51	语音广播	91	调度用户功能号码
52~55	保留国际使用	92~98	预留
56~59	保留国内使用	99	保留公众紧急呼叫
6	维修、调车组成员	0	接入 PSTN、PLMN

当 CT = 1 时，拨打的号码为短号码，短号码由 4 位数字组成。短号码用于 GSM-R 网络内快速拨号。对某些功能，终端应使用标准短号码发起呼叫。短号码应在全国范围内统一定义，见表 4-4。

表 4-4 短号码

短号码	用途	短号码	用途
1000~1099	保留国内使用	1500	路由到最适当的 CRTMS/CTCS
		1501	RBC 越区时,路由到新的 CRTMS/CTC
		1612	列车紧急呼叫确认
119	公众紧急呼叫	1622	调车紧急呼叫确认
119X	没有使用	16YY	保留国际使用
1200	路由到最适当的行车调度员	17YY	
1300	路由到最适当的助理行车调度员	18YY	保留国内使用
1400	路由到最适当的电力调度员	19YY	

用户号码（UN）由用户识别号码（UIN）和功能码（FC）组成，UN 的长度依据它所包含的信息多少而变化。用户识别号码（UIN）必须是以下号码之一：车次号、机车号、车号、调车组位置号码、维修组位置号码、调度员和值班员位置号码、组位置号码和移动用户号码（MSISDN）。功能码（FC）是一种识别号，用来识别列车上或站场内的人员、设备，或者某给定区域内特定编组。FC 描述移动台的实际功能。

车次功能号（CT=2）、机车功能号（CT=3）以及车号功能号（CT=4）的 FC 表应符合表 4-5 的规定。

表 4-5 CT=2、3、4 的功能码（FC）

功能码（FC）	功能描述	功能码（FC）	功能描述
00	为告警保留	32~39	保留国际使用（乘警）
01	本务机司机	40	ETCS/CTCS 使用
02~05	其他司机	41~49	保留国际使用（ETCS/CTCS 使用）
06	保留传真使用	50	机车台记录仪
07	车上内部通信	51	故障诊断
08	运转车长	52~59	保留国际使用（车载设备）
09	保留国际使用	60	预先录制的旅客信息
10	列车长 1	61	旅客信息显示单元
11	列车长 2	62	旅客服务广播室
12~19	保留国际使用（列车员）	63~69	保留国际使用（旅客服务）
20	餐车主任	70~79	保留国际使用
21~22	保留国际使用（餐车人员）	80	保留国内使用
23~27	保留国际使用（列车员）	81	本务机司机手持台
28	乘检人员	82~85	其他司机手持台
29	列检人员	86	保留列尾主机
30	铁路安全服务领导	87~89	保留国际使用
31	乘警长	90~99	保留国内使用

调度员和值班员（CT=6）的FC应符合表4-6的规定。

表4-6 CT=91的功能码（FC）

功能码（FC）	功能描述	功能码（FC）	功能描述
01	列车调度员	30	机车调度员
02	列车无线调度员	50	牵引供电调度员
05	车站（场）、编组场（分场）值班员（主信号楼）	60	列车控制地面中心
13	车站（场）电力值班员		

二、接入矩阵业务

接入矩阵确定了哪一类用户能呼叫哪一类用户，用于规定不同用户之间的呼叫权限。EIRENE（欧洲统一铁路无线增强网络）标准中规定了不同用户身份之间的呼叫权限，见表4-7。

表4-7 接入矩阵

主叫方	被叫方						
	行车调度员	助理调度员	调度长	主司机	副司机	主管领导	公共地址
行车调度员				YES	Open	Open	Open
助理调度员				YES	Open	Open	Open
调度长				YES	Open	Open	Open
主司机	YES	YES	YES	Open	YES*	YES*	YES*
副司机	YES	YES	YES	YES*	YES*	YES*	YES*
主管领导	Open	Open	Open	YES*	YES*	YES*	YES*
公共地址							

表中，纵向表示主叫方，横向表示被叫方，这样会形成一个方阵，呼叫是否允许就看矩阵中对应的单元值。

接入矩阵中，YES表示该主叫方有权呼叫被叫方，也就是接入矩阵不限制此类呼叫；YES*表示如果是同一列车的用户则允许呼叫，否则呼叫被限制；Open表示此类呼叫由铁路运营商根据具体通信需求确定是允许还是限制，空白部分表示EIRENE规范不对此类呼叫进行规定，也意味着铁路运营商可以根据具体情况规定是允许还是限制此类呼叫。

根据上述用户功能号码分析：假如有91LLLLL01用户（某一调度辖区的行车调度员，LLLLL代表五位十进制数字）呼叫2XXX01用户（某一列车的主司机），则由智能网子系统中的SCP依据主被叫方号码查询接入矩阵，得到输出结果为YES，就认为不限制此呼叫。又假如有2XXX01用户（某一列车的主司机）呼叫2YYY02（某一列车的副司机），则SCP通过分析号码查询接入矩阵，得到输出结果为YES*，这时如果主司机和副司机是同一列车则有权呼叫，否则拒绝。为此，SCP进一步判断XXX和YYY是否完全相同，如果完全相同则代表同一列车，呼叫不受限；如果不完全相同，则主司机和副司机不是同一列车，呼叫受到限制。

三、功能寻址（FA）

功能寻址是指通过用户分配的功能号，而不是他们所使用的终端设备的号码来寻址。在同一时刻，至少可以为一个用户分配若干功能号，但只能将一个功能号分配给一个用户。

功能寻址需要完成两个处理过程：Follow Me过程和呼叫处理过程。

1. Follow Me过程

Follow Me过程允许把用户的功能同激活该功能的移动台的MSISDN号码关联起来。Follow Me包括下面三个过程：

（1）Follow Me注册——在功能号和MSISDN号间建立关联。

（2）Follow Me注销——删除先前建立的关联。

（3）Follow Me查询——查询用户签约文档。

那些发起过Follow Me注册的用户可以进行Follow Me注销操作，另外，其他的授权用户也可以执行强制注销。在第二种情况下，应该给注册了该功能号的用户（MSISDN）发出通知，以便告知移动台其状态已经发生改变，同时也触发移动台的相关操作。

2. 呼叫处理过程

例如，T13次列车司机的功能号为"2T1301"。当某位司机驾驶T13次列车从起点站出发时，他必须向网络注册该功能号，网络负责将该功能号与他当时所使用的机车电台的真实号码对应起来。当调度员或是车站值班员要呼叫T13次列车司机时，可以不必知道该司机姓名，也不必知道该司机使用的机车台的号码，只需拨打T13次列车司机的功能号"2T1301"，网络查询其数据库，将"2T1301"对应到一个真实的电话号码，并建立该呼叫。这种功能简化了呼叫的操作，能够提高铁路工作人员的工作效率。这种功能主要用于固定用户呼叫特定的移动用户。

功能寻址过程：

（1）调度员拨打T13次列车司机的功能号"2T1301"，而不必拨打该司机的MSISDN号。

（2）MSC将呼叫挂起。将功能号码转至智能网平台。

（3）智能网平台检查所拨功能号是否有效。智能网平台通过接入矩阵检查呼叫是否被授权。若该功能号未经授权，呼叫将被释放，并提供相应的释放原因。若该功能号已被授权，智能网平台查找所拨功能号对应的MSISDN，并向MSC发送连接操作。

（4）MSC按常规流程进行呼叫处理，进行路由选择，将呼叫接续至T13次列车司机的移动台。

四、基于位置的寻址（LDA）

基于位置的寻址是指网络将移动用户发起的用于特定功能的呼叫，经路由选择到一个与该用户当前所处位置相关的目的地址，正确的调度员或车站值班员由主叫移动用户当时所处的位置来确定。如列车调度中的"大三角"通信，移动台要呼叫的调度员取决于移动用户当前所出的位置。以北京调度所为例，当列车运行到北京调度所管辖车站范围内的时候，司机需要呼叫北京站调度员时，他并不需要知道调度员的完整的电话号码，只需要呼叫代表调度员身份的短号码（如1200）向网络发起呼叫请求。网络识别该短号码，并将其路由到北京调度所的调度员。这种功能用于移动用户呼叫特定的固定用户（调度员和车站值班员）。

基于位置寻址过程：

（1）机车司机拨打固定短号码（如1200），表示要呼叫当前区段范围的调度员。

（2）MSC将呼叫挂起，将该短号码和司机的位置信息转至智能网平台。

（3）智能网平台检查所拨号码是否有效。根据呼叫产生的位置信息和短号码，查找对应的有线用户的MSISDN号码，并向MSC发送连接操作。

（4）MSC根据智能网平台响应，将呼叫接续至相应的调度台，调度台终端显示主叫功能号码。

本章小结

1. GSM-R网络设置汇接移动交换中心（TMSC）、网关移动交换中心（GMSC）及移动交换中心（MSC），并设置有话路路由组网方案和信令路由组网方案。

2. GSM-R建网初期，MSC兼作GMSC，GSM-R网络仅与铁路PSTN互联，MSC与其所在地的铁路PSTN关口局互联；远期GMSC可视具体情况直接与相关的PLMN等公众电话网络互联，在铁路用户比较集中且未设MSC的地区，铁路GSM-R网络GMSC可与该地区其他网络关口局互联。

3. GSM-R网可与铁路PSTN网组网、与FAS间组网。

4. GSM-R移动交换网采用二级网络结构，3个TMSC——北京、武汉、西安，兼作MSC和GMSC；其他在18个铁路局所在地及拉萨设置MSC。

5. GSM-R是以GSM业务为基础，引入ASCI（包含eMLPP、VGCS和VBS），并提供铁路特有的调度业务（功能寻址、功能号表示、接入矩阵和基于位置的寻址），向铁路部门提供各种铁路应用。

6. GSM-R业务分为基本业务和补充业务。基本业务按功能又可分为承载业务和电信业务。

7. eMLPP业务提供了多优先级选择和资源抢占能力。VGCS是指一种由多方参加的语音通信方式，其中一人讲话、多方聆听，讲话者角色可以转换。VBS允许一个业务用户将话音发送到某个预先定义的地理区域内的所有用户或者用户组。

8. 功能号是将铁路用户根据当前行使的职能进行编号。接入矩阵确定了不同用户之间的呼叫权限。功能寻址是指通过用户分配的功能号，而不是它们所使用的终端设备的号码来寻址。基于位置的寻址是指网络将移动用户发起的用于特定功能的呼叫，路由到一个与该用户当前所处位置相关的目的地址。

北京、武汉各设置1套智能网设备，采用主、备工作方式。

GPRS系统接入铁路综合IP数据网。GPRS节点的设置为北京、武汉各设置一套全网DNS和RADIUS服务器，全路共享；在铁路局所在地及拉萨等地新设19个GPRS节点（GGSN、SGSN）。

复习思考题

1. GSM-R网可与其他什么网互联？
2. GSM-R网中共设置有多少个MSC，分为几级？
3. GSM-R怎样呼叫铁路PSTN？
4. GSM-R网怎样与FAS互连？
5. GSM-R智能网和GPRS网是怎样规划的？
6. GSM-R网终端号码结构是什么？
7. 简述GSM-R的业务模型。
8. GSM-R基础业务是如何分类的？
9. 什么是eMLPP业务？
10. 什么是VGCS业务？什么是VBS业务？二者有何区别？
11. 功能号表示的作用是什么？
12. 接入矩阵的作用是什么？
13. 简述功能寻址的呼叫过程。
14. 简述基于位置寻址的工作过程。

第五章　GSM-R 基站天馈系统

基站天馈系统是基站的重要组成部分，其工作性能直接影响到移动通信系统的正常运行和业务质量。

本章首先介绍基站天馈系统的组成，然后分别介绍天线和馈线的基本原理、性能指标、类型及应用，最后介绍天馈系统的测试和天线参数的调整。

第一节　基站天馈系统组成

基站天馈系统主要负责无线电波的发送和接收。它一方面将来自发射机的射频信号转换为无线电波发射出去；另一方面将来自移动台的无线电波转换为射频信号，再传送至接收机。

基站天馈系统的组成如图 5-1 所示，主要包括以下几个部分。

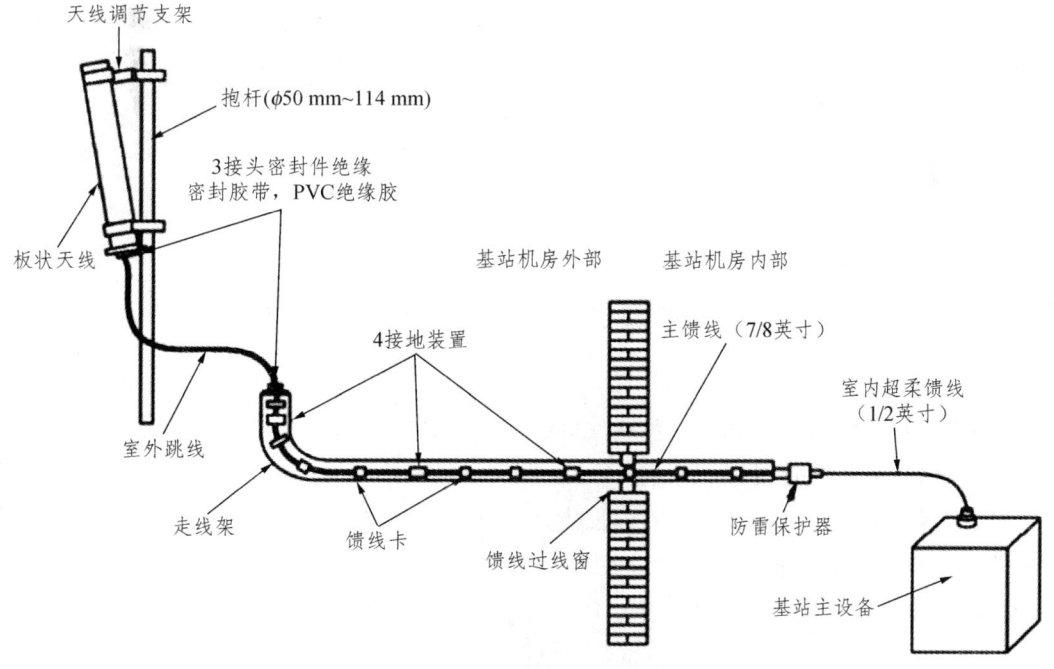

图 5-1　基站天馈系统示意图

1. 天　线

天线负责无线电波的发送与接收。GSM-R 基站一般配备板状天线。

2. 天线调节支架

天线调节支架用于调整天线的俯仰角度，范围一般为 0°~15°。

3. 天馈跳线

天馈跳线也称室外跳线，用于跳线与主馈线之间的连接。常用的跳线采用 1/2 英寸（1 英寸 = 2.54 cm）馈线，长度一般为 3 m。

4. 接头密封件

接头密封件用于室外跳线两端接头（与天线和主馈线相接）的密封。

5. 主馈线

主馈线用于在天线与基站主设备之间传送射频信号。主馈线一般为 7/8 英寸的馈缆，长度一般为几十米至上百米。

6. 接地装置

接地装置用来防雷和泄流。安装时接地装置与主馈线的外导体直接连接在一起。一般每根馈线装 3 套，分别装在馈线的上、中、下部位。接地点方向必须顺着电流方向。

7. 馈线卡

馈线卡用于固定主馈线，按要求每隔一定距离安装一个。常用的 7/8 英寸馈线卡子有两种：双联和三联。双联卡子可固定 2 根馈线，三联卡子可固定 3 根馈线。

8. 走线架

走线架用于布放主馈线、传输线、电源线和安装馈线卡。

9. 馈线过窗器

馈线过窗器用来穿过各类线缆，并可用来防止雨水、鸟类、鼠类及灰尘的进入。

10. 防雷保护器

防雷保护器装在主馈线和机顶跳线间，用来防雷和泄流。其接地线穿过过线窗引出室外，与塔体相连或直接接入地网。

防雷保护器工作原理与带通滤波器类似：在工作频段，相当于在主馈线上并联了一个无限大阻抗；而在闪电最具破坏能力的 100 kHz 或更低频段，表现出频率选择性，具有很强的衰减，使其破坏性的能量转换向接地装置而不致对设备造成损害。

11. 机顶跳线

机顶跳线也称室内超柔跳线，用于主馈线（经避雷器）与基站主设备直接连接，常用的跳线采用 1/2 英寸超柔馈线，长度一般为 2~3 m。

12. 尼龙黑扎带

尼龙黑扎带主要有两个作用：安装主馈线时，临时捆扎固定主馈线，待馈线卡子安装后，再将扎带剪断去掉；在主馈线拐弯处，由于不便使用馈线卡子，一般用扎带固定。室外跳线亦用尼龙黑扎带捆扎固定。

13. 尼龙白扎带

尼龙白扎带用于捆扎固定室内部分的主馈线及室内超柔跳线。

第二节 天 线

在移动通信系统中，天线的作用是辐射和接收无线电波。发射时，把高频电流转换为电磁波；接收时，把电磁波转换为高频电流。天线的选取和设计直接关系到整个网络的质量。在对移动通信网进行规划和优化时，必须了解移动通信系统所用天线的性能，特别是基站天线的性能，可以利用天线特性来改善移动通信网络的性能。

一、天线辐射的基本原理

由物理学可知，变化的电场产生变化的磁场，变化的磁场产生变化的电场。电场和磁场相互激发，以一定的速度传播，就形成了电磁波。电磁波的传播是有方向的，其传播方向和电场、磁场相互垂直。电磁波辐射示意图如图 5-2 所示。

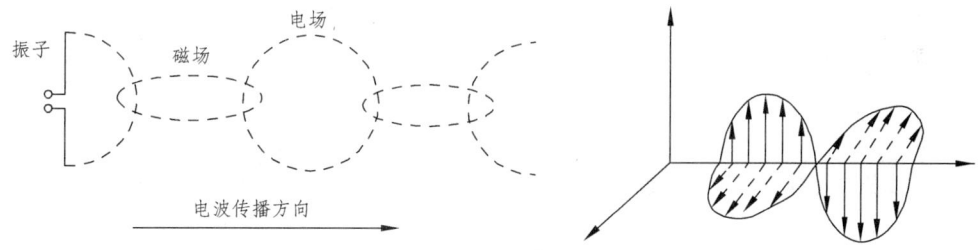

图 5-2 天线辐射电磁波示意图

如果两导线的距离很近而且电流方向相反，则两导线所产生的感应电动势几乎可以抵消，因而辐射很弱；如果将两导线张开，由于两导线的电流方向相同，由两导线产生的感应电动势方向相同，因而辐射较强。当导线的长度远小于波长时，导线的电流很小，辐射很微弱；当导线的长度增大到可以和波长相比拟时，导线上的电流就大大增加，因而就能形成较强的辐射。因此，辐射的能力与导线的长短和形状有关。

通常，将上述能产生显著辐射的直导线称为振子。两臂长度相同的振子叫作对称振子；每臂长度为 1/4 波长的称为半波振子；全长与波长相等的振子称为全波对称振子；将振子折合起来的，称为折合振子。实际天线是由振子叠放组成的。

二、天线的基本特性

1. 工作频段

天线具有频率选择性,它只能有效地工作在预先设定的工作频率范围内,每一副天线都具有一定的工作频段。在给定工作频段之外,天线的技术指标将发生改变。

带宽是用来描述天线处于良好的工作状态下的频率范围。工作带宽可根据天线的方向图特性、输入阻抗或电压驻波比的要求确定。

通常带宽定义为:天线增益下降 3 dB 的频带宽度,或在规定的驻波比下天线的工作频带宽度。在移动通信系统中它是按后一种方式定义的,具体地说,就是当天线的输入驻波比≤1.5 时,天线的工作带宽。

2. 方向性

天线的方向性用于表示天线在空间各个方向发射或接收能力的高低。方向性可用方向图来表示,方向图全面地反映了天线的方向特性。天线辐射的电磁场在固定距离上随角坐标分布的图形,称为方向图。天线方向图是空间立体图形,通常应用的是两个相互垂直的主平面内的方向图,称为平面方向图。在线性天线中,由于地面影响较大,都采用垂直面和水平面作为主平面。

在方向图中,包含所需最大辐射方向的辐射波瓣叫作天线主波瓣,也称天线波束。主瓣之外的波瓣叫作旁瓣(也称副瓣或边瓣),与主瓣相反方向上的旁瓣叫作后瓣。

主瓣的两个半功率点之间的夹角称为天线方向图的波束宽度,也称为半功率(角)波束宽。主瓣波束宽度越窄,则方向性越好,抗干扰能力越强。在讨论天线性能时经常要考虑其 3 dB、10 dB 波束宽度。

天线方向图中前后瓣最大电平之比称为前后比,其值越大,天线定向接收性能就越好。一般天线的前后比在 18~25 dB 之间。

3. 增 益

天线增益是用来衡量天线朝一个特定方向收发信号的能力,它是选择基站天线最重要的参数之一。

天线增益的定义与全向天线或半波振子天线有关。天线增益有两种定义:一种是指在相同的输入功率条件下,方向性天线在最大辐射方向上产生的辐射功率比假想的无方向性天线产生的辐射功率高出的分贝数,单位用 dBi;另一种是比半波振子天线在其最大辐射方向上产生的辐射功率高出的分贝数,单位用 dBd 表示。两者之间的关系式:dBi = dBd + 2.15。

一般来说,增益的提高主要依靠减小垂直面向辐射的波瓣宽度,而在水平面上保持全向的辐射性能。天线增益对移动通信系统的运行质量极为重要,因为它决定蜂窝边缘的信号电平。增加增益就可以在一确定方向上增大网络的覆盖范围,或者在确定范围内增大增益余量。相同的条件下,增益越高,电波传播的距离越远。一般地,GSM-R 定向基站的天线增益为 18 dBi,全向基站的天线增益为 11 dBi。

4. 输入阻抗

天线的输入阻抗是天线馈电端输入电压与输入电流的比值。一般移动通信电线的输入阻抗为 50 Ω。天线与馈线的连接，最佳情形是天线输入阻抗是纯电阻且等于馈线的特性阻抗，这时馈线终端没有功率反射，馈线上没有驻波，天线的输入阻抗随频率的变化比较平缓。天线的匹配工作就是消除天线输入阻抗中的电抗分量，使电阻分量尽可能地接近馈线的特性阻抗。匹配的优劣一般用四个参数来衡量，即反射系数，行波系数，驻波比和回波损耗，四个参数之间有固定的数值关系。在日常维护中，用得较多的是驻波比和回波损耗。

当天线和馈线不匹配时，也就是天线阻抗不等于馈线特性阻抗时，将有部分传输能量被反射回去形成反射波。在入射波和反射波相位相同的地方，电压振幅相加为最大电压振幅 V_{max}，形成波腹，而在入射波和反射波相位相反的地方，电压振幅相减为最小电压振幅 V_{min}，形成波节。其他各点的振幅值则介于波腹与波节之间。这种合成波称为行驻波。

反射波电压和入射波电压幅度之比叫做反射系数，记为 R：

$$R = \frac{\text{反射波幅度}}{\text{入射波幅度}} = \frac{Z_L - Z_O}{Z_L + Z_O}$$

式中，Z_L 为天线输入阻抗；Z_O 为馈线的特性阻抗。

波腹电压与波节电压幅度之比称为驻波系数，也叫作电压驻波比，记为 VSWR。VSWR 是大于 1 的数值。驻波比等于 1 表示天线的输入阻抗等于馈线的特性阻抗，两者完全匹配。驻波比大于 1 表示天线的输入阻抗不等于馈线的特性阻抗。驻波比越大，反映天线输入阻抗偏高理想值越多。

还可以用回波损耗值 α_x 来表示天线与馈线的匹配程度：

$$\alpha_x = -20 \lg R \ (\text{dB})$$

回波损耗的值在 0 dB 到无穷大之间，回波损耗越小表示匹配越差回波损耗越大表示匹配越好。0 表示全反射，无穷大表示完全匹配，在移动通信系统中，一般要求回波损耗大于 14 dB。

移动通信天线的输入阻抗应做成 50 Ω 纯电阻，以便与特性阻抗为 50 Ω 的同轴电缆馈线匹配，但是，天线的输入阻抗在工作频段内只能做到接近 50 Ω。天线输入阻抗不能偏离理想值过多，否则馈线损耗过大，馈线内电压过高，馈线可能被击穿，造成收发信机无法工作。

5. 极 化

所谓天线的极化，就是指天线辐射时形成的电场强度方向。当电场强度方向垂直于地面时，此电波就成为垂直极化波；当电场强度方向平行于地面时，此电波就称为水平极化波。辐射单元垂直配置的天线发射或接收垂直极化波，而辐射单元水平配置的天线发射或接收水平极化波。发射或接收垂直极化波的天线称为垂直极化天线；发射或接收水平极化波的天线称为水平极化天线。此外还有 +45°和 -45°两种极化天线。天线的极化如图 5-3 所示。

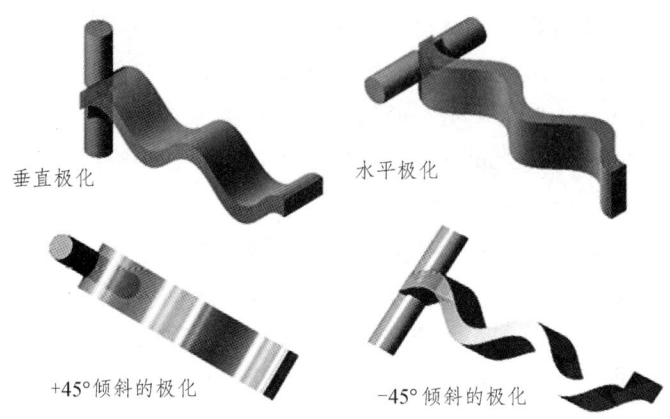

图 5-3　天线极化示意图

由于电波的特性，决定了水平极化传播的信号在贴近地面时会在大地表面产生极化电流，极化电流因受大地阻抗影响产生热能而使电场信号迅速衰减，而垂直极化方式则不易产生极化电流，从而避免了能量的大幅度衰减，保证了信号的有效传播。因此，在移动通信系统中，一般均采用垂直极化的传播方式。

另外，随着新技术的发展，又出现了一种双极化天线，如图 5-4 所示。就其设计思路而言，一般分为垂直与水平极化和 ±45°极化两种方式，性能上一般后者优于前者，因此目前大部分采用的是 ±45°极化方式。双极化天线组合了 +45°和 -45°两副极化方向相互正交的天线，并同时工作在首发双工模式下，大大节省了每个小区的天线数量；同时由于为 ±45°正交极化，有效保证了分集接收的良好效果。（其极化分集增益约为 5 dB，比单极化天线提高约 2 dB）

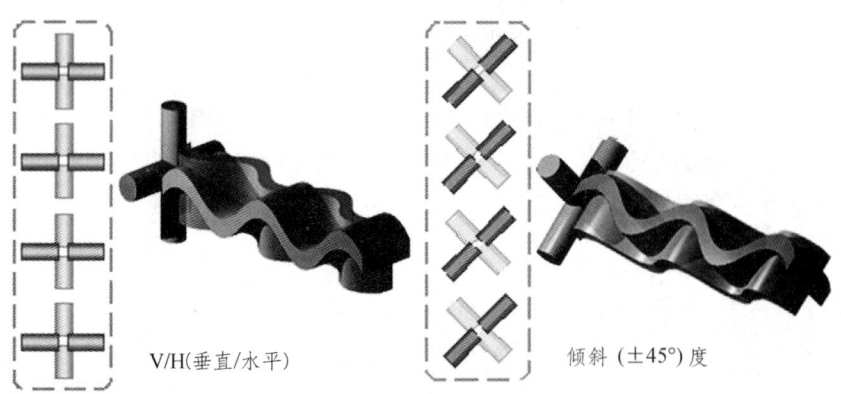

图 5-4　双极化示意图

第三节 基站天线的分类和选型

一、基站天线的分类

1. 按天线辐射的方向图划分

根据天线的辐射方向图,基站天线可分为全向天线和定向天线。

1) 全向天线

全向天线在水平各个方向上功率均匀地辐射,也就是无方向性,其水平方向图的形状基本为圆形。在垂直方向图上表现为有一定宽度的波束,一般情况下波瓣宽度越小,增益越大。全向天线在移动通信系统中一般应用于大区制的站型,覆盖范围大。

全向天线一般由半波振子排列成的直线阵构成,并把按设计要求的功率和相位馈送到各个半波振子,以提高辐射方向上的功率。振子单元数每增加一格(相应于长度增加一倍),增益增加 3 dB。

全向天线典型的增益是 6~9 dBd,受限制的因素主要是物理尺寸。例如,9 dBd 增益的全向天线,其高度为 3 m。

全向天线外观如图 5-5 所示。

2) 定向天线

定向天线在水平方向图上表现为一定角度范围辐射,也就是有方向性,在垂直方向图上表现为有一定宽度的波束,同全向天线一样,波瓣宽度越小,增益越大。定向天线在移动通信系统中一般应用于小区制的站型,覆盖范围小、用户密度大,具有频率利用率高、干扰小等优点。

定向天线一般由直线天线阵加上反射板构成。或直接采用方向天线(如八木天线)。定向天线的典型增益是 9~16 dBd,结构上一般为 8~16 个单元的天线阵。

定向天线的外观如图 5-6 所示。

图 5-5 全向天线

图 5-6 定向天线

2. 按极化方式分

1) 单极化天线

单极化天线只发送和接收一种极化方式的电波。单极化天线又分垂直极化天线和水平极化天线。移动通信中一般使用垂直极化天线。

2) 双极化天线

双极化天线组合了+45°和-45°两副极化方向相互正交的天线，同时工作在收发双工模式下，每个小区仅需一副双极化天线。双极化天线的空间间隔仅需20~30 cm。

3. 按下倾角调节方式分

1) 机械天线

机械天线指使用机械方式调整下倾角度的基站天线。

在日常维护中，如果要调整机械天线下倾角度，整个系统要关机，不能在调整天线倾角的同时进行监测。机械天线调整天线下倾角度非常麻烦，一般需要维护人员爬到天线安放处进行调整。机械天线调整倾角的步进度数为1°。

2) 电调天线

电调天线指使用电子方式调整下倾角度。

电子下倾的原理是通过改变共线天线振子的相位，改变垂直分量和水平分量的幅度大小，改变合成分量场强强度，从而改变天线的垂直方向性图下倾角。

电调天线允许系统在不停机的情况下对垂直方向性图下倾角进行调整，实现实时监测调整的效果，调整倾角的步进精度也较高（为0.1°），因此可以对网络实现精细调整。

4. 特殊天线

特殊天线指用于特殊场合信号覆盖的天线，如室内、隧道等场合。它们根据用途来选择天线类型，使辐射方向图适应场合要求。漏泄同轴电缆，简称漏缆，是一种特殊天线，主要用于室内或隧道中的电波覆盖。

1) 漏缆的结构

漏缆的结构与普通的同轴电缆基本一致，由内导体，绝缘介质和开有周期性槽孔的外导体三部分组成。电磁波在漏缆中纵向传输的同时通过槽孔向外界辐射电磁波；外界的电磁场也可通过槽孔感应到漏缆内部的电磁波并传送到接收端。

2) 漏缆的特点

与传统的天线系统相比，漏缆系统具有以下优点：

① 信号覆盖均匀稳定，尤其适合隧道等狭小空间。
② 使用频率宽，漏缆的频段覆盖在450 MHz~2.4 GHz以上。
③ 漏缆价格虽然较贵，但当多系统同时引入隧道时可大大降低总体造价。
④ 漏缆绝缘采用高物理发泡的均匀细密封闭的微泡结构，不仅较传统的空气绝缘结

构在特性阻抗、驻波系数、衰减等传输参数更加均匀稳定,而且可抵御在潮湿环境中潮气对电缆的侵入而造成的传输性能下降或丧失,免除了充气维护的不便,大大提高了产品的使用寿命和稳定可靠性。

⑤ 高抗压,高抗张强度。

3) 漏缆的电性能指标

漏缆的电性能指标主要有纵向衰减常数和耦合损能。

① 纵向衰减。

衰减常数是反映电磁波在电缆内部所传输能量损失程度的重要指标。普通同轴电缆内部的信号在一定频率下,随传输距离而变弱。衰减性能主要取决于绝缘层的类型及电缆的大小。而对于漏泄同轴电缆来说,周边环境也会影响衰减性能。由于电缆内部少部分能量在外导体附近的外界环境中传播,因此衰减性能也受制于外导体槽孔的排列方式。

② 耦合损耗。

耦合损耗描述的是电缆外部因耦合产生且被外界天线接收能量大小的指标。它定义为:特定距离下,被外界天线接收的能量与电缆中传输的能量之比。由于影响是相互的,也可用类似的方法分析信号从外界天线向电缆内的传输。耦合损耗受电缆槽孔形式及外界环境对信号的干扰或反射影响。宽频范围内,辐射越强意味着耦合损耗越低。

5. 多天线系统

多天线系统是许多单独天线形成的合成辐射方向图。最简单的类型是在塔上相反方向安装两个方向性天线,通过功率分配器馈电,目的是用一个小区覆盖大范围,比用两个小区情况所使用的信道数要少。

当不能使用全向天线,或当所需的增益(较大的覆盖面积)比一个全向天线系统所能提供的要大时,也可用多天线系统来形成全向方向图,如建筑物四周的天线。

二、基站天线的选型

合理地选择和应用天线可以充分发挥系统能力,在满足覆盖要求的情况下,最大限度地节省投资。在 GSM-R 系统中,一般选用定向天线覆盖铁路沿线的小区。对于基站天线的选择和应用应注意以下几个方面。

1. 选择天线下倾角

已建 GSM-R 系统的基站天线下倾角大多设计为 6°~8°,有些达到 9°。在较平坦的地形,基站间距为 6~7 km,铁塔高度通常在 45 m 左右。

天线下倾角设计不合理,会使系统覆盖能力大大降低,而通过提高基站铁塔高度、缩短基站间距来满足覆盖要求,又增加了系统投资成本。增加天线下倾角的一个主要作用是减小系统的同频干扰。但是 GSM-R 系统是线状覆盖,系统的同频干扰不是影响 GMS-R 通信质量的主要因素。因此,为了提高无线的覆盖距离,GSM-R 系统基站天线不要采用过大的下倾角。

2. 正确选用极化天线

极化分集通常应用于多径反射显著的场合，比如城市建筑物密集的地区。由于建筑物的多径反射情况复杂，多径发射信号的极化分量也往往出现改变，以致合成的极化方向介于垂直和水平之间，因此采用±45°极化接收可以得到良好的结果。在多径反射不太显著的乡村等开阔地区，比如城市和山区意外的铁路线，极化主要集中于垂直方向，此时±45°极化接收将出现 3 dB 的极化失配损失，导致分集效果变差。

目前 GSM-R 系统主要用于客运专线或高速线，多处在乡村开阔地，采用高架、直射波为主要辐射方式，多径反射不明显。这些线路上采用极化分集的天线效果不太显著，使用空间分集可以产生更好的增益效果。

3. 合理选择天线高度

目前已建的 GSM-R 基站铁塔高度，除个别弱场补强基站外基本都高于 40 m。高铁塔带来的材料成本、工程成本、维护费用都大大增加。为了增加覆盖距离而提升铁塔高度，又避免引起同频干扰而加入天线下倾角，从而使提高天线高度增加的覆盖距离又与大的天线下倾角相抵消，造成投资浪费。

GSM-R 建设可以根据实际的线路环境不建过高的铁塔，合理地调整下倾角，同样可以满足覆盖要求和减少同频干扰。

第四节　馈　线

馈线是连接天线和基站发射（或接收）机的导线。馈线的任务是把发射机的输出功率传送至发射天线或把接收天线输出的功率传送至接收机。为了有效地

传输信号能量，馈线要以最小的损耗传送信号，同时不应拾取或产生杂散干扰信号，这就要求馈线必须屏蔽或平衡。信号在馈线里传输，会有导体的电阻损耗和绝缘材料的介质损耗，这两种损耗随馈线长度的增加和工作频率的提高而增加，因此，应合理布局，尽量缩短馈线长度。

一、馈线的种类

馈线一般有两种：平行线和同轴电缆。平行线由两根平行的导线组成，是对称式或平衡式的馈线，这种科学损耗大，不能用于 UHF 频段。GSM-R 系统采用同轴电缆作为馈线。同轴电缆的两根导线为芯线和屏蔽铜网，因铜网接地，两根导线对地不对称，因此称为不对称式或不平衡式馈线。

同轴电缆工作频率范围宽、损耗小、能屏蔽静电，但不能屏蔽磁场的干扰，使用时切忌与强电流线路并行走向，不能靠近低频信号线路。

二、馈线特性

1. 馈线的特性阻抗

无限长传输线上各处的电压与电流的比值定义为传输线的特性阻抗,用 Z_0 表示。同轴电缆的特性阻抗的计算公式为:

$$Z_0 = (138/\sqrt{\varepsilon_r}) \times \lg(D/d) \quad (\Omega)$$

式中　D——同轴电缆外导体铜网内径;
　　　d——同轴电缆芯线外径;
　　　ε_r——导体间绝缘介质的相对介电常数。

通常 Z_0 为 50 Ω 或 75 Ω。

由上式不难看出,馈线特性阻抗只与导体直径 D 和 d 以及导体间介质的介电常数 ε_r 有关,而与馈线长短、工作频率以及馈线终端所接负载阻抗无关。

2. 馈线的衰减系数

信号在馈线里传输,除有导体的电阻性损耗外,还有绝缘材料的介质损耗。这两种损耗随馈线长度的增加和工作频率的提高而增加。因此,应合理布局尽量缩短馈线长度。

单位长度所产生的损耗的大小用衰减系数 β 表示,其单位为 dB/m。

例如,NIKIA7/8 英寸低耗电缆,900 MHz 时衰减系数为 $\beta = 4.1$ dB/100 m,也可写成 $\beta = 3$ dB/73 m,也就是说,频率为 900 MHz 的信号功率,每经过 73 m 长的这种电缆时,功率要少一半。

三、对馈线的要求

对馈线的要求主要有两个:一是馈线的特性阻抗应与天线的输入阻抗相匹配,二是馈线的损耗要小。

1. 匹配要求

匹配是指馈线终端所接负载阻抗 Z_L 等于馈线特性阻抗 Z_0。匹配时,馈线上只存在传向终端负载的入射波,而没有由终端负载产生的反射波,即馈线上传输的只是向天线方向行进的波。这时,馈线上各处的电压幅度与电流幅度都相等,馈线上任意一点的阻抗都等于它的特性阻抗。因此,当天线作为终端负载时,匹配能保证天线取得全部型号功率。

同轴电缆一般有两种规格的特性阻抗:一种为 75 Ω;另一种为 50 Ω。移动通信馈线用特性阻抗为 50 Ω 的同轴电缆。终端负载是天线时,如天线振子较粗,输入阻抗随频率的变化较小,易和馈线保持匹配,匹配时振子的工作频率范围较宽。天线的输入阻抗还会受到周围物体存在和杂散电容的影响。为使馈线与天线严格匹配,架设天线时还需通过测量,适当调整天线结构,或加装匹配装置。

2. 损耗要求

馈线的损耗决定于同轴电缆本身的衰减率，也与馈线工作时的驻波有关。同轴电缆的衰减率与电缆的绝缘材料、直径粗细及工作频率有关。衰减率随直径加粗而减小，随频率增高而加大。较好的绝缘材料是低密度泡沫塑料。采用这种绝缘材料的同轴电缆的衰减率接近同尺寸的空气绝缘同轴电缆的衰减率。空气绝缘同轴电缆的缺点是要用干燥空气对电缆充气，使电缆内保持超压，以防止湿气进入电缆内；如电缆密封不好，湿气进入电缆内，那么衰减率将明显增大。

第五节 天馈系统的测试

基站发射信号和接收由移动台发射的信号都是通过天馈系统来完成的，因此，天馈系统的运行情况将直接影响到通话质量，无线信号的覆盖和收发信机的工作状态。

在移动通信系统中，天线、馈线及其附件由于暴露在恶劣的室外环境中而经常产生故障，而且这些部件易遭受自然和人为的各种破坏。天馈系统的故障主要发生在天线、馈线和接头上。例如，由于雷电、水、风、紫外线辐射、大气污染等对天线造成的破坏和性能变化；由于安装（如接地夹过紧，密封不好）、渗水、绝缘层、损坏而导致亏馈线腐蚀、接头接触不良。

当发射天馈线发生故障时，发射信号将会产生损耗，从而影响基站的覆盖范围，若发射天馈线出现的故障较为严重时，基站会关闭与其相连的收发信机。当接受天馈线发生故障时，则其接收由移动台发射来的信号将会减弱，从而产生在移动台接收信号很强的基站范围内不能占用该基站无线信道的现象，同时也会影响通话质量，甚至导致掉话。因此，要定期对天馈系统进行监测，及时发现问题并进行处理，以保证天馈系统保持良好的工作性能。

一、天馈系统测试指标

对天馈线进行测试主要是通过测量其驻波比（VSWR）、回波损耗来判断天馈线的安装质量和运行情况。

驻波比和回波损耗反映了天线、主馈线、跳线及接头处的阻抗匹配情况，通过测量值的大小及变化可以发现天馈系统的性能好坏，还可以进一步进行故障定位。基站发射天馈线的驻波比告警一般设为 1.5。

二、测试仪表

目前，对天馈线进行测试的仪表主要有频谱仪、TDR（时域反射仪）和天馈线测试仪。用频谱仪测量天馈线的驻波比时，先测量前向功率和反向功率，得出回波损耗值，再通过查回波耗损值与驻波比的对照表得出驻波比值。

TDR 的基本原理是在一条不匹配的传输线上的波形会发生反射。传输线上任何一点的波形都是原有波形和反射波形的叠加。使用 TDR 测量法时，我们观察的是传输线输入端的波形。用 TDR 只能大致观察天馈线的波形，来判断哪点出了问题。

天馈线测试仪可直接测得天馈线驻波比的数值和天馈线的隔离度，并可快速进行故障定位。本节介绍 Site Master 天馈线测试仪的使用方法。

Site Master 是一种手持式电缆和天线测试仪，它具有体积小、操作简单等特点，便于技术人员在现场对天馈线进行测试。Site master 采用频域反射计技术，可测量天馈线的驻波比、馈线的回波损耗、缆线的插入损耗及进行故障定位（DTF），并可与计算机相连，通过在 Windows 环境下运行的软件对其数据进行管理和分析，加上可选的功率计配件后还可以测量基站的发射功率。

第六节　基站天线参数的调整

一、天线高度的调整

天线高度直接与基站的覆盖范围有关。GSM-R 系统的工作频段为 900 MHz，属于视距通信，天线所发直射波所能达到的最远距离 d 与发射天线的高度 h_t、接收天线的高度 h_r 有关，具体关系式为：

$$d = 4.12(\sqrt{h_t} + \sqrt{h_r})$$

式中，h_t、h_r 的单位是米（m），d 的单位是千米（km）。

由此可见，基站无线信号所能达到的最远距离（即覆盖范围）主要由天线高度决定。

天线高度一般用天线挂高来表示。天线挂高是指天线中心点到站址所在地面的高度差。

对天线挂高的基本要求是：

（1）天线挂高不能过高。过高的站点往往跨越覆盖多个小区，干扰其他小区（主要包括同频干扰及邻频干扰），引起掉话、串话和有较大杂音等现象，从而导致整个无线通信网络的质量下降。

（2）相邻两个站点的高度差不能过大。某基站天线过高，会造成该基站的覆盖范围过大，从而造成该基站的话务量很大，因此话务量变小，不能发挥应有作用，导致话务不均衡，限制了整个系统的容量，降低了系统的整体性能。应该保证局部的基站天线挂高基本维持在同一高度上，使每个基站都能充分吸收话务。

二、天线俯仰角的调整

天线俯仰角的调整是对网络进行优化的一个非常重要的措施。选择合适的俯仰角可以使天线至本小区边界的射线与天线至受干扰小区边界的射线之间处于天线垂直方向图中增益衰减变化最大的部分,从而使受干扰小区同频干扰减至最小;另外,选择合适的覆盖范围,使基站覆盖范围与预期的设计范围相同,同时加强本覆盖区的信号强度。

俯仰角是指水平面到天线法线方向上的顺时针角度,如图 5-7 所示。

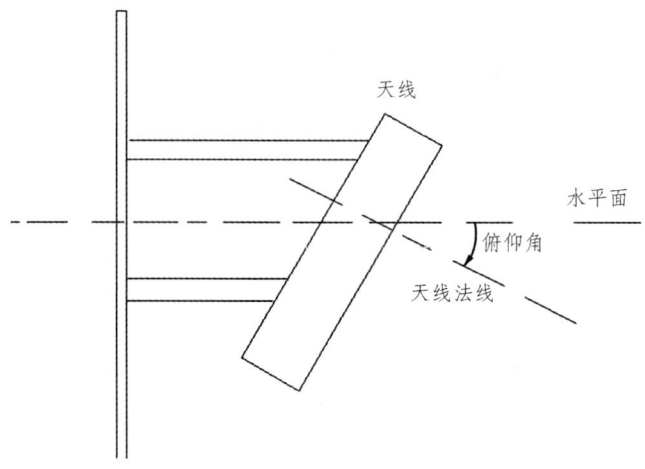

图 5-7 天线俯仰角示意图

俯仰角的大小一般由以下公式计算:

$$\theta = \arctan(h/R) + A/2$$

式中,θ 为天线的俯仰角;h 为天线高度;R 为小区覆盖半径;A 为天线的垂直平面半功率角。

式中的俯仰角是将天线的主瓣方向对准小区边缘时得出的,在实际的调整工作中,一般在由此得出的俯仰角角度的基础上再加上 1°~2°,使信号更有效地覆盖在本小区之内。

一方面,如果天线没有一定的俯仰角或俯仰角偏小,则基站的覆盖范围会比预期范围偏大,从而导致小区与小区之间交叉覆盖,相邻切换关系混乱,系统内频率干扰严重;另一方面,如果天线的俯仰角偏大,则会造成严重的系统内干扰。因此,合理设置俯仰角是整个移动通信网络质量的基本保证。

天线俯仰角调整的基本原则有以下几点:

(1)在基站密集的地区,相互之间很容易形成干扰。为使大部分能量都辐射在覆盖区内,减少对相邻小区的干扰,设置天线的初始下倾角时,应使天线主瓣的半功率点对准覆盖区的边缘。

(2)在基站数量较少的地区,为了让覆盖尽量远,可以减少初始下倾角,使天线主瓣的最大增益点对准覆盖区的边缘。

天线俯仰角的调整主要通过天线下倾技术完成。天线下倾主要是改变天线的垂直方向图主瓣指向,使垂直方向的主瓣信号指向覆盖小区,而垂直方向图的零点或副瓣对准受其干扰同频小区。这样,既改善服务小区覆盖范围内的信号强度,也提高了服务小区的 C/I 值，同时又减少对远处同频小区的干扰，因此，提高了系统的频率复用能力，增加了系统容量。

天线下倾技术可以通过两种方式实现：一种是机械下倾；另一种是电下倾。

机械下倾是通过机械装置调节天线向下倾斜所需角度。电下倾是通过调节天线各振子单元相位（相控阵天线技术），使天线垂直方向图主瓣下倾一定角度，而天线本身仍保持和地面成垂直放置的位置。

机械天线的最佳下倾角度为 1°~5°；当下倾角度在 5°~10°变化时，其天线方向图稍有变化，但变化不大；当下倾角在 10°~15°变化时，其天线方向图变化较大；电调天线下倾 15°后，天线方向图形状改变很大，从没有下倾时的鸭梨形变成纺锤形，这时虽然主瓣方向覆盖距离明显缩短，但是整个天线方向图不是都在本基站扇区内，在相邻基站扇区内也会收到该基站的信号，从而造成严重的系统内干扰。

电调天线下倾角度在 1°~5°变化时，其天线方向图与机械天线的大致相同；当下倾角度在 5°~10°变化时，其天线方向图较机械天线的稍有改善；当下倾角在 10°~15°变化时，其天线方向图较机械天线的变化较大；当电调天线下倾 15°后，其天线方向图较机械天线的明显不同，这时天线方向图形改变不大，主瓣方向覆盖距离明显缩短，整个天线方向图都在本基站扇区内，增加下倾角度，可以使扇区覆盖面积缩小，但不产生干扰，这样的方向图是我们需要的，因此采用电调天线能够降低呼损，减少干扰。另外，一般电调天线的三阶互调指标为 -150 dBc，机械天线的三阶互调指标为 -120 dBc，相差 30 dBc，而三阶互调指标对消除邻频干扰和杂散干扰非常重要，特别在基站站距小，频载多的话务密度区，需要三阶互调指标达到 -150 dBc 左右，否则就会产生较大干扰。

三、天线方向角的调整

天线方向角的调整对提高移动通信网络的运行质量非常重要。一方面，准确的方位角能保证基站的实际覆盖与所预期的相同，保证整个网络的正常运行；另一方面，依据话务量或网络存在的具体情况对方位角进行适当的调整，可以更好地优化现有的移动通信网络。

方位角是指正北方向到天线主瓣方向上顺时针角度，如图 5-8 所示。

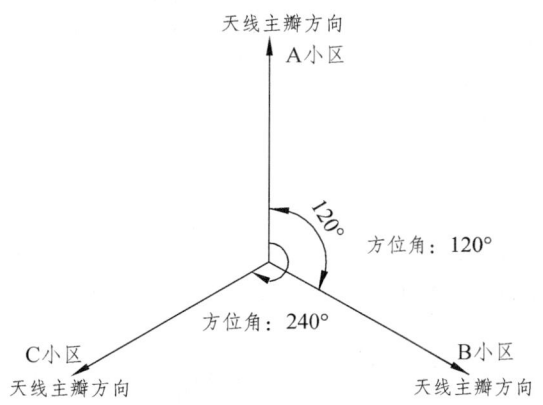

图 5-8　天线方位角示意图

在现行的 GSM 系统中，基站覆盖一般分为三个小区，即

A 小区：方位角度为 0°，天线指向正北；

B 小区：方位角度为 120°，天线指向东南；

C 小区：方向角度为 240°，天线指向西南。

在 GSM-R 系统中，天线的方位角主要依据具体的线路走向进行确定。

在网络建设中，一般严格按照设计的规定对天线方位角进行安装及调整。如果方位角设置与之存在偏差，则易导致基站的实际覆盖与所设计的不相符，基站的覆盖方位不合理，从而产生一些意想不到的同频及邻频干扰。

但在实际的网络中，一方面，由于地形的原因，如大楼、高山、水面等，往往引起信号的折射或反射，从而导致实际覆盖与理想覆盖模型存在比较大的出入，造成一些区域信号较强，一些区域信号较弱，这时我们可以根据网络的实际情况，对天线的方位角进行适当的调整，以保证信号较弱的区域信号的信号强度达到网络优化的目的。另一方面，由于实际存在的人口密度不同，导致各天线所对应小区强度话务不均衡，这时可以通过调整天线的方位角，达到均衡话务的目的。另外，针对郊区某些信号盲区或弱区，亦可通过调整天线的方位角达到优化网络的目的，这时应辅以场强测试车对周围信号进行测试，以保证网络的运行质量。

四、天线位置的调整

由于后期工程、话务分布以及无线传播环境的变化，优化过程中会遇到一些基站很难通过天线方位角或下倾角的调整来改善局部区域覆盖，提高基站利用率等问题。为此就需要对天线的位置进行调整，这就涉及对基站进行重新选址。

本章小节

1. 基站天馈系统主要负责无线电波的发送和接收。基站天馈系统由天线、主馈线、跳线、调节支架、接地装置、防雷保护器、馈线过窗器、走线架以及相关配件组成。

2. 天线的作用是辐射和接收无线电波。天线的基本特征包括工作频段、方向性、增益输入阻抗、极化等。

3. 根据天线的辐射方向图，基站天线可分为全向天线和定向天线；根据天线极化方式的不同，基站天线可分为单极化天线和双极化天线；按下倾角调节方式的不同，基站天线可分为机械天线和电调天线。

4. 漏缆由内导体、绝缘介质和开有周期性槽孔的外导体三部分组成。电磁波在漏缆中纵向传输的同时通过槽孔向外界辐射电磁波，外界的电磁波也可以通过槽孔感应到漏缆内部并传送到接收端。

5. 在 GSM-R 系统中，一般选用定向天线覆盖铁路沿线的小区。天线的选择要考虑下倾角，极化，天线高度等方面。

6. 馈线的任务是把发射机的输出功率传送至发射天线或把接收天线输出的功率传送至接收机。GSM-R 系统采用同轴电缆作为馈线。馈线的特性主要有特性阻抗和衰减系数。

7. 驻波比和回波损耗反映了天线、主缆线、跳线及接头处的阻抗匹配情况，通过测量值的大小及变化可以发现天馈线系统的性能好坏，还可以进一步进行故障定位。

8. 通过调整天线高度、天线俯仰角、天线方位等参数，可以优化覆盖效果、减小相互干扰、提高网络的运行质量。

复习思考题

1. 基站天馈系统有何作用？它是如何组成的？
2. 天线的工作频段和宽带是如何定义的？
3. 什么是天线的方向图？通常有哪几种？
4. 天线的波束波宽度如何定义？
5. 什么是天线增益？有哪几种表示方式？它们之间是什么关系？
6. 放射系数、驻波比、回波损耗各是如何定义的？这些参数反映了什么问题？
7. 什么是天线极化？有哪些极化方式？
8. 基站天线一般如何分类？
9. 漏缆的结构是怎样的？它有什么用途？
10. 馈线有哪些主要特征？它们分别对馈线的性能有何影响？
11. 馈线系统的测试项目有哪些？
12. 天线高度、天线俯仰角、天线方位角、天线位置的调整，对于网络性能各有何影响？

第六章 GSM-R 基站设备

GSM-R 基站子系统包括基站控制器（BSC）和基站收发信机（BTS）两部分，BSC 通常和 MSC、HLR 等设备一起放在核心机房，而大量的 BTS 放在沿铁路线分布的各个基站中。

本章首先介绍基站机房的设备配置，然后介绍其中各种设备的性能、结构，最后介绍 GSM-R 基站的操作维护。

第一节 基站机房的设备配置

作为一个基站，要提供可靠的通信服务，必须具有基站主设备（即 BTS）、传输设备、电源设备、监控设备及空调设备。基站机房的基本配置如图 6-1 所示。

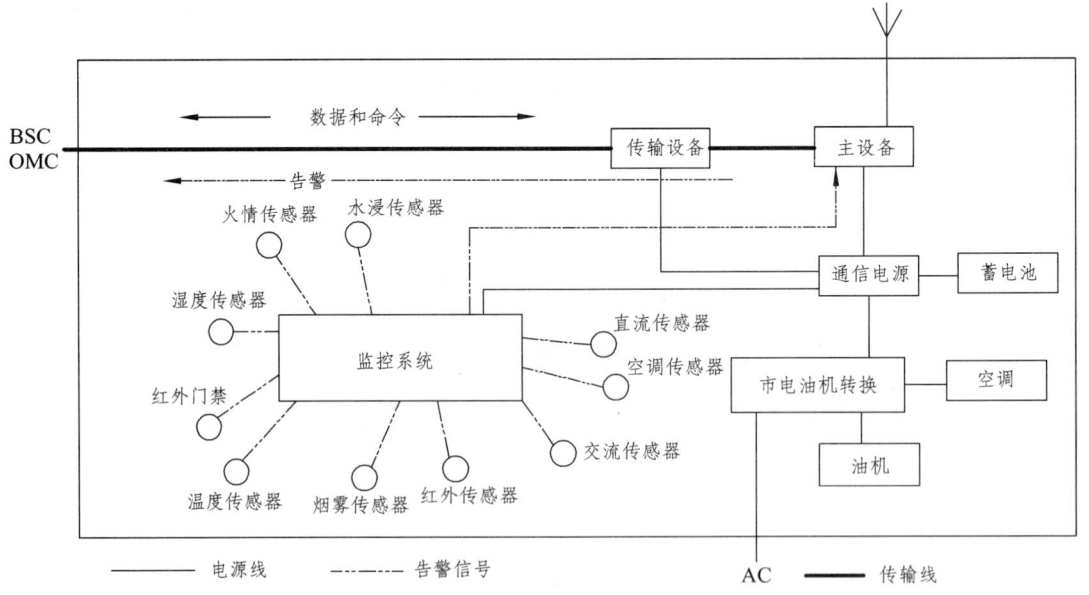

图 6-1 基站机房的基本配置

用户信息和信令通过传输线由 BSC 经过传输设备和 BTS 相连，无线信号经 BTS 设备中的收发信部分通过天馈线收发。

电源可由交流市发电机提供，两者间用转换设备转换，在短暂停电时由蓄电池供电，电源经通信电源设备提供给主设备、传输设备等。

监控系统主要完成对动力和环境的监控，一般情况下将其监控告警信号传至基站主设备，与主设备、传输设备的告警信号一起经由传输设备送至 OMC。动力部分的监控主要包括交流、直流、空调等；环境部分的监控包括水浸、火情、温度、湿度、红外门禁、防盗等。

空调设备为基站机房提供一个合适的温度和湿度环境。

第二节　GSM-R 基站主设备

在我国 GSM-R 网络中，BTS 设备主要采用华为（HUAWEI）、诺西（Nokia Siemens Networks，NSN）和北电（Nortel Networks）的产品。本节主要介绍华为 BTS 设备的技术特性、硬件结构和操作维护。

一、华为 BTS3012 基站主设备

BTS3012 在系统中的位置如图 6-2 所示。

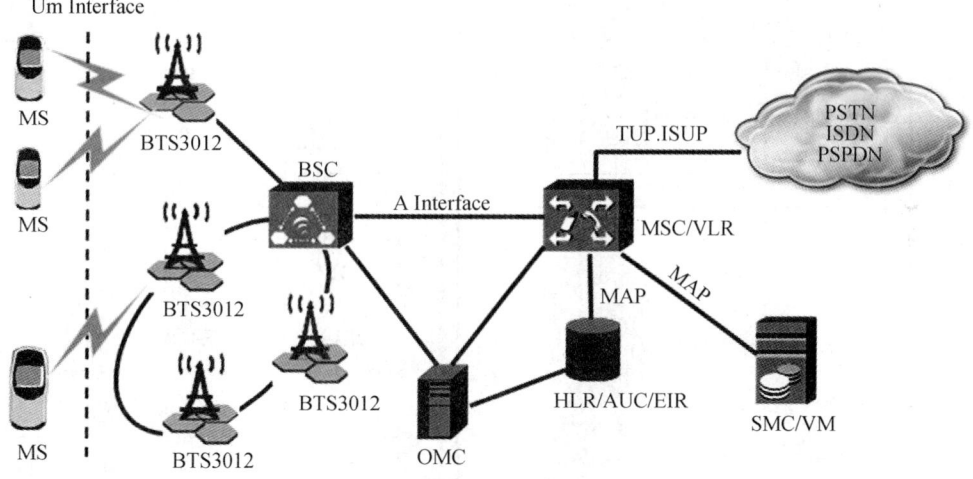

图 6-2　BTS3012 在系统中的位置

（一）BTS3012 产品特性

- 支持多频段：800 M、850 M、900 M、1 800 M、1 900 M；
- 支持星型、树型和链型及环型组网；
- 支持 A5/2、A5/1 加解密；
- 支持 GPRS 和 EDGE；
- 支持基站的静态功率控制和动态功率控制；
- 支持全向小区和扇形小区，最大同步小区 S24/24/24；

- 支持小区分层、同心圆和微蜂窝等多种应用；
- 双密度载频 DTRU，一个 DTRU 模块支持两个载波处理能力，单个机柜支持 12 载波；
- 支持发射分集和四接收分集；
- 支持 PBT 功能；
- 支持 BTS3012 与 BTS30/312 混合并组；
- 提供 2U 高度标准插框，可内置 SDH 光传输、微波传输功能；
- 支持多天馈，机顶支持天馈直出；
- 总装机柜采用 –48 V 分布式供电结构，通过增加 sidepower 机柜的方式，基站系统可支持 ~110/220 V、+24 V 等电源种类输入。

（二）BTS3012 硬件结构

BTS3012 硬件结构如图 6-3 所示。

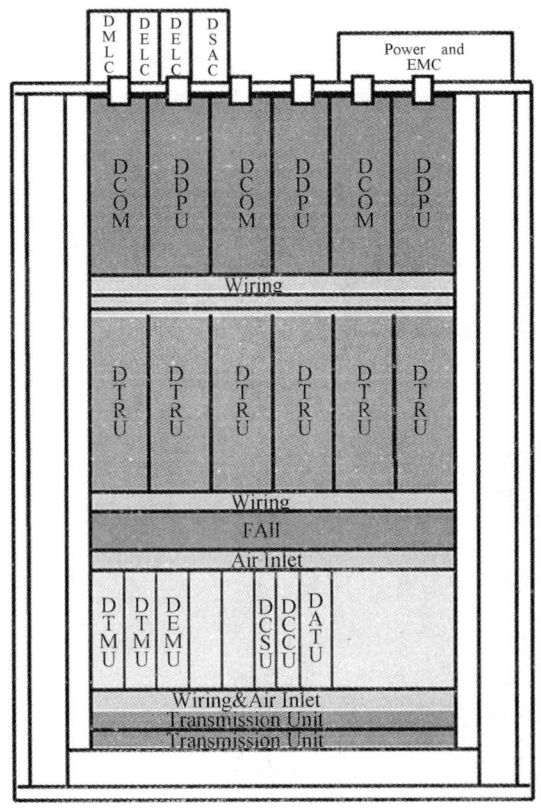

DTRU	双密度收发信机
DTMU	定时传输管理单元
DCCU	信号转接板
DDPU	双双工单元
DCOM	合路单元
DMLC	监控信号防雷卡
DELC	E1 信号防雷卡
DSAC	扩展信号接入卡
NFCB	风扇控制板
DEMU	环境监控板（没）
DATU	天线&塔放控制板（没）
DCSU	并柜信号转接板

图 6-3 BTS3012 硬件结构

BTS3012 整机逻辑结构如图 6-4 所示。

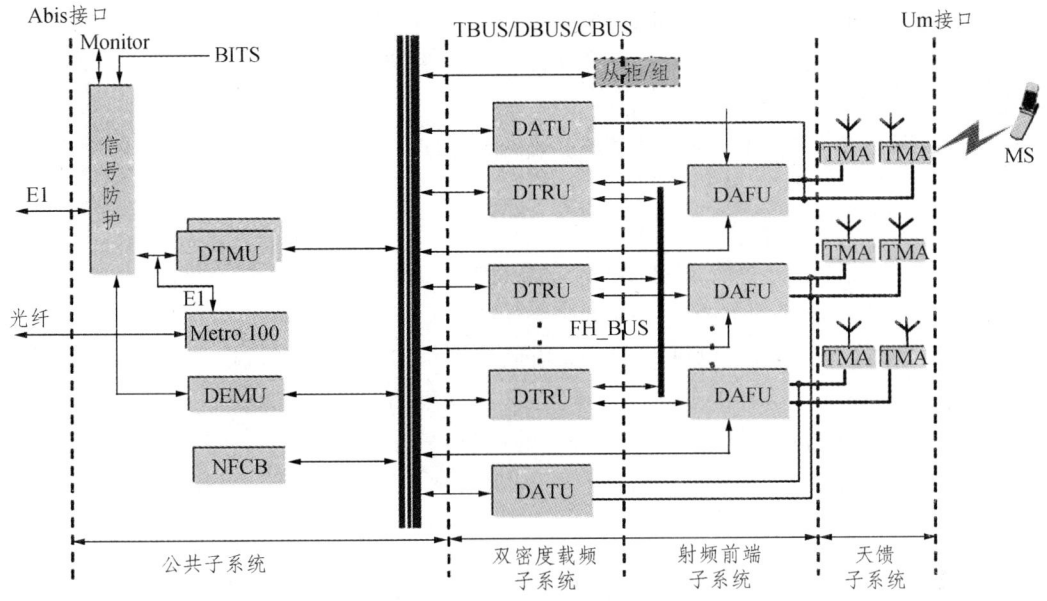

图 6-4 BTS3012 整机逻辑结构

1. 公共子系统

公共子系统提供基准时钟、电源、传输接口、维护接口和外部告警采集接口，完成整个基站的管理。它包括基站公共子系统和机顶接入子系统。

1) 基站公共子系统

基站公共子系统包括定时传输管理单板（DTMU）、环境监控板（DEMU）、并柜信号转接板（DCSU）、信号转接板（DCCU）、天线&塔放控制板（DATU）。

BTS3012 基站公共子系统内的单板主要完成 E1 信号接入、SDH 传输接入、基站时钟供给、环境告警采集和监控、全网时钟同步等功能。

① 定时传输和管理单板 DTMU。

- 支持外部 GPS 输入，BITS 同步时钟输入；
- 提供主备单板备份，提供 4 路或 8 路 E1 输入；
- 提供 10 M 网口的近端 MMI 维护；
- 支持 8 路数字量告警输入，2 路固定为防雷失效告警检测；
- 支持 4 路扩展数字量控制信号输出；
- 支持外部风扇控制板及电源模块监控等功能；
- 负责 BTS 的控制，维护和操作，执行基站软件下载；
- 进行故障管理、配置管理、性能管理和安全管理。

② 环境监控单板 DEMU。

环境监控板 DEMU 位于机柜公共框中，可在公共框的 2～4 号和 7 号公共槽位中与 DATU 混插。DEMU 是选配模块，满配置为 1 块。

- 提供32路开关量输入、6路开关量输出、4路模拟量输入，提供机房内烟雾、水浸、温度、湿度、红外、门禁等环境变量监测。在配置DEMU时，需要在机顶配置1块监控信号防雷板（DMLC）；
- 并柜信号转接板DCSU：并柜信号转接板DCSU位于机柜下部公共框中的5号槽位，是必配模块，满配置为1块，主要功能是负责完成并组、并柜信号在机柜公共框和机柜顶部之间的连接；
- DCSU板靠近拉手条3~4cm处设置有拨码开关，拨码开关按照功能区域从上往下进行排列，对机框内各单板进行设置；
- 天线&塔放控制板DATU：天线&塔放控制板DATU位于机柜公共框中，可在公共框的2~4号和7号这4个公共槽位中与DEMU混插，是选配模块，满配置为2块；
- 电调天线控制信号输入，实现塔放的馈电；
- 通过CBUS3和DTMU进行通信，控制天线、塔放和告警上报。

2）机顶接入子系统

BTS3012机顶接入子系统完成E1防雷、信号防雷、信号接入等功能。机顶接入子系统包括监控信号防雷卡（DMLC）、E1信号防雷卡（DELC）、扩展信号接入卡（DSAC）。

① 监控信号防雷卡DMLC：监控信号防雷卡（DMLC）可与DELC混插在机顶插框0~2号槽位，一般配置在0号槽位。DMLC是选配模块，满配置为1块。其功能为：
- DMLC单板作为DEMU的对外接口，其主要功能是为各路输入，输出信号提供防雷保护；
- 实现32路开关量输入防雷；
- 实现6路开关量输出；
- 实现4路模拟量输入防雷；
- 实现烟雾、水浸、门禁、红外、温湿度传感器等信号的防护接入。

② E1信号防雷卡DELC。

E1信号防雷卡DELC与DMLC混插于机顶框的0~2号槽位，DEL为必配模块，最小配置为1块。

③ 扩展信号接入卡DSAC位于机顶插框的第3号槽位，满配置为1块。DSAC与DMLC&DELC的槽位不能混插。其功能为：
- 实现6路干接点输入和4路干接点输出；
- 实现2路CBUS3输出；
- 实现2路电源防雷器失效告警输入；
- 实现BITS时钟的防护接入。

2. 双密度载频子系统

双密度载频子系统包括双密度收发信单元DTRU和双密度载频框背板DTRB。双密度收发信单元DTRU的射频发射部分完成两个载波基带信号到射频信号的调制、上变频、滤波、射频跳频、信号放大、合路输出等功能。

- 射频接收部分，完成两个载波的射频信号分路、接收分集、射频跳频以及解调等功能；
- 基带处理部分，完成信令处理、信道编译码、交织反交织、调制与解调等功能；
- 支持 Phase II 规定的各种数据业务、支持 GPRS 业务、EDGE 业务；
- 支持发分集、4 收分集等控制功能；
- 支持发射合路、同频同相功率合成（PBT）功能。

DTRU 的功能结构示意图 6-5 所示。

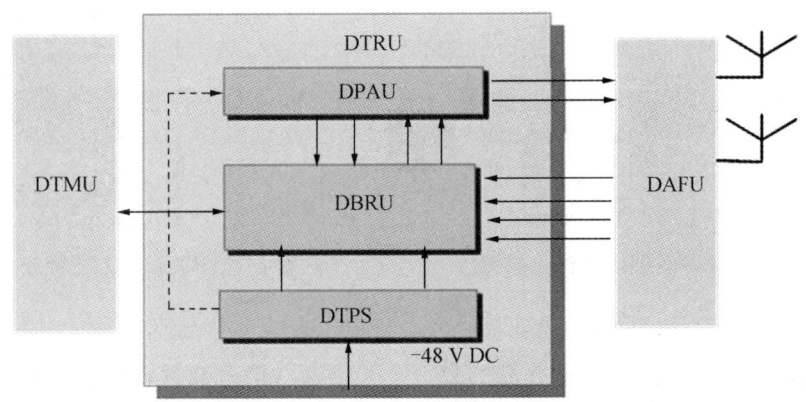

图 6-5　DTRU 的功能结构示意图

基带与射频单元 DBRU 是 DTRU 的主功能模块，完成基带信号和射频信号的调制解调、数据处理、合分路等功能。功率放大单元 DPAU 将 DBRU 输出的信号放大到所需要的功率等级，支持发射宽带合路、PBT 功能。双密度载频电源 DTPS 是 DTRU 模块中的电源板。－48 V 直流电源输入 DTRU 后，在 DTPS 单板上转换为 ＋28 V 输出电源，供 DPAU 使用。

BTS 相关信号流程包括下行业务信号流、上行业务信号流、信令处理信号流、时钟信号流、并柜信号流。

（1）BTS3012 下行业务信号流如图 6-6 所示。

DTMU 接收来自 BSC 的业务数据，完成数据交换和处理，然后把业务数据发送给相应的 DTRU，DTRU 完成数字滤波，经过射频进一步上变频、滤波放大，最后把信号传送给 DDPU，DDPU 内的双工器对 DTRU 的输出信号进行双工滤波，然后把信号通过馈线和塔顶天线发射出去。

（2）BTS3012 上行业务信号流如图 6-7 所示。

天馈子系统的天线接收 MS 发射的信号，经过 TMA 对接收信号放大（TMA 属于选配件，用于弥补馈线损耗，保证 DDPU 天馈口的接收灵敏度），然后接收信号通过馈线被传送给 DDPU，DDPU 接收到上行信号，完成双工器接收滤波和低噪声放大后，传送给 DTRU，DTRU 接收 DDPU 送来的上行信号，在 DTRU 内经过放大和下变频，输出至 DTMU。DTMU 把信号通过 Abis 接口传输给 BSC。

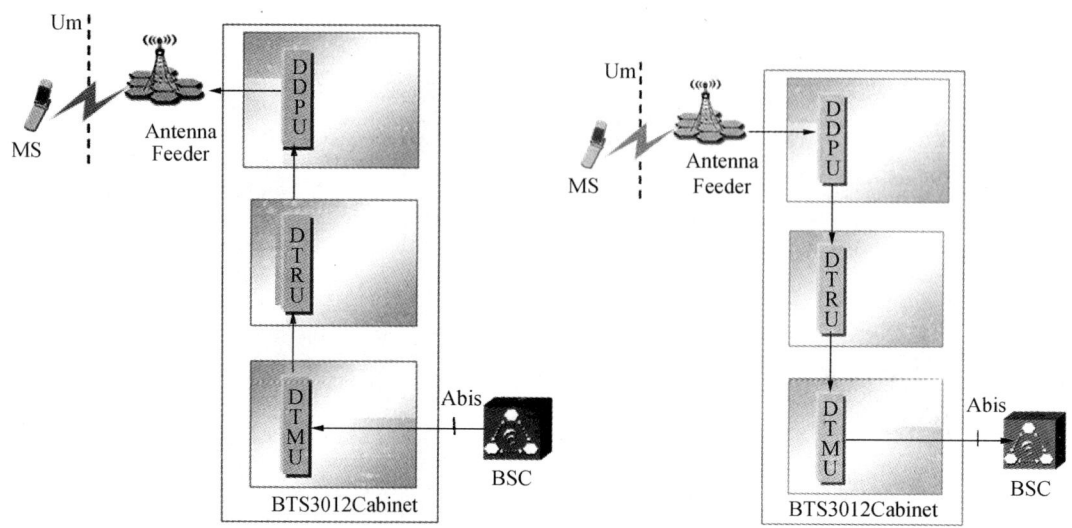

图 6-6　BTS3012 下行业务信号流　　　　图 6-7　BTS3012 上行业务信号流

（3）BTS3012 的信令处理信号流如图 6-8 所示。

Abis 接口接收来自 BSC 信令面的数据，并把这些信令数据转发给 DTMU，DTMU 对信令进行判决和处理，然后把信令传送给 DTRU、DDPU，DTRU、DDPU 把单板状态上报给 DTMU，DTMU 收集所有单板状态后，进行分析和处理得出 BTS 的状态，然后把 BTS 状态通过 Abis 接口传送给 BSC。

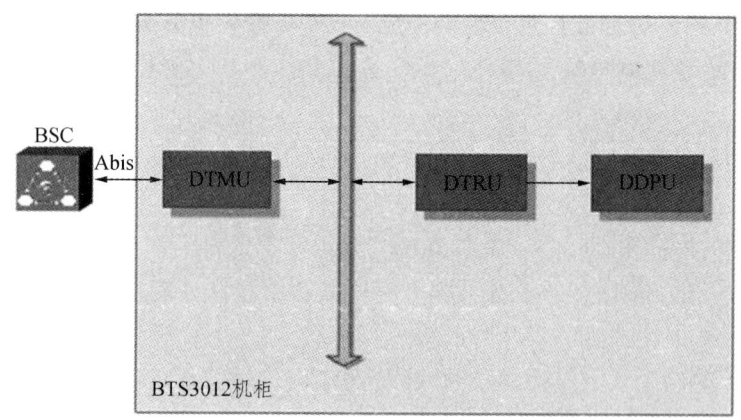

图 6-8　BTS3012 的信令处理信号流

（4）BTS3012 的时钟信号流如图 6-9 所示。

外同步时钟信号通过 Abis 接口被传送到 DTMU 内的时钟模块，时钟信号在时钟模块内经过锁相和分频处理，产生 BTS 需要的各种时钟信号，各种时钟信号分别传送给主机柜内的 DTRU、DDPU 等各单板模块，时钟信号同时通过机柜间的时钟配线，传输给副机柜内的各单板模块。

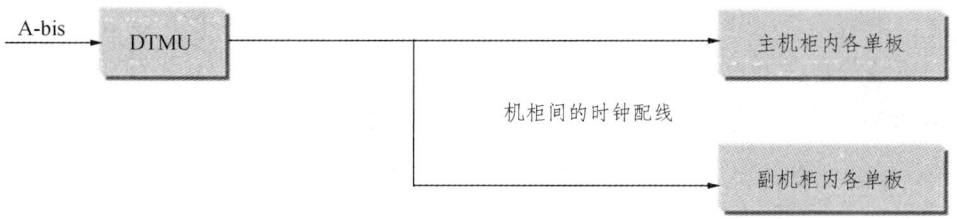

图 6-9 BTS3012 的时钟信号流

(5) BTS3012 的并柜信号流如图 6-10 所示。

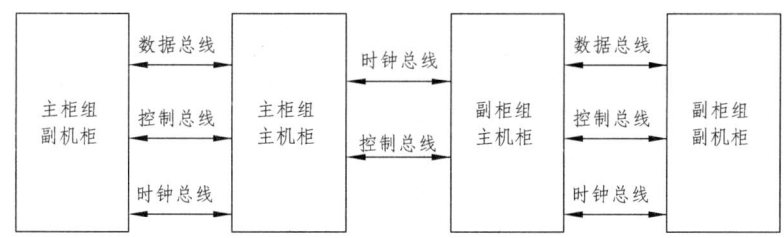

图 6-10 BTS3012 的并柜信号流

并柜信号线连接关系如下：
- 主副机柜间有数据总线、控制总线和时钟总线相连；
- 主副柜组间有时钟总线和控制总线相连；
- 主副柜组、主副机柜需要设置拨码开关。

二、基站电源系统

基站电源系统的正常工作是基站安全可靠运行的基础。基站电源系统主要由交流配电系统和直流配电系统组成。

1. 交流配电系统

交流配电系统由变电站、市电油机转换屏、低压配电屏、交流配电屏和交流不间断电源设备（UPS）组成。

基站一般采用市电电源，将 10 kV 高压配电线引入专用变压器，降压变成 380/220 V 低压后供电给基站使用。低压交流电的额定电源为 220/380 V（三相五线制），即相电压 220 V，线电压 380 V，额定频率为 50 Hz。

当市电停电或故障不能正常供电时，需由备用的柴油或汽油发电机组提供交流电。

市电油机转换屏为交流配电屏和保证建筑负荷（通信用空调设备、保证照明、消防电梯和消防水泵供电等），还可以完成市电供电与备用发电机组供电之间的自动或手动切换。

低压配电屏对一般建筑负荷进行市电供电，一般建筑负荷是指一般空调、一般照明以及其他备用发电机组不保证的负荷。

交流配电屏主要对各高频开关整流器、交流不间断电源设备（UPS）等进行供电的分配、通断控制、检测、告警和保护。

交流不间断电源设备为交流供电设备提供不间断的交流电源。

2. 直流配电系统

直流配电系统由整流器、蓄电池组和直流配电屏组成。直流供电系统向各种通信设备和逆变器等提供直流不间断电源。

1）整流器

整流器能将低压交流电变成所需直流电。对整流器的要求如下：

① 整流器要有限流和均流装置。

② 整流器的输出电压应能满足蓄电池管理的要求。

③ 整流器要安装直流电压表和电流表。

④ 整流器的效率应在 85% 以上，功率因素应在 0.8 以上。

⑤ 整流器最好能自然冷却，并可在 0~400 ℃ 的条件下满负荷连续运行。

目前主要使用高频开关整流器，它具有小型化、高功率因素、高可靠性、智能化程度高、可远程监控等优点。

2）蓄电池

蓄电池用来保证直流电源的不间断提供。交流电正常时，整流器供给全部负载电流，并对蓄电池进行补充充电，使蓄电池保持电量充足，此时蓄电池起到稳压、滤波的作用；当交流电源中断、整流器停止工作时，蓄电池放电供给负载电流。

3）直流配电屏

直流配电屏对各通信设备进行直流供电分配，并负责通断控制、监测、告警和保护。对直流配电屏的要求是：

① 每台控制盘最少能接入 2 组蓄电池，当有一组蓄电池发生故障脱离供电系统时，另一组蓄电池应能正常供电。

② 设备应能达到全自动化，适合无人值守的要求。

通信设备可以在交流电压方式和直流电压方式下工作。例如，有些 BTS 可以在 3 种供电方式下工作：220 VAC、-48 VDC、+24 VDC。基站电源系统将电压分配给通信设备内的电源模块，由电源模块经过 DC/DC 变换、DC/AC 变换或 AC/DC 变换后产生通信设备所需的工作电压。

基站电源设备必须要进行良好的接地，以保证设备安全可靠地运行。另外，还要配备电源监控系统，监测电源设备的工作状态，发现问题及时处理。

三、空调设备

1. 基站设备对湿度和温度的要求

根据 BTS 性能要求，在机房内需维持一定范围的湿度和温度。温度过高或过低，都会影响通话质量和设备寿命。机房内相对湿度长期过高，对设备危害极大。有些绝缘材料在相对湿度过高时，易产生绝缘不良甚至漏电等故障，有时也易发生材料的机械性能变化，设备的各种金属部件还易发生锈蚀现象。

相对湿度过低，有时绝缘垫片会因干缩而引起紧固螺钉松动。同时，在干燥的环境下，易产生静电，还会危害 BTS 上的 CMOS 电路。

若室内温度过高，会使 BTS 可靠性降低，长期高温环境下运行还会影响其寿命，过高的温度还会加速绝缘材料的老化过程。

一般而言，BTS 应严格的在以下温度和湿度下工作，具体如表 6-1 所示。

表 6-1　BTS 工作温度和湿度

温　度		湿　度	
长期工作条件①	短期工作条件②	长期工作条件	短期工作条件
15～30 ℃	－5～45 ℃	40%～65%	15%～85%

注：① 在正常工作环境下，温度和湿度的测量点系指在地板以上 2 m 和设备前方 0.4 m 外测量的数值（在机架前后没有防护板时的测量）。
　　② 短期工作条件系指连续工作不超过 48 h 和每年累计工作不超过 15 d 的情况。

2．空调容量的设计

实际的空调容量设计应根据机房的面积和 BTS 设备的发热量来计算。计算方法参见相关的工程设计规范书。对于一般的 BTS，可以选用两台空调设备，轮流工作。

四、基站动力与环境监控系统

BTS 机房一般具有无人值守和分布面积较广的特点，设备的运行环境较为恶劣，而且可能出现火灾、水灾等突发事件。为保证基站设备的正常工作，应付各种可能的突发事件，应当配有较为完善的基站动力与环境监控系统。

1．系统功能

基站动力与环境监控系统对分散的动力系统、空调系统、机房环境和安全保卫系统的运行状况进行实时监视，发送控制命令，侦测和处理故障。监控系统应具有以下几个主要功能：

（1）实时监测功能。

实时监测基站环境和动力设备的工作状态和运行参数，掌握设备运行状况。

（2）远程控制功能。

通过遥控实时、准确地执行控制命令和进行参数调整。

（3）故障诊断和报警功能。

监测数据符合告警条件时发出告警信息；能够查找告警及故障原因，判断故障位置和性质，及时处理故障。

（4）数据查询和报表功能。

查询实时数据、历史数据及其他信息，并可生成报表，以便统计、分析、存档。

2. 监控对象和内容

1）监控对象

基站动力与环境监控系统的监控对象为动力设备（即电源设备）、空调设备和环境。被监控设备可分为智能设备和非智能设备。对于智能设备，可以直接纳入监控系统；而对于非智能设备则需要通过数据采集器将其智能化才可以接入监控系统。

2）监控内容

基站动力与环境监控系统的监控内容主要有以下几点：

① 供电状态。

② E1 传输设备监测。

③ 烟雾告警。

④ 火情告警。

⑤ 高温告警。

⑥ 门禁告警。

⑦ 环境温湿度。

3. 监控设备

基站动力与环境监控设备主要有如下几种：

1）传感器

传感器用来检测各种指标，然后转换为电量并输出。主要的传感器类型有温度传感器、湿度传感器、烟雾传感器、红外传感器、直流电传感器、交流电传感器、门磁开关等。

2）数据采集器

数据采集器用于对各种模拟量以及开关量进行采集，具有数据分析、存储和上报功能。

3）协议转换器

协议转换器将监控设备的非标准协议转换为标准通信协议再进行通信。

4）智能设备

智能设备除了具有实时监控功能，还具有数据分析、存储的功能，并且可以上报数据，如智能电池监测仪。

5）电源监测板

电源监测板能够监控基站的市电供电情况，可实现三相电断电检测功能和三相电缺相监测功能。

4. 组网方式

基站动力与环境监控系统的组网方式一般有以下几种：

1）公务信道方式

该方式是利用传输设备（如光端机、微波端机）的冗余公务信道组成总线监控网。该方式的优点是组网成本低、投资小、信道资源占用少；缺点是组网的基站站点少，不适合基站日益增多的庞大的通信系统。

2）干接点监控方式

该方式是通过基站 BTS 外部告警接口，将基站环境监控设备采集到的监控信息上传到操作维护中心（OMC），利用 OMC 的环境监控单元来查看基站的告警信息。该方式的优点是传送告警量简单、方便、及时；缺点是没有将监控网和业务网分离。

3）2M 抽时隙方式

该方式是基于时隙分插技术，每个基站利用 BTS2M 电路的一个时隙传输监控信息。该方式的优点是利用现有传输链路传送监控数据，不占用额外 2 M 资源，节约了传输资源，便于组网方式扩展；缺点是该传输方式受到主设备运行状态的影响，一旦主设备故障，将导致监控数据的中断。

4）2M 单独方式

该方式为监控数据分配独立的 2 M 资源，其优点是监控网与业务网分离，不受基站主设备运行状态的影响，自行成环，不占用主设备 BTS 话务通道；缺点是占用传输资源较大，而且在传输过程中一旦个别基站中断将导致其下挂基站监控中断。

2 M 单独组网方式与 2 M 时隙组网方式的比较如表 6-2 所示。

表 6-2 2 M 单独组网方式与 2 M 抽时隙组网方式的比较

序号	性能指标	2 M 单独接入	2 M 抽时隙接入
1	监控可用率	占用独立的 2 M，不依赖于基站 BTS，能够排除 BSC 割接与 BTS 割接给监控可用率带来灾难性的影响	占用一个时隙，依赖于基站 BTS，不能够排除 BSC 割接与 BTS 割接给监控可用率带来灾难性的影响
2	设备安装与维护	安装简单，维护监测技术简单	安装更占用设备资源，维护检测技术复杂，对维护人员水平要求高
3	传输速度	传输速度快，2 M 的带宽，可以满足后期深层次扩展	传输速度为 64 K，虽能保证监控基本的信号采集传输，但不利于后期深层次扩展
4	投资规模	占据传输资源较大，投资较大	占用传输资源较小，投资较小

5. 举 例

某 GSM-R 基站动力与环境监测系统由集中监控中心、基站监控系统及传输通道三部分组成。

1）集中监控中心

集中监控中心的基本功能是汇总车站监控单元传送的各类信息,进行数据分析处理、存储显示打印、并用多种方式示警;出现故障后随时进行相关处理工作,发布派工命令,记录处理结果;发布控制命令给远端监控单元,完成对被控设备的控制。

集中监控中心设置维护监测终端、运营监视终端、打印设备等,同时配置远程工作站、网络设备、组网通信设备等。

2）基站监控系统

基站监控系统设置于各被监控机房之中,具有的基本功能为:实时监视被监控设备工作状态;采集并存储被控设备运行参数;按照监控管理中心的命令对被控设备进行控制。

系统由采集前端设备、监控终端设备、数据采集模块、组网模块、数据分析处理模块、系统配线单元及机柜（机箱）组成。

监控终端设计有 RS232 接口,可方便接入便携式移动维护终端,以进行现场数据采集并控制设备。

3）传输通道

传输通道由传输系统提供 1 条 2 M 自愈环通道,单独传输监控数据。

五、基站防雷与接地系统

雷电具有很强的破坏性,主要有直击雷、雷电感应、雷电波侵入和地电压反击四种形式。由于移动通信基站的天线设备安装在建筑物顶上或铁塔上,从而导致雷击概率增多。移动基站易遭受雷害,导致通信设备损坏、通信中断。

为防止移动通信基站遭受雷害,确保移动通信基站内设备的安全和正常工作,确保基站内工作人员的安全,移动通信基站必须配备安全有效地防雷与接地系统。

1. 基站防雷与接地系统的构成

基站防雷与接地系统由大地、接地体、接地引入线、地线汇流排、接地线五部分组成。

1）接地体

大地具有导电性和无限大的容电量,是良好的公共参考电位。为使电流入地扩散而采用的与土壤成电器接触的金属部件称为接地体。接地体由两部分组成,即建筑物基础部分混凝土内的钢筋和围绕建筑物四周敷设的环形接地极（包括垂直电极和水平电极）,将它们相互焊接组成一个整体,构成接地网（地网）。

接地体的埋深（指接地体上端）一般不小于 0.7 m。在寒冷地区，接地体应埋设在冻土层以下。

2）接地引入线

接地引入线是在接地体与地线汇流排之间起连接作用的部分。接地引入线不能用扁平编织线或绞合线，因为它们容易被腐蚀氧化，并且有较大的电感和互感，对泄放浪涌电流不利。接地引入线的长度不宜超过 30 m，材料为截面面积 40 mm × 4 mm 的热镀锌扁钢或截面面积为 95 mm^2 的多股铜线。它与避雷针和接地体的连接建议采用烧焊，其烧焊接触缝长度应大于 20 cm，以防止大电流通过时因接触面小而发热引起严重脱焊。避雷针、引入线和接地体等整个防雷接地系统，最好采用相同的金属材料，以防止长期的电化反应使接地线遭受腐蚀而接地不良。尤其要避免铜与镀锌铁制件直接接触，因为铜锌会在接触面上形成铜锌电池而很快腐蚀。当接地引入线从楼顶引下时，应防止靠近其他导体或与其作平行布置，即使与其他导体接触也应该相隔 2 m 以上。当接地引入线必须穿过金属管道时，则必须使引入线在被穿过的导线的两端与导线相连接，此金属也称为地线的连接线。

3）地线汇流排

地线汇流排（简称地线排）为汇集接地线所用的母线铜排。地线排一般分为室内接地排和室外接地排。室内接地排通常安装在与 BTS、电源机柜较近且与走线架同高的墙上，室外接地线通常在馈管窗外附近 1 m 内。地线排为不小于 400 mm（长）× 100 mm（宽）× 5 mm（厚）的铜排，并预留相应的螺孔以便连接。自接地排至各种设备的接地线要尽量短。最后，室内接地排通告一根单独的黑色接地引入线引至楼底接地体。室外接地排可用一根黑色接地线引入线（95 mm^2）连接至楼底接地体。

4）接地线

接地线是连接设备到地线汇流排的导线。接地线不准使用裸导线布放，不得使用铝材。

2. 基站防雷与接地系统的要求

基站防雷与接地系统的要求主要体现在以下两个方面：

1）接地电阻的要求

接地电阻主要包括：土壤电阻、土壤和地电极之间的接触电阻、地电极自身电阻、接地引下线电阻等，由于后几种电阻很小，一般可忽略不计，所以接地电阻主要是指土壤电阻。降低接地电阻是实现雷电流泄流的关键。接地电阻阻值越小，则瞬间冲击接地电压降就越小，雷击时设施的危险性就越小。不同设施对接地电阻的要求稍有差异，移动通信基站基座≤4 Ω，天馈线金属屏蔽层≤4 Ω，信号避雷器≤10 Ω，电源避雷器≤4 Ω，安全保护地≤4 Ω，通信机房≤1 Ω。

2）联合接地的要求

IEC（国际电工委员会）和 ITU-T（国际电信联盟）的相关防雷接地设计规范中都不再有单独接地，而是建立公共地网以防雷，即电源地、工作地、保护地等在公共地线上连成电气一体化，以建立零电位参考电平平台。移动通信基站中，防雷接地对雷击防护采用的泄流接地；工作接地为直流电源接地；保护接地为室内设备机壳接地。

3. BTS 接地的集中情况

BTS 的接地分为保护接地，工作接地和防雷接地。实际接法主要有下面三种情况。

1）利用现有的避雷带

当 BTS 所在大楼有较可靠的屋顶避雷带，防雷接地及工作接地时，BTS 的接地应利用大楼现有的接地装置，但必须测试其接地电阻值。如果测试结果不符合要求，应增加接地体，使接地电阻满足 ≤5 Ω 的要求。如果大楼的防雷接地与工作接地分设接地体，而且经实际测试防雷接地装置的接地电阻大于工作接地电阻时，应增加接地体，使其阻值降到工作接地的电阻和同或更小一些。天线、天线杆/塔、馈线及屋顶走线架与屋顶避雷带做可靠的连接，连接点不能少于两点。如果天线附近没有避雷带，则专设下引线沿外墙引至接地体，不要引入机房的接地排上。

2）大楼没有避雷带

当所在大楼没有现成的屋顶避雷带时，应架设一定数量的避雷针，使天线顶端处于避雷针的保护之下，并同时将避雷针接地线直接引至楼下接地体。

3）BTS 设有天线铁塔

当 BTS 设有铁塔时常采用三合一（即联合接地）系统。这种情况，一般都把整个机房设计在铁塔的避雷保护范围内，机房顶可以不设避雷带，但机房四周仍需埋设一闭合地环，使机房的地电位均衡分布和缩短接地引线。这个闭合接地环与铁塔的均压接地环在地下连接在一起。铁塔的塔脚也应该相互连接起来，然后再多点与均压环相连。天线的同轴电缆必须安装在铁塔体内，以防止大电流贯穿同轴线。接地时需用大截面导体，才能达到电阻低、热量高、引线电感小、趋肤效应也小的要求。

4. 基站的防雷与接地

1）供电系统的防雷与接地

① 移动通信基站的交流供电应采用三相五线制供电方式。

② 移动通信基站宜设置专用电力变压器，电力线宜采用具有金属护套或绝缘护套电缆，穿钢管埋地，并引入移动通信基站，电力电缆金属护套或钢管两端应就近可靠接地。

③ 当电力变压器设在站外时，对于低处年雷暴日大于 20 天、大地电阻率大于 100 Ω/m 的暴露地区的架空高压电力线路，宜在其上方架设避雷线，其长度不宜小于 500 m。电力线应在避雷线的 25°角保护范围内，避雷线（除终端杆外）应每杆做一次接地。

④ 当电力变压器设在站内时，其高压电力线应采用电力电缆从地下进站，电缆长度不宜小于 200 m，电力电缆与架空电力电缆连接处三根相线应加装氧化锌避雷器，电缆两端金属外护层应就近接地。

⑤ 移动通信基站交流电力变压器高压侧三根线，应分别就近对地加装氧化锌避雷器，电力变压器低压侧三根相线应分别对地加装无间隙氧化锌避雷器，变压器的机壳、低压侧的交流零线，以及变压器相连的电力电缆的金属外护层，应就近接地。出入基站的所有电力线均应在出口处加装避雷器。

⑥ 进入移动通信基站的低压电力电缆，宜从地下引入机房，其长度不宜小于 50 m。电力电缆在进入机房交流屏处，应加装避雷器，从屏引出的零线不做重复接地。

⑦ 移动通信基站供电设备的正常不带电的金属部分、避雷器的接地端，均应做保护接地，严禁做接零保护。

⑧ 移动通信基站的直流交流地，应从室内接地汇集线就近引接，接地线截面面积应满足最大负荷的要求，一般为 35～95 mm^2，材料为多股铜线。

⑨ 移动通信基站电源设备应满足相关标准、规范中关于耐雷冲击指标的要求，交流屏、整流器应设有分级防护装置。

2）铁塔的防雷与接地

① 移动通信基站铁塔应有完善的防直雷击及二次感应雷的防雷装置。

② 移动通信基站铁塔采用太阳能灯塔。对于使用交流电馈电的航空标志灯，其电源线应采用具有金属外护层的电缆，电缆的金属护外套应在塔顶及进机房入口处的外侧就近接地。灯塔控制线及电源线的每根相线，均应在机房入口处分别对地加装避雷器，零线应直接接地。

3）天馈线系统的防雷与接地

① 移动通信基站天线应在接闪器的保护范围内，接闪器应设置专门雷电流引下线，材料宜采用 40 mm×40 mm 的镀锌扁钢。

② 基站同轴电缆线的金属外护套，应在上部、下部和走线架进机房入口处就近接地，在机房入口处的接地，应就近与地网引出的接地线妥善连通。当铁塔高度大于或等于 60 m，同轴电缆馈线的金属外护套层还应在铁塔中部增加一处接地。

③ 同轴电缆馈线进入机房后，与通信设备连接到室外地线排上，选择馈线避雷器时，以防止自天馈线引入的感应雷。馈线避雷器接地端子应就近引接到室外地线排上，选择馈线避雷器时，应考虑阻抗、衰耗、工作频段等指标与通信设备相适应。

4）其他设备的防雷与接地

① 移动通信基站的建筑物应有完善的防直击雷及抑制二次感应雷的防雷装置（避雷网、避雷网和连接器等）。

② 机房顶部的各种金属设备，均应分别与屋顶避雷带就近相通。机房顶部的彩灯应安装在避雷带下方。

③ 机房内走线架、吊挂铁架、机架或机壳、金属通风管道、金属门窗等均应做保护接地。保护接地引线一般宜采用截面面积不小于 35 mm² 的多股铜导线。

本章小结

1. 基站要提供可靠的通信服务，必须具有 BTS、传输设备、电源设备、监控设备及空调设备。

2. BTS3012 主要由公共子系统、载频子系统、射频前端子系统和天馈子系统四部分组成。公共子系统主要由 DTMU、DEMU、DCSU、DCCU、DATU 组成。载频子系统主要由 DTRU、DATU 组成。天馈子系统包括天线、馈线、塔放、低损耗传输电缆及避雷器。

BTS3012 软件由无线接口信号处理部分、信令处理部分和操作维护部分构成，还包括了 BTS 内部各单元之间的通信处理程序。

3. BTS3012 的操作维护功能可完成对基站设备的管理和维护，可进行软件远近端加载、基站对象属性配置管理、设备管理和系统状态监控等操作。BTS3012 提供两种操作维护方式：近端维护和远端维护。

4. GSM-R 基站子系统中大都采用光纤作为 BSC 与 BTS 之间的传输通道，采用的传输设备为 SDH 传输设备。

5. 基站电源系统主要由交流配电系统和直流配电系统组成。交流配电系统由变电站、市电油机转换屏、低压配电屏、交流配电屏和 UPS 组成。直流供电系统由整流器、蓄电池组和直流配电屏组成。

6. 空调设备为基站机房提供一个合适的温度和湿度环境。

7. 基站动力与环境监控系统是对分散的动力系统、空调系统、机房环境和安全保卫系统的运行状况进行实时监视，发送控制命令，侦测和处理故障。GSM-R 基站动力与环境监测系统一般由集中监控中心、基站监测系统及传输通道三部分组成。

8. 为防止基站遭受雷害，移动通信基站必须配备安全有效的防雷与接地系统。基站防雷与接地系统由大地、接地体、接地引线、地线汇流排、接地线五部分组成。基站防雷与接地主要包括供电系统的防雷与接地、铁塔的防雷与接地、天馈线系统的防雷与接地。

复习思考题

1. GSM-R 基站机房的设备是如何配置的?
2. 简述 BTS3012 设备的组成。
3. BTS3012 有哪几种操作维护方式？分别如何进行？
4. BTS3012 的操作维护功能有哪些？
5. 简述 BTS3012 的维护方式和日常维护内容。
6. BTS 故障清除的原则是什么？
7. SDH 设备的操作维护有哪些方式？有哪些故障处理方法？
8. 基站电源系统是如何组成的？
9. 基站动力与环境监控系统有何功能？
10. 2 M 抽时隙和 2 M 独立组网方式分别如何实现？
11. 简述 GSM-R 基站动力与环境监测系统的组成。
12. 基站防雷与接地系统是如何组成的？
13. 简述供电系统防雷与接地的基本要求？
14. 简述铁塔防雷与接地的基本要求。
15. 简述天馈系统防雷与接地的基本要求。

第七章　GSM-R 直放站

　　GSM-R 系统为铁路运营提供定制的附加功能如铁路通信列车调度、列车控制、支持高速列车等，我国的客运专线和高速铁路建设中，全部采用该网络。为确保对运行列车的指挥调度及时、可靠，系统除设备稳定外网络覆盖的稳定和连续是至关重要的。

　　铁路沿线地形复杂多隧道、沟堑、山体和坡地。这些地形都对 GSM-R 信号形成阻挡产生大量盲区。如果使用基站对这些区域进行信号补强，会造成极大的投资浪费并会使得线路运行设备频繁进行切换影响通信效果。目前对这些弱场区域的信号一般都采用直放站配合天线或漏缆进行补强，以保证 GSM-R 网络覆盖的稳定连续。

第一节　直放站概述

一、直放站的作用

　　直放站是指在无线通信传输过程中起到信号增强作用的一种无线电发射中转设备。在下行链路中，直放站拾取现有覆盖区域中的信号，然后将信号放大后再次发射到待覆盖区域；在上行链接路径中，覆盖区域内的移动台的信号以同样的工作方式由上行放大链路处理后发射到相应基站。

　　使用直放站进行无线覆盖具有两个优点：一是在不增加基站数量的前提下保证网络覆盖；二是其造价远远低于有同样效果的微蜂窝系统。直放站是解决通信网络延伸覆盖能力、提高通信质量的一种优选方案。它与基站具有结构简单、投资较少和安装方便等优点，可广泛用于难以覆盖的盲区和弱区，如室内场馆、机场、码头、铁路、地铁、隧道、高速公路等各种场所。

二、直放站的类型

　　直放站分类方法有多种，常用的分类方法有：
　　（1）按通信体制分有 GSM 直放站、CDMA 直放站、WCDMA 直放站、TD-SCDMA、LTE 直放站。
　　（2）按安装场所来分有室外型机和室内型机。
　　（3）按传输带宽来分有宽带直放站和选频（选信道）直放站。
　　（4）按传输方式来分有无线直放站、光纤传输直放站和移频传输直放站。
　　（5）按载频数目分类，有单载频直放站和多载频直放站。
　　（6）按输出功率大小分类，有大功率直放站（输出功率 10 W 以上）、中功率直放站（输出功率 1~10 W 之间）、小功率直放站（输出功率 1 W 以下）。

（7）按电源供电方式分类，有交流供电直放站、直流供电直放站、蓄电池供电直放站、太阳能电源直放站和风力电源直放站等。

（8）按接入方式分类，有直接耦合接入方式直放站和空间耦合接入方式直放站。

各类直放站的特点和应用见表 7-1。

表 7-1　各类直放站的特点和应用

直放站种类	作用	特点	应用范围
室外型无线宽带直放站	通过该设备对所在地基站与移动台之间的射频信号进行接收和转发，并对工作频段内指定的基站信号进行带通放大，对其他无关的信号则滤除抑制，增强上下行信号场强，扩大基站覆盖范围	A. 采用空间信号直放方式，为透明信道式 B. 工程选点需考虑收发天线的隔离 C. 设备安装简单 D. 投资少，见效快，无需使用传输线路 E. 工作带宽较宽，一般在 2 M～19 MHz 之间 F. 不受施主小区的载波数、调频方式和扩容限制 G. 互调干扰和噪声电平较大 H. 主机增益大，但每载波输出功率小，覆盖范围较小	适用于施主小区的载波数较多，且施主基站采用了高频调频技术的地区
室外型无线选频直放站	通过该设备对施主基站与移动用户之间的射频信号进行接收与转发，并对施主基站信号进行载波选频放大，对其他无关的信号则滤除抑制，增强上下行信号场强，扩大基站覆盖范围	A～D 点同上 E. 工作带宽为 200 kHz F. 只对选定的载波进行放大，一般可放大 1～4 个载波信号，最多 8 个，载波数越多，价格越贵 G. 受施主小区的载波数、跳频方式和扩容限制 H. 互调干扰和噪声电平较小 I. 主机增益大，每载波输出增益较大，覆盖范围也较大	适用于施主小区的载波数较少，且施主基站没有采用高频跳频技术的地区
室外型光纤直放站	通过该设备使基站与移动用户之间的射频信号通过光纤传输进行接收与转发，并对工作频段内指定的基站信号进行放大，对其他无关的信号则滤除抑制，增强上下行信号场强，扩大基站覆盖范围。光纤直放站也分为带宽和载波选频二种	A. 经光纤中继设备将信号传输到远端覆盖区，中继距离在 20 km 以内 B. 输出信号频率与输入信号频率相同，透明信道 C. 不存在直放站收发间隔问题，选点方便 D. 价格较高，需要租用或自行铺设光纤 E. 主机增益较小 F. 互调干扰较小，噪声电平较大 G. 一个光中继设备可同时与多个覆盖端机连接，覆盖范围较大	适用于无法安装无线直放站的地区，还可用于将空闲小区信号引入高话务区，进行话务分流

续表 7-1

直放站种类	作用	特点	应用范围
室内型无线宽带直放站	通过该设备把室外基站信号引入室内，并对工作频段内指定的基站信号进行带通放大，对其他无关的信号则滤除抑制，增强上下行信号场强，改善室内覆盖效果	A. 采用空间信号直放方式，为透明信道 B. 输出端一般连接室内覆盖系统，工程选点无需考虑收发天线的隔离 C. 设备安装简单 D. 投资少，见效快，无需使用传输网络 E. 工作带宽较宽，一般在 2~19 MHz 之间 F. 不受施主小区的载波数，跳频方式和扩容限制 G. 互调干扰和噪声电平较大 H. 增益较小，输入功率不能过大，输出功率也较小	适用于话务量不高、面积不大的小型室内覆盖系统
室内型无线选频直放站	通过该设备对施主基站与移动用户之间的射频信号进行接收和转发，并对施主基站信号进行载频选频放大，对其他无关的信号则滤除抑制，增强上下行信号场强，扩大基站覆盖范围	A~D 点同上 E. 工作带宽为 200 kHz F. 只对选定的载波进行放大，一般可放大 1~4 个载频信号，价格较高 G. 受施主小区的载频数，跳频方式和扩容限制 H. 互调干扰和噪声电平较小 I. 增益较小，输入功率不能过大，输出功率也较小	可用于施主小区载波数较小且不采用跳频技术，话务量不高，面积不大的小型室内覆盖系统

三、直放站的工作原理

直放站属于中继器（REPEATER）的一种，是网络物理层上面的连接设备。适用于完全相同的两类网络的互连，主要功能是通过对数据信号的重新发送或者转发，来扩大网络传输的距离。

直放站是对信号进行再生和还原的网络设备。直放站由天线、射频双工器、低噪声放大器、混频器、电调衰减器、滤波器、功率放大器等元器件或模块组成上、下行放大链路。其工作的基本原理是：用前向天线（施主天线）将基站的下行信号接收进直放机，通过低噪放大器将有用信号放大，抑制信号中的噪声信号，提高信噪比（S/N）；再经下变频至中频信号，经滤波器滤波，中频放大，再移频上变频至射频，经功率放大器放大，由后向天线（重发天线）发射到移动台；同时利用后向天线接收移动台上行信号，沿相反的路径由上行放大链路处理。即经过低噪放大器、下变频器、滤波器、中放、上变频器、功率放大器再发射到基站，从而达到基站与移动台的双向通信。

下面分别介绍无线直放站和光纤直放站的工作原理。

1. 无线直放站工作原理

1) 无线直放站的构成

一个无线直放站由施主天线、施主天线双工器(含滤波器)、下行通道低噪声放大器、下行通道功率放大器、上行通道低噪声放大器、上行通道功率放大器、重发天线、重发天线端双工器(含滤波器)、电源和监控单元等部分组成。无线直放站的工作原理如图7-1 所示。

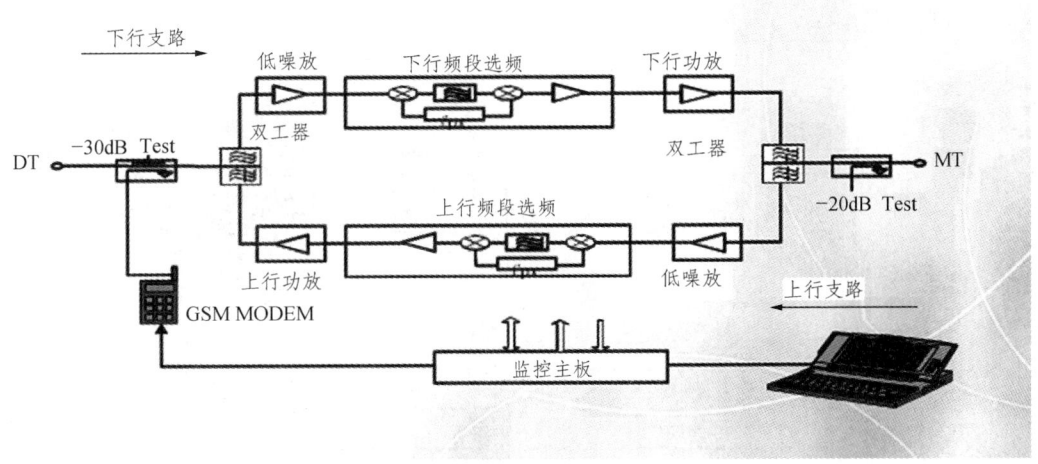

图 7-1　无线直放站的工作原理图

2) 无线直放站的工作过程

无线直放站工作时,首先是经施主天线接收来自基站的信号,该信号进入双工滤波器滤除带外的无用信号后,再由低噪声放大器将信号放大。为了能够得到比较纯净的信号,有时还可能采用中频滤波的方法对接收信号进行变频(最常见的是变至 70 MHz)。在中频频率上经 10 MHz 带通滤波和中频放大后,又变回原来频率,进入功率放大器,放大至所需功率由重发天线输出。上行信号同下行信号的处理过程相似,只是频率不同,移动台信号经由重发天线接入并经相应的放大处理后,再由施主天线送发到基站。

为确保直放站正常工作,能及时发现设备的问题,并将直放站工作情况汇总至网管中心,在直放站内一般设有监控单元。监控单元可以检测直放站内部各个部件的工作情况,参数变化情况,并能够对主要参数进行设置。通过无线 Modem,还可以将信息传至远端直放站网络监控系统。

大部分直放站使用交流电源,还可使用蓄电池浮充电源,在一些能源短缺的偏远山区还可使用太阳能电源或风力电源等。

2. 光纤直放站工作原理

光纤直放站与无线直放站的最大区别在于施主基站信号的传输方式不同,无线直放站通过接收空间传播的无线信号进行放大,从而扩大基站覆盖范围;光纤直放站是通过光纤传输基站信号,采用光信号接收器和转换器将基站信号传送到偏远区域。

1) 光纤直放站工作原理

光纤直放站的工作原理如图 7-2 所示，系统主要由中继端机（近端机）和覆盖端机（远端机）组成。以下行信号为例，系统工作时，中继端通过施主天线接收来自基站的下行射频信号，同时将射频信号转换成光信号再送入光纤传输；传送到覆盖端后，覆盖端机再将光信号转换为射频信号，经功率放大器放大后由用户天线发射至空间，从而达到覆盖的目的。同理，在覆盖端用户天线接收来自移动台的上行信号，经覆盖端机放大并转换为光信号送入光纤传输，光中继端机将上行光信号转换为射频信号，经放大器放大，通过天线发送给基站。

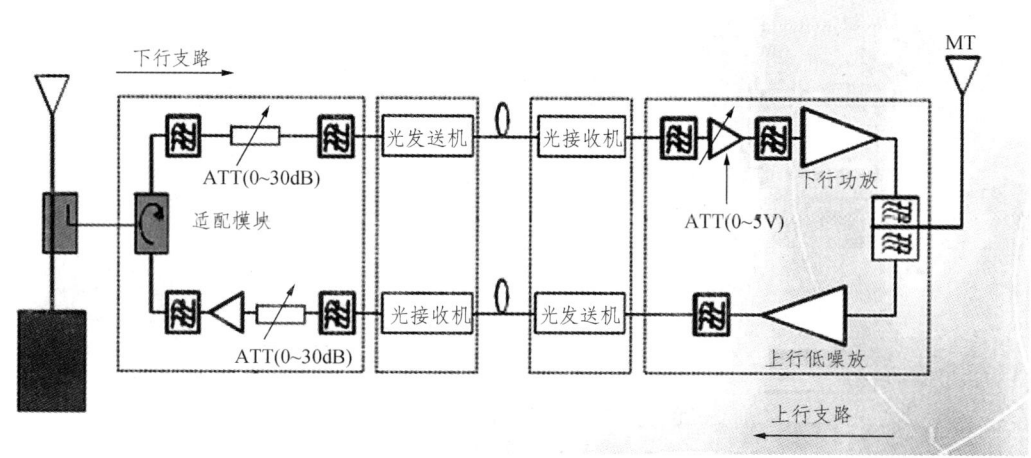

图 7-2　光纤直放站的工作原理图

2) 光纤直放站的特点

① 工作稳定，覆盖效果好。

光纤直放站通过光纤传输信号，不受地理环境、天气变化或施主基站覆盖范围调整的影响，因此工作稳定，覆盖效果好。

② 设计和施工更为灵活。

无线直放站需要施主天线安装在可以接受到基站信号的地方，而且接收信号强度不能小于 -80 dBm，所以无线直放站一般只能安装在基站覆盖范围的边缘，并向顺着基站覆盖的方向延伸覆盖。同时，为了防止直放站自激，还需保证施主天线和覆盖天线有足够的隔离度。因此，无线直放站的安装位置和方式受到一定的限制，而且一般采用定向天线进行覆盖，覆盖范围较小。光纤直放站在设计时不需考虑安装地点能否接收到信号；不需考虑收发间隔问题，选址方便；覆盖天线可根据需要采用全向或定向天线。

③ 避免了同频干扰，可全向覆盖，干扰小。

光纤直放站是为了扩大基站的覆盖范围，把基站信号变成光信号经光纤传输，从基站传到远程地区，可使干扰及插入损失减小到最小。

④ 适用于宽带信道选择。

⑤ 单级传输距离长达 20 km 以上，扩大覆盖范围。
⑥ 可提高增益而不会自激，有利于加大下行信号发射功率。
⑦ 信号传输不受地理条件限制。
⑧ 容易实现一台中继端机对多台远端机（覆盖端机）的连接。

四、直放站的主要指标

1. 工作频段

工作频段是指直放站发挥中继和放大作用所使用的频段，只有在此频段内的信号才可以通过直放站无失真地放大转发，其他频段的信号则被滤除。由于直放站分上下行链路，所以分别有上下行的工作频段。

对于 GSM-R 直放站，其工作频段为：上行 885～889 MHz；下行 930～934 MHz。

2. 工作带宽

工作带宽即直放站的系统增益比峰值下降 3 dB 时所对应的频率范围。

宽带直放站的带宽一般要求在 2～19 MHz 之间，中心频率可在工作频带内变动，但带宽的上下限不能超出工作带宽的范围。

载波选频直放站的每个选频信道带宽即载波信号的带宽，如 GSM 或 GSM-R 制式为 200 kHz；中心频率即所需放大的载波信号的载频。

3. 主机额定增益

主机额定增益是指直放站在线性状态下最大输入电平时的放大能力。设主机额定增益为 G_{max}，输入功率为 F_{in}，输出功率为 F_{out}，则 $F_{out} = F_{in} + G_{max}$ 称为满增益输出。另外，直放站的上行增益和下行增益是分开调节的，但为了达到上下行平衡，一般设为一致。

室外无线直放站的主机额定增益一般要求在 80～95 dB 之间，太低则输出功率无法满足覆盖要求，太高又很难满足隔离度的要求。

室外光纤直放站的主机额定增益一般比室外无线直放站的主机额定增益低一些，在 45～65 dB 之间，主要是因为光纤传输损耗小，容易得到较高的输出功率，另外还要防止上行噪声电平过高影响施主基站。

室内直放站的主机额定增益一般比室外无线直放站的主机额定增益低一些，在 50～70 dB 之间，主要原因是防止噪声电平和干扰过高影响施主基站和覆盖效果。

4. 上下行增益可调范围

上下行增益可调范围是指直放站上行增益和下行增益在最大增益的基础上可以连续调整的范围。

一般要求直放站的上下行增益有 2～40 dB 的连续可调范围，调节步长为 1 dB 或 2 dB。

5. 最大输出功率

最大输出功率是保证直放站正常工作下所能得到的最大有效输出功率，一般是取直放站 1 dB 压缩点回退 6~11 dB 所对应的输出功率。

1 dB 压缩点输出功率是指输出功率达到进入饱和状态的临界点时，回退 1 dB 所对应的输出功率，是直放站工作在线性工作区内的最大输出功率，但由于该点为临界点，工作不稳定，所以一般直放站允许的最大输出功率要比 1 dB 压缩点回退几 dB。

室外无线宽带直放站的最大输出功率一般为 33 dBm（2 W）以上，但这为所有通过直放站信号的功率总和，若通过的信号越多，信号的功率越小，所有宽带直放站的覆盖范围较小。

对于室外无线载波选频直放站，直放站有 2 个选频信道时，每载波信号输出功率一般在 30~33 dBm；4 个选频信道时，每载波信号的输出功率衰减 3 dB；8 个选频信道时，每载波信号的输出功率衰减 6 dB。

室内无线宽带直放站的最大输出功率一般要求为大于 17 dBm（50 mW）。

6. 杂散辐射

杂散辐射是指在除工作带宽内和由于正常调制和切换瞬态引起的边带以及离散频率上的辐射。一般分为由天线连接处，电源引线引起的传导型杂散辐射和由机箱以及设备的结构引起的辐射型杂散两种。杂散辐射主要是指带外的杂散辐射，带内的杂散很小可忽略不计。

当增益调到最大时，在 900 MHz 频段，杂散辐射应小于 -36 dBm（带外）。

7. 互调产物

互调产物是指与载波信号频率有某一特定频率关系的两个或多个带内的信号，由于直放站内部器件的非线性而相互调制产生的互调干扰信号，它是衡量直放抑制各种干扰的能力的指标。对于直放站，主要考虑的是可能在工作带宽内的三阶互调产物 IM3。

根据 GSM 11.26 标准和国家无线电委员会的要求，当增益调到最大时，在 900 MHz 频段，互调产物小于 -36 dBm（带内）。

8. 互调抑制比

互调抑制比是指载波信号的功率电平与最高互调干扰信号的功率电平之比（IMD），也是衡量直放站抑制各种干扰的能力的指标。

根据 GSM 11.26 标准的要求，当增益调到最大时，在 900 MHz 频段，IMD 大于 70 dBc（带内）。

9. 带外增益抑制度

根据 GSM11.26 关于直放站的规范要求，带外增益抑制度的标准见表 7-2。其中 f_1、f_0、f_2 分别为滤波器带宽的下限、中心频率和上限，直放站增益为 85 dB。

表 7-2 直放站带外增益抑制标准

频率	增益衰减	频率	增益衰减
$f_1 - 5$ MHz	<-60 dB	f_2	<-3 dB
$f_1 - 1$ MHz	<-50 dB	$f_2 + 400$ kHz	<-35 dB
$f_1 - 600$ kHz	<-45 dB	$f_2 + 600$ kHz	<-45 dB
$f_1 - 400$ kHz	<-35 dB	$f_2 + 1$ MHz	<-50 dB
f_1	<-3 dB	$f_2 + 5$ MHz	<-60 dB
f_0	0 dB		

10. 噪声系数

噪声系数（NF）是指直放站输入端的信噪比（S/N）$_i$ 与输出端信噪比（S/N）的比值，用 dB 表示。噪声系数是衡量通过直放站的信号叠加了直放站本身产生的噪声后，信噪比变坏程度的指标。理想情况下 NF 为 0，但由于直放站本身会产生噪声，所以一般大于 0。

我国《900 MHz 直放站技术要求及测试方法》标准中要求噪声系数小于 4 dB。

11. 驻波比（VSWR）

驻波比（VSWR）是指在直放站输出端测得的电压极大值与极小值之比，是衡量直放站产生的信号反射波对原入射信号影响程度的指标。

一般要求驻波比小于 1.5。

12. 自动功率控制（ALC）

自动功率控制（ALC）功能就是对直放站输出功率设定一个门限，若输出功率超出此门限，该功能就会启动，利用负反馈电路输出功率降到门限以下，保证直放站工作在线性工作区内。一旦 ALC 功能启动，输出信号会出现削波失真，严重畸变，所以一般设置 ALC 门限值为最大输出功率。

五、直放站的应用

1. 直放站的应用原则

根据不同类型直放站的特点和移动通信网络的需求，在不同的地理环境及应用场合，系统的解决方案是不同的。

对于无线直放站来说，信号的隔离显得尤为重要。无线直放站是从空间接收信号，势必要求空间信号尽可能纯净。而在基站较为密集区域，分离不同基站或扇区信号的难度将大大增加，容易使直放站增加对基站干扰。所以在基站较为密集区域，建议尽量采用有线信号的引入方式，比如光纤直放站。在不具备使用光直放站条件的场所，只能采用无线直放站但其施主天线必须具有足够的方向选择性。

针对各类地区及应用场所，直放站应用原则如下。

1) 城市密集区

由于用户量大，基站数量较多，一般不存在大范围的信号盲区，直放站只是用于解决小范围区域的补盲以及建筑物内的信号覆盖。在光纤到楼尚未普及的情况下，需采用无线直放站。随着建筑物的增多，所需的直放站数量也会随之增加，就会出现一个基站配置多台直放站的情况。

但直放站的引入必然对基站产生干扰，干扰会随着直放站数量增多而加大，特别是大功率直放站引入，会使系统干扰明显加剧。因此，在城市密集区应当采用小功率（1 W 以下）直放站。

2) 城市边缘

在 CDMA 网络建设初期，由于基站数量较少，可采用大功率的无线或光纤直放站。城市边缘地区，主要是解决信号覆盖问题。在已铺设光纤的地区最好采用输出功率为 10 W 的光纤直放站。

无光纤资源时，可利用无线直放站进行延伸覆盖。采用方向性好的施主天线提取较为纯净的源信号，输出功率为 5 W/10 W，等同于基站的输出，达到较好的覆盖效果。

3) 郊区、乡村

郊区、乡村主要是解决覆盖问题。在铺设光纤的地区最好采用大功率光纤直放站（10 W/20 W）扩大覆盖范围。

对于无光纤资源但又能收到基站信号的地区，可采用无线直放站解决覆盖问题。特殊情况下，还可以采用移频直放站增加覆盖距离。

2. 直放站的应用范围

直放站可为各种信号盲区提供不同的详细解决方案，其适应范围如下。

（1）扩大服务范围，消除覆盖盲区，如高山、建筑物、树林等阻挡而形成的信号盲区。

（2）在郊区增强场强，扩大郊区站的覆盖。

（3）沿铁路、高速公路架设，增强覆盖效率。

（4）解决室内覆盖，如大型建筑物内衰减信号盲区、地铁、隧道等衰减信号盲区。

（5）将繁忙的信号引到空闲的覆盖区内，实现话务量分散。

（6）其他因屏蔽不能使用信号直接穿透的区域等。

第二节 GSM-R 直放站设备

一、系统结构

GSM-R 光纤直放站系统的主要组成部分为近端机和远端机，此外，还包括光纤、天馈线、耦合器等设备。GSM-R 光纤直放站系统根据耦合方式可分为基站耦合性和无线耦合性两种。

1. 近端机

近端机的主要功能是：从 BTS 基站拾取信号，然后转换为光信号。转换成的光信号，通过光纤把信号传送到远端机；通过光纤接受来自远端机的信号，然后传递给基站。除此之外，近端机通过光纤端口和远端机通信，进行远程监控。根据和 BTS 的联系方式不同，近端机可以分为两种：基站耦合性和无线耦合性。

1) 基站耦合性近端机

此种近端机一般和基站在同一个机房内，通过在基站的天线输出口串接一只信号耦合器（对基站的影响很小，插入损耗<0.3 dB）和基站连接。

其基本工作原理为：

下行：耦合器从基站耦合出很微弱的信号（0~10 dBm），送到近端机的输入端，近端机将此信号转换为光信号，然后通过光纤传输至远端机。

上行：来自远端机的光信号由光纤传递到近端机，近端机解调出的射频信号经过耦合器让基站接收。

2) 无线耦合近端机

当基站没有光纤输出时，可以把近端机安装到弱场区边缘，然后再从近端机敷设光纤到远端机，这时近端机与 BTS 的相互联系是通过天线从空间建立起来的。其基本工作原理为：

下行：近端机通过定向天线接收 BTS 发射的下行信号，经过低噪声放大，然后将此信号转换为光信号并通过光纤传递给远端机。

上行：远端机的上传和基站耦合型一样，在近端机解调出射频信号电平后，必须进行功率放大，通过定向天线发射后，由 BTS 得接收天线进行接收。

和基站耦合型相比，天线近端机和 BTS 的信号耦合会受到环境气候等因素的影响，在设计时，应把这些因素的影响减少到最小。

2. 远端机

远端机从属于近端机，它的主要作用是和弱场区建立联系，对弱场区进行下行信号覆盖，同时把移动台的上行弱信号放大，然后转换为光信号送到近端机，和近端机比较，远端机增加了下行功率放大器和上行低噪声放大器。

其基本工作原理为：

下行：远端机将来自近端机的信号转换为射频信号，进过功率放大器后，把下行信号放大，然后由天线发射给移动台。

上行：移动台发射的信号通过空间传播被远端机接收，然后经过低噪声放大器把微弱的上行信号放大后，再将此信号转换为光信号，通过光纤送到近端机。

3. 光纤直放站网络拓扑结构

一台近端机可以带多台远端机，可以采用单根光纤连接，也可以采用多根光纤连接，单根光纤连接的方式成为总线型连接，多根光纤连接的方式成为星型连接。

1）星型连接

每台远端机都用一根光缆与近端机连接，近端机有多个光端口，每个光端口只能连接一台远端机。光缆进入近端机和远端机之前，先要进入光交接箱，然后引出需要的光跳线到直放站，近端机一般有 4 个光端口，如果需要增加，可以采用光端口扩展设备进行层叠。

它有如下特点：

① 每台远端机覆盖相互独立，不会因为其中一台设备出现问题而使其后面的链路中断。

② 信号质量好的，近/远端机独立连接，引入噪声和干扰小。

③ 点对点的光传输方式，因此传输距离远，最远可以到 50 km。

④ 远端机的数量几乎没有限制，适合大长隧道和大区间传输。

2）总线型连接

近端机和所有远端机都挂接在一根光缆上，通过光耦合器对光信号进行分配与混合。其特点是：

① 用一根光纤可以连接 2～6 台设备，线路成本低。

② 近端设备简单，成本低。

③ 配置远端机的数量和到近端机的距离有关，即距离越长数量越少；反之越多。

④ 适用于既有线改造。

二、设备组成

1. 近端机

1）近端机的结构

近端机由射频单元（RFU）、光端单元（OEU）、监控单元（MCU）、电源单元（PWR）和网管接入单元（OMU）等几部分组成。

射频单元（RFU）完成射频信号的处理，包括双工处理、信号检测、多路信号复用/解复用等功能

光端单元（OEU）通过光纤与远端机相连，完成光信号发送/接收、光/电转换、电/光转换等功能。

监控单元（MCU）控制其他单元的运行，完成各种监控信号的传送与处理。

电源单元（PWR）向各单元提供所需的工作电压。

网管接入单元（OMU）用来和网管相连，以完成对近端机的维护管理。

2）近端机前面板及指示灯

各指示灯的状态及含义如下：

充电状态：电池充电指示。灯亮——电池正在充电；灯灭——电池没有充电。

放电状态：电池放电指示。灯亮——电池正在放电；灯灭——电池没由放电。

断电告警：断电告警指示。灯亮——设备电源断电；灯灭——设备供电正常。

监控电源：12 V 电源指示。灯亮——电源 12 V 正常；灯灭——电源 12 V 故障。

监控指示：监控板工指示。灯闪——监控板正常工作；灯灭或长亮——监控板工作异常。

－48 V 电源：电源——48 V 指示。灯亮——电源－48 V 正常；灯灭——电源－48 V 故障。

发端无光：发送光信号指示。灯亮——光端机激光器故障；灯灭——光端机光纤接好。

收端无光：接收光信号指示。光亮——光端机光纤没接好或断纤；灯灭—光端机光纤接好。

光端电源：光端机电源指示。灯亮——光端机电源正常；灯灭——光端机电源故障。

频选锁定（用于选频直放站）：频选器工作指示。灯亮——频选器锁定；灯灭——频选器没有锁定。

Modem 状态：Modem 工作指示。灯亮——Modem 工作正常；灯灭或长亮——Modem 工作异常。

2. 远端机

远端机由光端机（OET）、低噪放（LNA）、功放（PA）、监控电路、双工器等部分组成。

三、运行维护

GSM-R 光纤直放站维护工作可以有效地保证设备的正常运行，可以有力地预防故障的发生和扩大，抑制造成的不良影响；可以降低设备的故障率，延长设备平均无故障运行时间；能够及时发现，调整由于外界环境变化等因素导致的覆盖质量问题。

1. 设备工作状态检查

在日常巡视中，首先通过观察各设备面板的指示灯的状态来判断设备的工作状态。如果指示灯异常，就要初步进行故障定位，然后通过测试相关端口的性能参数，必要时要和网管中心联系，进行故障分析，确定故障位置，最终排除故障。如果指示灯显示正常，也要测试一些重要的指标。根据指标的变化，提前判断可能出现的问题，做好预防工作。

2. 网管功能介绍

光纤直放站网管主要功能为：查询现场直放站运行状态、控制与调整直放站运行参数及显示警告。

1）主要监控功能——近端机

查询项内容：① 设备编号；② 本机编号；③ 监控中心地址；④ 近端机 IP 地址；⑤ 从站数量；⑥ 光收发模块故障；⑦ 电源模块故障；⑧ 耦合信号功率值。

控制项内容：① 设备编号；② 近机端 IP 地址；③ 近机端 MAC 地址；④ 监控中心地址。

主动告警项内容：① 电源掉电；② 光收发模块故障；③ 电源模块故障；④ 光端机收无光告警；⑤ 光端机发无光告警。

2）主要监控功能——远端机

查询项内容：① 设备编号；② 下行功放开关状态；③ 下行输出功率；④ 上行最大增益及下行最大增益；⑤ 上行功放故障及下行低噪放故障；⑥ 光收发模块故障；⑦ 设备过温报警；⑧ 下行波告警；⑨ 开门告警；⑩ 电源模块告警。

控制项内容：① 设备编号；② 下行功放开/关；③ 上行功放开/关；④ 整机上行增益值；⑤ 整机下行增益值；⑥ ALC 起控值。

主机告警项内容：① 上行低噪放故障；② 下行功放故障；③ 光收发模块故障；④ 设备过温；⑤ 下行输出过功率；⑥ 下行功放大驻波告警；⑦ 开门告警。

3. GSM-R 光纤直放站常见故障

1）近端机常见故障

① 近端机发无光告警。

故障现象及描述："发端无光"指示灯亮，光模块输出功率很小或无光功率输出。

故障分析：近端机内的光模块损坏。

解决方案：更换近端机内的光模块。

② 近端机发无光告警。

故障现象及描述："收端无光"指示灯亮，光模块输入功率很小或无输入（$<-13\,\text{dBm}$）。

故障分析：光纤损耗大或光纤断；近端机所带的远端机没有工作。

解决方案：检查近端机所带的远端机有没有工作；测量光纤的损耗或断点。

2）远端机常见故障

① 远端机发无光告警。

故障现象及描述："发端无光"指示灯亮，光模块输出光功率很小或无光功率输出。

故障分析：远端机内光模块损坏。

解决方案：更换远端机内光模块。

② 远端机收无光告警。

故障现象及描述："收端无光"指示灯亮，光模块输入光功率很小或无输入（$<-13\,\text{dBm}$）。

故障分析：光纤损耗大或光纤断；近端机没有工作。

解决方案：检查近端机有没有工作；测量光纤的损耗或断点。

③ 远端机断电告警。

故障现象及描述：远端机面板上电源状态灯亮红灯；远端机 UPS 电源或无 AC220 V 输入；网管中心软件界面有"远端机断电告警"显示。

故障分析：贯通电或市电停电；AC220 V 输入出空气开关跳闸；电源模块的断电告警电平输出不对。

解决方案：现场检查远端机处 UPS 电源的输入电压；现场检查 AC220 V 输入处空气开关的容量及是否跳闸；如果电源模块的断电告警电平输出不对，则更换电源模块。

④ 远端机门禁告警。

故障现象及描述：网管中心软件界面有"远端机门禁告警"显示。

故障分析：远端机的门被打开了；门磁开关坏。

解决方案：现场检查远端机的门是否被打开，关闭并锁好；检查门磁（吸合为导通），如果门磁开光损坏，更换即可。

⑤ 远端机驻波告警。

故障现象及描述：网管中心软件界面有"远端机驻波告警"显示。

故障分析：远端机天线（漏缆）或馈线部分松动或损坏。

解决方案：现场检查远端机天线（漏缆）与馈线部分，是否有松动或损坏。

⑥ 远端机通信故障。

故障现象及描述：网管中心软件界面有"远端机通信故障"显示，但是能查询到近端机。

故障分析：远端机贯通电或市电断电时间太长，后备电池欠压保护，导致远端机无法正常工作；近端机与远端机之间的光纤损耗过大或中断；远端机的地址设置不正确；近端机设置所带的远端机数量不正确；近/远光模块收发数据不正确，存在误码；近/远端机监控板收发数据不正确。

解决方案：检查网管历史记录，远端机是否供电正常；检查光纤损耗；检查远端机的地址拨码开关，确认地址正确；确认近端机参数设置正确；分别截取光模块和监控板的收发数据，确定故障模块。

⑦ 远端机下行没功率输出。

故障现象及描述：在远端机射频输出口测量不到输出功率。

故障分析：远端机供电不正常；功放模块损坏。

解决方案：检查远端机的供电是否正常；测量近端机耦合输入信号电平；检查光纤损耗；测量远端机光模块的射频输出电平；更换功放模块。

3）光纤直放站网管设备常见故障

故障现象及描述：查询近端机设备超时。

故障分析：通道协转、串口服务器、近端机停电；通道协转、串口服务器、近端机之间的数据线接触不良、脱落；通道有问题；网管协转有故障；串口服务器有故障；近端机 MCU 故障。

本章小结

1. 直放站是指在无线通信传输过程中起到信号增强的一种无线电发射中转设备。无线直放站通过接收空间传播的无线信号进行放大，从而扩大基站的覆盖范围；光纤直放站是通过光纤传输基站信号，采用光信号接收器和转换器将基站信号传送到弱场的区域。

2. 直放站可按通信体制、安装环境、传输带宽、放大电路构成等方式进行分类，常用的直放站有宽带直放站、选频直放站、光纤直放站、无线直放站等。

3. 直放站的主要指标有工作频段、工作带宽、主机额定增益、最大输出功率、杂散辐射、互调抑制比、驻波比等。

4. 根据不同类型直放站的特点和移动通信网络的需求，在不同地理环境及应用场合，合理选择直放站的类型。在基站较为密集区域，建议尽量采用有线信号的引入方式，比如光纤直放站；在不具备使用光纤直放站条件的场所，只能采用无线直放站。

5. GSM-R 光纤直放站系统的主要组成部分为近端机和远端机，此外，还包括光纤、天馈线、耦合器等设备。GSM-R 光纤直放站系统根据耦合方式可分为基站耦合型和无线耦合型两种。

6. 近端机的主要功能是从 BTS 基站拾取信号，然后转换为光信号，通过光纤把信号传送到远端机；通过光纤接收来自远端机的信号，然后传递给基站。除此之外，近端机通过光纤端口和远端机通信，进行远程监控。

近端机由射频单元（RFU）、光端单元（OEU）、监控单元（MCU）、电源单元（PWR）和网管接入单元（OMU）等几部分组成。

7. 远端机从属于近端机。它的主要作用是对弱场区进行下行信号覆盖，同时把移动台的上行弱信号放大，然后转化为光信号送到近端机。

远端机由光端机（OET）、低噪放（LNA）、功放（PA）、监控电路、双工器等部分组成。

8. GSM-R 光纤直放站的维护工作可以有效地保护设备的正常运行，可以有力的预防故障的发生和扩大。通过观察各指示灯状态、测试相关端口、与网管中心沟通等方式，进行性能检测和故障处理。

复习思考题

1. 直放站的作用是什么？它与基站有何不同？
2. 简述无线直放站的组成和工作原理。
3. 简述光纤直放站的组成和工作原理。

4. 直放站是如何分类的？
5. 直放站有哪些主要指标？各是如何定义的？
6. GSM-R 光纤直放站是如何组成的？
7. 基站耦合型和无线耦合型光纤直放站有何区别？
8. 近端机的功能是什么？它是如何构成的？
9. 远端机的功能是什么？它是如何构成的？
10. GSM-R 光纤直放站的维护工作有哪些内容？

第八章 GSM-R 基站建设与维护

GSM-R 网络覆盖由沿铁路线分布的成千上万个基站来完成的。因此,做好 GSM-R 基站的建设和维护工作对于保证 GSM-R 系统的良好运行具有重要意义。

本章首先介绍 GSM-R 基站的建设工作,包括施工流程,天馈系统安装,漏泄同轴电缆安装和基站室内设备安装,然后介绍 GSM-R 系统测试的主要项目和方法;接着介绍 GSM-R 基站维护的主要内容和基本方法;最后介绍 GSM-R 网络优化的基本概念和方法。

第一节 GSM-R 基站工程施工流程

基站工程的施工质量直接关系到基站设备能否正常运行,只有使工程施工系统化、规范化,才能有效地避免因施工原因造成的设备工作不稳定因素,提高设备运行的可靠性和工作效率。

基站工程施工流程如图 8-1 所示。

一、开工准备

为了保证整个工程的顺利进行,需要制定一个科学、高效的施工组织计划,合理安排工作进度,确定施工人员、工具、材料及相关的技术资料。工程开工前,应办理开工报告,并签订相关协议。

施工前,施工单位应对施工设计文件进行审核,施工设计文件包括机房设备平面布置图、室内走线架平面设计图、设备接配线图、光电缆径路图等。

审核的主要内容是:

(1) 设计文件与施工合同是否相符。

(2) 设计说明书、工程数量、设备和器材的规格、型号等是否与施工图符合;施工图纸有无遗漏或错误。

(3) 设备的安装位置、管道、线缆路径是否符合设计规定。

施工设计文件审核无误后方可使用,如发现问题应及时联系建设单位(设计单位)解决。

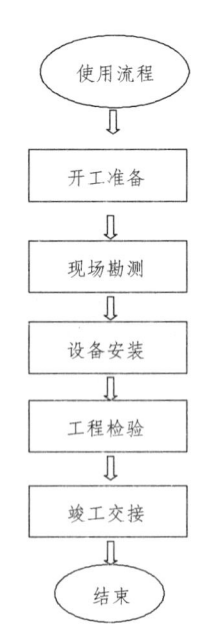

图 8-1 基站工程施工流程

二、现场勘察

工程开工前,施工人员应依据施工文件对施工环境进行勘察和调查,判断是否符合开工条件。

1. 施工条件

设备和材料的运输、堆放存储条件和施工临时用电等条件,应能满足施工的基本要求。施工当地的气候情况,施工过程中可能对当地情况存在影响的环节以及现场施工环节对工程施工质量的影响。

2. 机房建筑条件

1)机房条件

① 密封防尘,干净整洁。墙面颜色一致,水泥地面需刷漆,并做好馈线窗、门窗等密封处理。基站安装前应选择馈线窗安装位置,并在墙面开洞,尺寸一般要求 400 mm × 300 mm。

② 配置清扫工具、灭火设备。

③ 配置容量适当的空调。

④ 机房承重应满足设备安装要求。收发信机及开关电源设备按 500 kg/m^2 计算,电池按 1 000 kg/m^2 计算。若机房承重不能满足要求,应采取有效措施。

⑤ 拆除机房内暖气片和水管或切断水暖供给系统。

⑥ 机房面积应满足长期发展的需要。

2)机房电源系统

① 容量配置应考虑长期发展,系统具有易扩充性。

② 电源设备应配置足够的熔断器分路,分路容量应与设备耗电量匹配。

③ 应按照设计文件选择交直流电缆规格,交流配电采用配电箱或配电柜,交直流电缆必须固定牢固美观,每一分路直流供电线径不小于 16 mm^2。

④ 照明与交流插座全部完好、可用。

⑤ 电池最后与基站分室安装,用密封免维护电池,电池应有盖板,安装在架子上,架子接地。电池线颜色标注正确,并用走线架或线槽固定。

⑥ 电力线引入宜采用直埋方式(穿管或采用铠装电缆),钢管或电缆金属护套两端应就近可靠接地。

3. 自立式铁塔或杆塔要求

① 基站天线铁塔的位置和高度除满足技术要求外,还应符合航空部门的有关规定,在塔顶设计航空标志灯。

② 天线铁塔宜选择在地形平坦、地质良好的地段。应避开断层、土坡边缘、古河道,有可能塌方、滑坡和有开采价值的地下矿藏或古迹遗址的地方。

③ 新建天线铁塔的倾斜标准应控制在天线高度的 1/1 500 之内。

④ 天线铁塔的抗震设防烈度和抗震设计应按国家现行的有关标准、规范和规定执行。

⑤ 铁塔应采用长效型防腐处理，可采用喷涂或热镀锌处理。热镀锌时，应充分考虑构件热变形。镀锌厚度≥0.035 mm。

⑥ 铁塔必须具有牢固、可供攀爬的阶梯或斜拉角钢，有利于天线安装、馈线布放、调测及维护出入等操作。

4. 电磁干扰的调查

电磁干扰的影响复查主要针对现场的实际情况，通过专用的仪器仪表进行实地的电磁调查，复查现场电磁环境是否与原设计方案一致，有无其他新突发的电磁干扰。

5. 防雷、接地的调查

防雷、接地的调查主要包括铁塔防雷、建筑房屋防雷、贯通地、联合地、防雷地的情况。

当调查结果不符合设计要求时，应及时通知设计单位。必要时，由设计单位根据实际情况和规定的程序进行设计变更。

三、设备安装

基站设备安装是基站工程施工的主要环节，基站设备安装主要包括天馈线安装，漏泄电缆安装，室内设备安装，走线架安装及线缆布放等，设备安装要依据施工设计图纸、技术规范，厂家的安装手册等文件进行。

硬件设备安装结束后，要对设备加载软件，对设备进行开通调试，检验设备的工作状况，进行设备的功能调试。

四、工程检验

工程检验是保证基站工程施工质量的关键环节，施工部门应建立健全质量保证体系，对工程质量进行全过程控制；建设单位、设计单位、监理单位等各方按有关规定对工程施工质量进行控制。

工程检验主要包括实物检查和资料检查两个方面。实物检查是指对原材料、构配件和设备等的检验，应按进场的批次和产品的抽样检验方案执行；资料检查是指对材料、构配件和设备的型号、规格、设备合格证、检验报告、准入文件、施工过程中的检验报告等进行检查。

对于施工质量不符合要求的部位，要返工重做或更换构配件、设备，然后重新验收。对于经过返修或加固处理仍不能满足安全和使用功能的工程，严禁验收。

通过验收的工程，由施工部门向建设单位进行交换。

第二节 天馈系统的安装

基站天馈系统安装的规范性和质量直接关系到整个系统的工作性能。天馈系统的安装流程如图 8-2 所示。

基站天馈系统的安装分为两种情况：铁塔上安装和抱杆上安装。两种方式在安装流程和工艺上没有大的区别，都包括天线组装、天线吊装、馈线布放、接地安装等几道工序。在 GSM-R 网络中，天线大都安装在铁塔上，本节只介绍天线在铁塔上的安装过程。

一、安装准备

为保证天馈系统安装质量，在天馈系统安装前需对天馈设备进行检查，然后组装天线。

1. 检测天馈设备

1）检测天线

天线到达施工现场后，应先进行天线的检查；查看天线的型号、规格、数量、是否符合设计要求，应对天线进行全面的外观检查，查看有无凹凸、破损、断裂等现象，并做好相应的记录与处理。

在天线无任何外观损伤的情况下，连接相应跳线，用天馈测试仪进行天线驻波比测试。由于天线的摆放位置会直接影响天线的驻波比，所以测试时应随时调整天线的位置和角度。若在任何摆放位置天线的驻波比均大于 1.5，则说明天线或接头部分可能有问题，应重新检查测试；若只是在部分位置天线的驻波比大于 1.5，则不能肯定天线是否有问题。须等天线安装完毕后，再测量天线驻波比，若此时该值仍超标，则天线肯定有问题，需要更换天线。

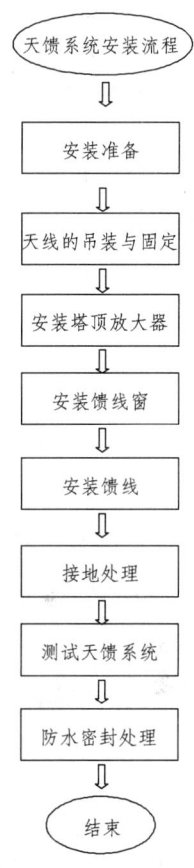

图 8-2 天馈系统安装流程

2）检测馈线

馈线安装前，应对其进行单盘检测，检查电缆盘标识、盘号、盘长、包装有无破损，射频馈线有无压扁损坏等现象并做好记录；收集馈线的出厂测试记录、产品合格证等，根据出厂测试记录审查射频馈线的电特性和物理性能是否满足设计要求；单盘测试的电特性（驻波比、直流电阻、绝缘等）应符合相关技术标准的规定；单盘测试后应对馈线头做密封处理。

3）检测塔放

核实塔放的型号、规格、数量等；检查塔放外观有无损伤；测试其各个端口的驻波比、额定增益和下行插入损耗。若测试结果偏离指标太远应更换塔放。

2. 组装天线

天线的组装一般在塔下进行。组装方法和步骤请参照天线包装内的说明书进行。定向天线的附件包括有天线固定夹，俯仰角调节装置和跳线。

天线组装步骤：

① 将定向天线调节支架安装在天线顶部的调节点，将定向天线固定夹安装在天线底部的调节点。

② 将跳线接头与天线接头连接好并拧紧。

③ 对接头进行防水密封处理。把防水胶泥从天线根部的接口向下缠，后缠的泥胶一定要压在上面的一层上，缠完泥胶后外面再缠一层塑料胶带。

二、天线吊装与固定

1. 吊装天线

在塔顶安装一个定滑轮，将一或两根吊绳穿过定滑轮，再用绳子在天线两端打结。吊装时，两名人员拉紧拉绳，将天线吊在固定天线的位置；另一名人员牵扯溜绳，控制天线的上升方向，以免天线与塔身或建筑物磕碰而损坏。

2. 固定天线

1）天线安装要求

① 天线安装的位置正确。

② 天线避雷装置在 45° 保护范围中。

③ 在天线向前方向里无铁塔结构的影响，天线伸出铁架平台距离应不小于 1 m。

④ 天线方位角正确，按设计要求，精确度为 5°。

⑤ 天线俯仰角正确，按设计要求，精确度为 1°。

⑥ 分离度要求：对于单极化天线，同一扇区内两根天线水平分离度，同一平台不同扇区间天线水平分离度不小于 3 m；对于双极化天线，同一扇区内两天线水平分离度不小于 2.5 m。不同天线平台的垂直分离度都要求大于 1 m。

2）天线跳线的要求

① 禁止使用非室外的馈线作为软跳线。

② 天线软跳线必须与塔身或悬臂用专用扎带连接紧固。

③ 天线跳线必须做避水弯，但不要弯曲过分。

3）天线安装步骤

① 按工程安装图确定天线及天线支架的安装方向。

② 将天线固定于支架的固定杆上，松紧程度适宜。

③ 根据工程设计文件，用指南针确定天线方位角；调整时轻轻扭动天线调整方位角，直至满足设计指标。

④ 将天线下部固定夹拧紧，直至用力推拉不动。

⑤ 轻轻扳动天线，调节俯仰角直至满足工程设计指标。将天线上部的固定夹拧紧。

⑥ 制作天线跳线避水弯，用黑线扣将天线跳线沿支架横杆绑扎，并减去多余的线扣尾。

⑦ 将装好天线的支架伸出铁架平台，用 U 形固定卡把支架固定在塔身上。

⑧ 用螺栓 M12×45 连接铁架平台护栏和天线支架，若天线支架与铁架平台护栏不便连接，可采用焊接的办法，并在所有焊接的部位和支架表面喷涂防锈漆。

三、安装塔顶放大器

塔顶放大器（塔放）用来放大天线接收的微弱信号，塔放有两个射频接口，都为 7/16DIN（母）型接头：一个接口连接接收天线（一般标示 ANT）；另一个接口连接基站（一般表示 BTS），通过跳线和馈线接到基站机柜顶盖上方接收射频接口（7/16DIN 型连接器）。

塔放应安装在离天线较近的地方，在铁塔上，塔放安装在铁塔平台的护栏上。

塔放安装步骤：

① 将塔放及安装附件吊至铁塔上。

② 将塔放固定在指定位置。

③ 将塔放接地柱用接地线良好接地。

④ 将天线跳线接头拧到塔放上的"ANT"射频接口。

⑤ 将塔放跳线接头拧到塔放上的"BTS"射频接口。

⑥ 制作塔放跳线避水弯，跳线弯曲要自然，弯曲半径通常要求大于 20 倍跳线直径。

⑦ 用黑线扣绑扎跳线并粘贴跳线标签，粘贴在距跳线一端 100 mm 处。

四、安装馈线窗

1. 馈线窗的结构

馈线窗的结构较多，应根据具体要求进行选择。

2. 馈线窗的安装

馈线窗一般安装在室外，且位于走线架的上方，尽量靠近走线架。下面以 12 孔馈线窗安装在墙上为例，说明安装方法。安装步骤如下：

① 根据工程设计图纸要求和馈线密封窗的尺寸，在墙上确定馈线密封安装窗安装位置，并标出膨胀螺栓打孔位和馈线密封窗镂空位置。

② 用冲击钻大 8 个安装膨胀螺栓的孔位。

③ 用膨胀螺栓固定馈线密封窗窗板。

五、安装馈线

1. 馈线安装要求

（1）馈线必须每隔 1 m 固定一次，应从上往下边理顺边紧固馈线固定夹。

（2）馈线两端要有清楚的标识。

（3）馈线的尾部入室前要作出一个回水弯，建议切角大于 60°，但必须在此馈线规定的最小转弯半径内，以防止雨水顺馈线流入基站室内为标准。

（4）馈线进入室内的入口处必须安装馈线窗、护套和防水填充物，金属馈线窗须防雷接地。

（5）馈线尾部一定要接避雷器，避雷器需安装在室内距馈线窗尽可能近的地方（建议 1 m 内），避雷器须接室外防雷地，无避雷地接孔的须将其外部的金属固定带接至室外接地盘上（可根据避雷器厂家的说明安装）。

（6）馈线弯曲的最小弯曲半径应大于馈线直径的 20 倍。

（7）馈线沿铁塔或走线架排列时无交叉，由天线处至入室前的一段按一定的顺序理顺；弯曲点尽可能少（建议不超过 3 个），不接触尖锐的物体。

（8）保证没有金属废屑和其他非金属物遗留在馈线内芯中。

（9）保证所有的无线部件都与馈线紧固连接，并且没有金属外露。

（10）所有的室外原件的连接处都必须经过防水密封处理。

2. 馈线安装流程

1）馈线接头制作

馈线接头需要现场制作，其塔上的部分接头最好在地面上制作好，用海绵之类的软物包扎后再进行吊装。

馈线头制作步骤：

① 在设计长度上再留有 1~2 m 的余量进行馈线切割，切割过程中严禁弯折馈线，并应防止车辆碾压与行人踩踏。

② 用刀去掉馈线外皮，在剖开馈管根部向上的第五个螺纹处，用钢锯或专用切割工具切断馈管，切割面要保持平衡。

③ 在馈线头的接口处加装螺旋钢圈和防水胶圈，凸出的毛边用裁纸刀剪掉；用毛刷或胶泥清除馈管切面和铜管内的铜屑，防止铜屑引起的短路或增大驻波比。

④ 用手将馈线头螺帽对正馈管轻轻拧入，再用扳手将其拧紧。

2）粘贴临时标签

每切割完一根馈线，就在馈线两端和中间粘上相应的临时标签。

室外馈线采用金属标牌，室内馈线则采用纸标签，标牌和纸标签统称为工程标签。馈线工程标签内容见表 8-1。

表 8-1 馈线工程标签内容

标签内容	含 义
TX	表示发射端
RX	表示接收端
RXD	表示分集接收
TRX	表示收发共用
数字（两位）	对于全向小区，字母后只有一个数字，数字表示支路号；对于定向小区，字母后有两个数字，前后数字分别表示为小区号和支路号

3）吊装并固定馈线

安装步骤：

① 用麻布（或防静电包装袋）包裹已经做好的接头，并用绳子或线扣扎紧。

② 在离馈线头约 0.2 m 处打结，在离馈线头 0.8～1 m 处再打一结。塔上人员向上拉馈线，塔下人员拉扯吊绳控制馈线上升方向，以避免馈线与塔身或建筑磕碰而顺坏。将馈线吊至塔上平台。

③ 将馈线上端固定至适当位置（实行多点固定，防止馈线由塔上滑落），但距离天线或塔放不宜太近，可根据需要选择 1 卡 1 固定夹或 1 卡 3 固定夹。

4）安装塔放到馈线的跳线

有塔放时，天线跳线和塔放连接。如果没有塔放，天线跳线直接和馈线相连。

5）布放和固定馈线

① 根据工程设计的扇区要求对馈线排列进行设计，确定排列与入室方案，通常一个扇区一列或一排，每列（排）的排列顺序保持一致。

② 一边理顺馈线，一边用固定夹把馈线固定到铁塔或走线架上，每隔 1 m 左右安装馈线固定夹，以不超过 1 m 为宜，相邻两个馈线夹的距离为 2～4 cm。

③ 布放馈线的同时安装馈线接地夹，并撕下临时标签，用黑线扣绑扎馈线标牌。

6）安装室外接地排

室外接地排主要用于防雷接地。原则上它应安装在馈线密封窗附近，最佳位置为馈线密封窗的上、下方，在现场实际安装中应根据工程设计图纸确定接地排的安装位置。

室外接地排的安装要求是：位置合理、水平、牢固。

7）馈线接地处理

馈线接地夹的安装与馈线的布放同时进行。每根馈线的避雷接地位置一般为 3 处；距馈线接头 1 m 范围内，位于铁塔底部的馈线上和馈线进入馈线密封的外侧（就近原则）。

当馈线长度超过 60 m 时，应在馈线中间增加馈线接地夹，一般为每 20 m 安装 1 处。

馈线接地夹的安装步骤：

① 确定馈线接地夹安装位置，按馈线接地夹大小切开该处馈线外皮，以露出导体为宜。

② 将馈线接地夹的导体紧裹在馈线外导体上，用一字螺丝刀宁动固定金属棒以锁紧馈线接地夹。

③ 对接地处进行防水密封处理。

④ 将馈线接地夹的接地线引至就近接地点，进行可靠连接。当馈线在铁塔上布放时，若塔身有接地夹安装孔位，可直接将接地线接至就近的铁塔钢板上；若塔身没有合适的孔位连接引线，可借助馈线固定夹底座，将底座固定在铁塔塔身或室外走线架上，将接地线连接在固定夹底座上。当馈线在室外走线架上布放时，可将接地线接至接地性能良好的走线架上。

⑤ 馈线入室前的馈线接地夹接地线引至室外接地排，要求排列整齐。

8）馈线入室

这里以 12 孔馈线窗为例，介绍馈线入室的方法和过程。

一个 12 孔馈线窗有 4 个大孔，1 个大孔有 3 个小孔，每个小孔穿入 1 根馈线。馈线在馈线窗同一大孔的 3 个小孔中应按照其工程标签上的编号有序布放，或顺时针布放，或逆时针布放。馈线在馈线密封窗中的布放应有利于馈线在走线架上的布放，以及和机顶连接，走线在连接时馈线应平行无交叉。

馈线入室步骤：

① 根据工程设计图纸要求，首先确定馈线入室方案。

② 将各根馈线通过馈线密封窗导入室内，导入时应有相关人员在室内作引导，避免馈线入室时损伤室内设备。

③ 在馈线密封窗外侧做好馈线避水弯。

④ 安装馈线密封窗密封垫片、密封套，安装密封套时应注意密封套上的注胶孔应朝上。

⑤ 根据设计要求确定室内避雷器安装位置，准确切割馈线。

⑥ 制作室内馈线接头。

9）安装天馈避雷器

避雷器的外形如图 8-3 所示。

图 8-3 天馈避雷器外观

一般在馈线入室后 800～1 500 mm 处截断馈线，因此避雷器的安装位置也就相对固定，现场实际施工时，应根据工程设计图纸要求进行施工。

避雷器的安装要求为：安装朝向一致，连接可靠。避雷器的防雷端接馈线，设备端接机顶跳线。

避雷器的安装步骤如下：

① 检查避雷器的用途和型号是否配套，同时注意避雷器的安装方向。

② 馈线入室做完接头后，将其和避雷器的防雷端连接。

10）安装天馈避雷器接地排

一般情况下，天馈避雷器接地排应安装在走线架上；如机房内无走线架，或遇特殊情况而无法将接地排固定在走线架上时，也可用配发的膨胀螺钉将接地排固定在就近的墙体上。

天馈避雷器接地排在走线架上的安装步骤：

① 确定天馈避雷器接地排的安装位置，使从避雷器到接地排的接线距离不大于 1 m，并使接地排的插线孔朝向水平方向，使紧固螺钉位于接地排上方。

② 将天馈避雷器接地排用 C 形支架固定在天馈避雷器和馈窗之间靠近天馈避雷器一侧的走线架上。

③ 将从天馈避雷器引出的保护接地线（横截面面积为 6 mm^2）接入避雷器接地排的插线孔中，并用一字螺丝刀拧紧固定螺钉。

④ 在避雷器接地排上引一根接地线（横截面面积为 25 mm^2），并将其接到室外接地排。

11）安装室内跳线

室内跳线（1/2 英寸）一般需现场制作。

机顶跳线安装步骤：

① 根据跳线的实际走线路径截取跳线长度。

② 制作机顶侧跳线接头（接头类型为 DIN 型公头），制作方法参照说明书。

③ 将跳线与机顶天馈跳线接头座连接。

④ 跳线沿走线架布放至避雷器。

⑤ 绑扎跳线。

⑥ 制作避雷器侧跳线 N 型接头，贴上工程标签。

⑦ 连接跳线接头与避雷器。

跳线布放、绑扎和贴标签的要求：

跳线由机顶至走线架布放时要求平行整齐，无交叉；跳线由走线架内穿越至走线架上走线时，不得经走线架外翻越；跳线弯曲要自然弯曲，半径以大于 20 倍跳线直径为宜；跳线由机顶至走线架段布放时不得拉伸太紧，应松紧适宜；跳线在走线架上走线时要求平行整齐；跳线在走线架的每一横档处都要进行绑扎，线扣绑扎方向应一致，绑扎后的线扣应齐根剪平不拉尖；所有室内跳线必须黏贴标签，标签黏贴在距离跳线两端 100 mm 处。

跳线工程标签内容见表 8-2。

表 8-2　跳线工程标签内容

标签内容	含　义
TX	表示发射端
RX	表示接收端
RXD	表示分集接收
TRX	表示收发共用
数字（两位）	对于全向小区，字母后只有一个数字，数字表示支路号；对于定向小区，字母后有两个数字，前后数字分别表示为小区号和支路号

六、测试天馈系统

利用天馈线测试仪在机顶跳线处测量天馈驻波比。正常情况下驻波比应小于 1.5（包括系统中安装有塔放的情况），而天馈系统与基站双工器输出端口相连的跳线（1/4 英寸）的 N 型公头的驻波比通常应小于 1.3（对应回波损耗 18 dB）。

如果驻波比大于等于 1.5，则表明天馈系统有问题，应逐段测试驻波比以定位问题。

七、接头及馈线窗的防水密封处理

整个天馈系统安装完成并通过了天馈测试后，应该立即对室外的跳线与塔放接头、跳线与馈线接头以及馈线窗进行防水密封处理。

1. 室外接头的防水密封处理

防水处理所用的胶带有两种：防水绝缘胶带和 PVC 胶带。

防水密封处理过程如下：

（1）先清除馈线接头或馈线接地夹上的灰尘、油垢等杂物。

（2）展示防水绝缘胶带，剥去离形纸，将胶带一端黏在接头或接地夹下方 2～5 cm 处馈线上（涂胶层朝馈线）。

（3）均匀拉伸胶带使其带宽为原来的 3/4～1/2，保持一定的拉伸强度，从下往上以重叠方式进行包扎，上层胶带覆盖下层的 1/2 左右。

（4）当缠绕到接头或接头夹上方 2～5 cm 后，再以相同的方法从上往下缠绕，然后再从下往上缠绕，共缠绕三层防水绝缘胶带。

（5）缠好防水绝缘胶带后，必须用手在包扎处挤压胶带，使层间帖附紧密无气隙，以便充分黏结。

（6）完成防水绝缘胶带的的包扎后，需要在其外层包扎 PVC 胶带，以防止磨损和老化。

（7）PVC 胶带的缠绕类似于前面的防水绝缘胶带，以重叠方式缠绕，胶带重叠率在

1/2 左右，从下向上再从上往下最后从下向上缠绕三层，缠绕过程中注意保持适当的拉伸强度。

2. 馈线窗的防水密封处理

（1）将两个半圆形的馈线窗密封套在馈线窗的打孔外侧。

（2）把两根钢箍箍在密封套的两条凹槽中，用螺丝刀拧紧箍上的紧固螺丝，使钢箍将密封套箍紧。

（3）在馈线密封窗的边框四周注入玻璃胶。

（4）对未使用的孔，用专用的塞子将其塞紧。

第三节　漏泄同轴电缆安装

漏泄电缆安装流程如图 8-4 所示。

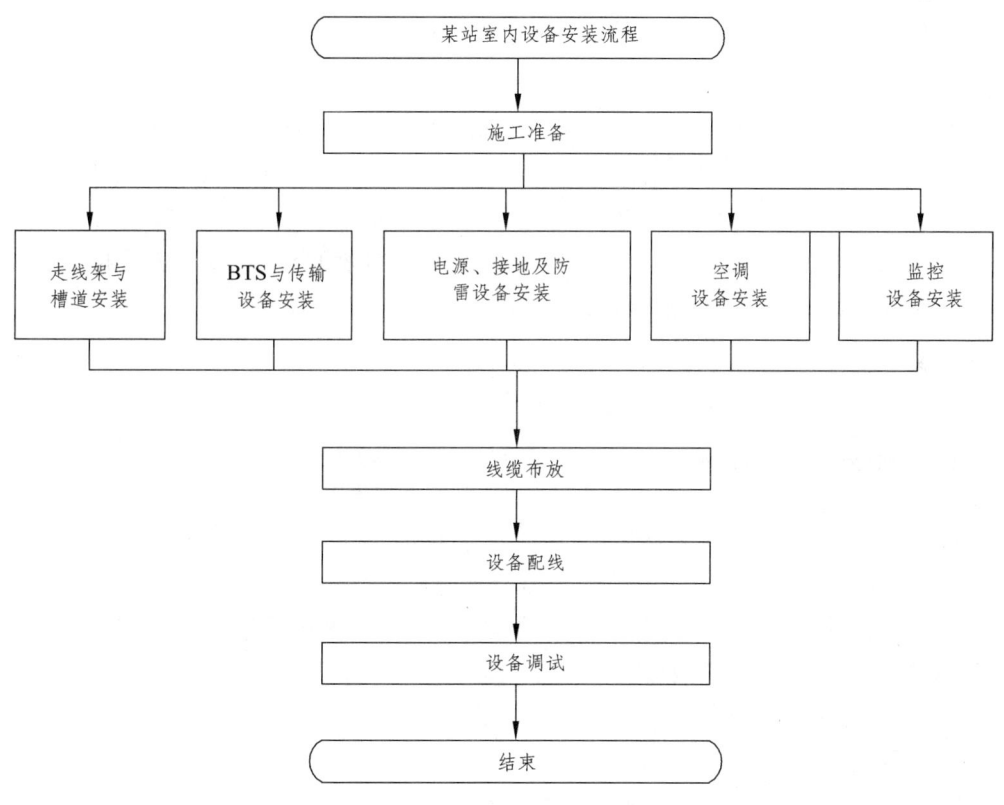

图 8-4　漏泄电缆安装流程

一、施工准备

漏缆施工前，应根据设计图和铁路公里标对下列内容进行复测：

（1）隧道外观挂漏缆区段的电杆位置、杆距、杆高及漏缆长度。
（2）隧道内漏缆架挂位置、长度。
（3）区间机房位置、供电方式及供电线路路径。

漏缆架设时，还需考虑路径上有无遮挡物，线缆的弯曲能否满足设计要求等。

二、漏缆单盘测试

漏缆到达现场后，要进行开盘检测。检查标识、盘号、盘长是否符合要求，包装有无破损，漏缆有无压扁损坏等现象并做好记录；根据出厂测试记录审查漏缆的电特性和物理性能（低烟、无卤、阻燃、防紫外线），满足设计要求。

在现场做漏缆的直流特性单盘测试（驻波比、环阻、绝缘等），指标应符合设计要求。单盘测试后，用热可收缩帽作密封处理。

三、隧道内漏缆支架的安装

隧道内漏缆支架的安装应符合下列要求：
（1）支架孔的位置及孔距应符合设计要求，孔距宜为 0.8~1.5 m。
（2）支架孔施工宜采用打眼作业车，保证施工精度和质量。
（3）支架孔的直径宜为 19 mm，孔深应为（70±3）mm。孔应直平，不得成喇叭状。
（4）洞内防火吊夹间距应符合设计要求。
（5）隧道内无衬砌面时，应采用钢丝承力索吊挂电缆方式，支架宜采用 40 mm×40 mm×4 mm 角钢，孔深应为 120 mm，角钢间距应符合设计要求。
（6）电气化区段隧道内安装支架时，只有在关闭该段接触网供电情况下，方许进行吊挂作业，两端还应设防护人员。

四、隧道内漏缆敷设

隧道内漏缆敷设应符合下列要求：
（1）漏缆吊挂应在隧道侧壁，槽口朝向线路侧。
（2）电气化区段隧道内吊挂漏缆应在接触网回流线的另一侧。不得已设在同侧时，漏泄同轴电缆与回流线、接地母线的距离不应小于 0.5 m。
（3）电气化区段内敷设漏缆，只有在关闭该段接触网供电情况下，方可进行吊挂作业，两端还应设防护人员。
（4）隧道内漏缆宜采用机械施工，施工时运载轨道车不得猛启动或急刹车。当采用人工抬放，展放时人员间隔不超过 5~7 m，以免漏缆拖地。
（5）漏缆在敷设施工过程中严禁急剧弯曲，弯曲半径要符合相关要求。
（6）漏缆敷设时，尽可能不与其他线缆交叉，如无法避免时，漏缆应布设在外侧。
（7）与既有漏缆间距不小于 30 cm。

五、隧道外漏缆支撑杆安装

隧道外漏缆支撑杆的安装应按下列要求进行：

（1）漏缆支撑杆埋设深度应符合相关规定。

（2）混凝土杆杆体裂纹应符合相关技术标准的规定。

（3）钢丝承力索采用 $7×\phi 2.2$ mm 镀锌钢绞线。

六、隧道外漏缆敷设

隧道外漏缆敷设应按下列要求进行：

（1）漏缆吊挂方式及高度应符合设计要求。在电气化区段，与回流线的距离不应小于 0.6 m，与牵引供电设备的距离不应小于 2 m。

（2）漏缆上吊夹前，钢丝承力索应加（300±30）kg 的张紧力，吊挂后漏缆垂度应保持在 20 °C 时 0.15～0.2 m 范围内。

（3）漏缆过轨时应缓接阻抗相同的射频电缆。

（4）漏缆在敷设施工过程中严禁急剧弯曲，弯曲半径要符合相关要求。

（5）与既有漏缆间距不小于 30 cm。

七、漏缆连接器安装

漏缆连接器安装应按下列要求进行：

（1）漏缆连接器安装应包括固定连接器、阻抗转换连接器、DC 模块、功率分配器及终端匹配负载。

（2）固定接头必须保持原电缆结构开槽间距不变。

（3）接头应保证电特性指标，对于驻波比过大、阻值过大、绝缘不良、衰耗偏大的接头应锯断重连。

（4）连接器装配完毕应进行质量检查：用万用表进行通电测试，检查内、外导体装接情况，并轻敲连接器，看万用表有无变化；用绝缘电阻测试仪测量绝缘电阻，判断装接质量；检查各零件螺栓是否旋紧。

（5）连接器装配后接头外部应进行防护。

（6）连接器应可靠地固定在承力索或电杆上。

八、漏缆及连接器检测

漏缆及连接器安装结束后，应检测内外导体直流电阻、绝缘介电强度、绝缘电阻、电压驻波比等。测试指标应满足设计要求。

第四节 基站室内设备安装

基站室内设备安装包括走线架与槽道安装点机架（柜）安装、缆线布放、设备配线等。基站室内设备安装流程如图 8-5 所示。

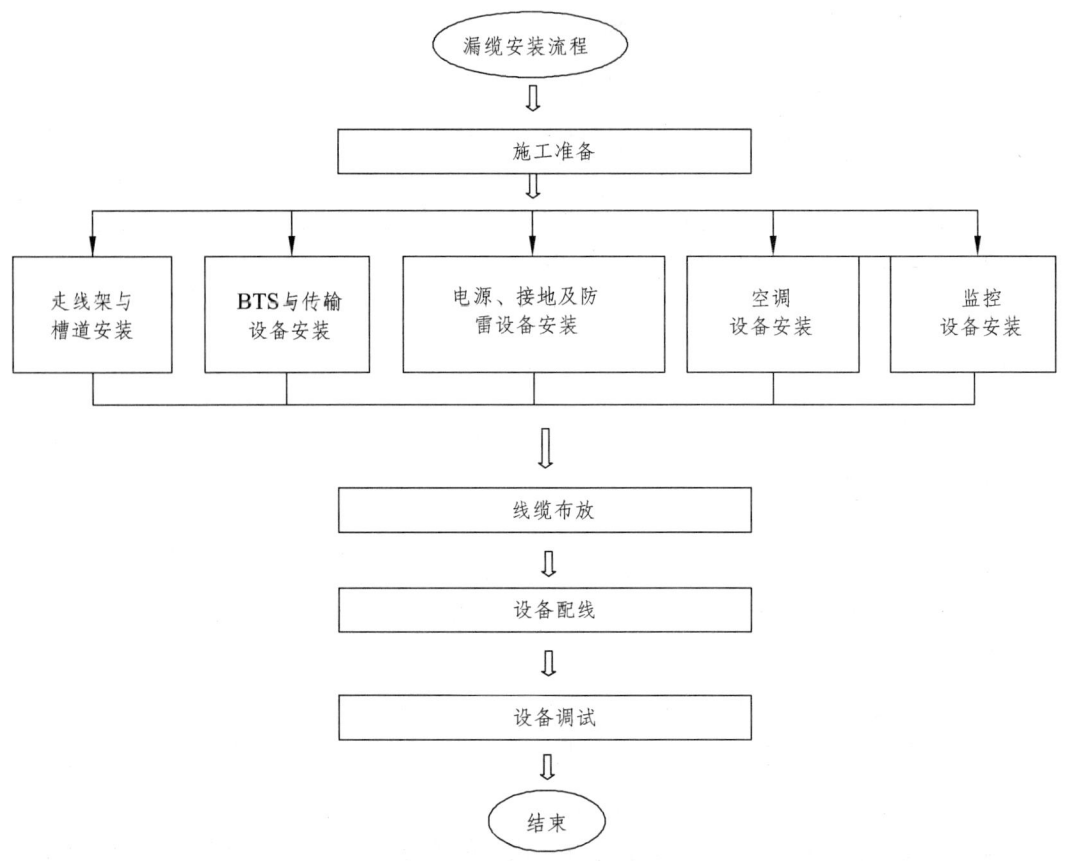

图 8-5 基站室内设备安装流程图

一、施工准备

设备安装前，应对设备进行开箱检验。首先清点检查货物的总件数、运达地点是否相符，包装箱外观是否完好。如发现问题，应停止开箱，并向建设单位反馈。

设备型号、规格、数量以及质量应符合设计和订货合同的规定，设备和附件。设备内的部件及配线应齐全、完好，设备所附带的出场文件及各种资料应按装箱单数量清点并做好记录。如出现缺货、错货、设备损坏等现象，应及时向现场督导反馈，并做好记录。

二、走线架、槽道安装

1. 走线架、槽道安装要求

1）走线架安装要求

① 线缆走架线安装位置应符合施工图设计的规定，偏差不得超过 50 mm，垂直走线架位置应与楼板孔向适应，穿墙走线架位置应与孔洞相适应。

② 走线架的安装应做到志铁垂直不晃动，边铁竖直，横铁平直与边铁垂直。

③ 水平走线架的水平度每米偏差不得超过 2 mm。垂直走线架的垂直偏差不得超过 3 mm。

④ 沿墙安装走线架时，在墙上埋设的支撑物应牢固可靠，沿水平方向的间距距离应均匀。

⑤ 吊架安装位置及规格，应符合设计要求。

2）槽道安装要求

① 槽道安装尺寸应与机架排列位置相对应，并与机架垂直。槽道安装位置偏差不得超过 50 mm；槽道边帮应成一条直线，偏差不得超过 3 mm；相邻两列槽道水平偏差不得超过 3 mm。

② 设备下走线时，列内和列间的槽道应安装在横梁上，底面应平贴，槽道搭接处应在铁梁上，列内槽道的两端应深入列间的槽道内 20 mm。

③ 设备上走线时，列间槽道用支架安装方法应与走线架支架安装相同。槽道搭接处应在槽道支架上。

2. 走线架、槽道安装步骤

1）走线架安装步骤

① 确定走线架的垂直高度及侧墙的距离，安装三角支撑件。
② 组装走线架并固定。
③ 确定吊挂安装点，安装三角支撑件。
④ 调整吊挂垂直度。
⑤ 调整走线架水平度。
⑥ 固定走线架。

2）槽道安装步骤

槽道安装步骤与走线架步骤类似。

三、BTS 设备与传输设备安装

BTS 设备与传输设备的安装要求及安装步骤是类似的。

1. 机架（柜）安装要求

① 设备的安装位置及安装方式应符合设计要求。

② 设备机架底部应对地加固，机架安装垂直度偏差不应大于1.0%。

③ 同一列机架的设备板面应成一条直线，相邻机架的缝隙不应大于3 mm。

④ 设备安装时应注意留有足够的操作维护空间。

⑤ 所有机架要用统一的标签标记。

2. 安装步骤

1）机柜固定

完成机柜底座的定位，地板画线打孔，机柜固定于水平垂直调节等。

2）连接机顶地线

完成机顶地线的连接。

3）单板安装

完成各单板安装与紧固。

4）电缆连接与布放

将有关机柜内射频成套电缆连接布放到位，多机柜时要完成机柜之间并柜电缆的布放。

5）安装环境状态监控仪（可选项）

完成环境状态监控仪的定位，电源线、信号线的固定和接地线的连接。

6）电源引入

根据工程设计方案沿走线架完成BTS机柜电源线的引入，完成电源避雷器的固定、安装及其与电源线的连接。

7）安装DDF中继配线

根据工程设计方案决定E1线对数，由传输设备沿走线架引至DDF，再由DDF引至BTS机柜。根据工程设计需要完成中继线避雷器的装配固定和地线的连接。

8）工程标签的粘贴

在相关设备和连接线上粘贴工程标签。

9）工程文档整理

在安装过程中填写相关工程文档。

四、电源、接地及防雷设备安装

1. 电源设备安装

电源设备安装包括交流不间断电源（UPS）、高频开关电源、蓄电池组、太阳能供电装置、交流配电设备、电源环境监控设备等设备的安装。

1）电源设备的基础型钢制作安装

① 根据柜体尺寸大小和室内地面荷载力预制基础型钢，除锈刷漆，做好接地。

② 基础型钢顶部宜高出室内抹平地面 10 mm。

2）交流不间断电源（UPS）的安装

① 输入电压及零地电压应符合产品技术要求，前级及负载回路不应有带漏电保护的断路器。

② 引入线应按相线，零线、地线分别接入 UPS，三相输入时，相序应正确。

③ 引入线、引出线中的地线应根据产品技术要求采用联通或分隔的技术。

3）高频开关电源的安装

① 直流配电单元、整流模块应安装位置图自上而下逐个安装。

② 应注意各单元和模块的引出线，引入线接线位置，插好各单位和模块的插座。

③ 各电器接触点应接触可靠，连接紧密。

4）蓄电池组的安装

① 蓄电池架（柜）的加工形式，规格尺寸的平面布置应符合设计要求。

② 蓄电池应排列整齐，距离均匀一致，蓄电池连接应接触良好。安装蓄电池所用的工具应注意绝缘，防止短路，注意正、负极性标志，连接电缆应尽可能短。

③ 蓄电池与充电器或负载相连接时，电路开关要放在"断路"的位置，严禁接反极性或短路。

5）太阳能供电装置的安装

① 应安装在无遮挡物的地方，表面朝阳，充分接受阳光照射。

② 如果一年之内不调整角度，电池组件与地面平面夹角应大约等于当地纬度。

③ 安装时应轻拿轻放，严禁触碰、敲击，以免损坏封装玻璃。

6）交流配电设备的安装

① 交流配电设备的安装位置应正确，部件齐全，箱体开孔与导管管径适配，安装配电箱箱盖紧贴墙面，箱体涂层完整，箱体中心距地面的高度宜为 1.3～1.5 m。

② 交流配电设备安装在混凝土墙、柱或基础上时，应采用膨胀螺旋栓固定。

③ 交流配电设备的每路配电开关及保护装置的规格、型号，应符合设计要求。

7）电源环境监控设备的安装

① 传感器、变送器的安装位置应符合设计要求。

② 传感器、变送器的信号输入接线应正确。

③ 传感器、变送器通过输出模块或接口模块与数字控制器连接应接触可靠。

④ 电压传感器安装时严禁输入短路，电流传感器安装时严禁输出端开路。

8）向设备送电前应按设备电气原理与施工配线图检查核对，所有电源设备开关均处于"断"的位置，熔断器容量应符合设计要求。

2. 接地装置安装

（1）基站工程的以下部分均应接地。

① 电源设备的基础型钢、金属框架、外露导电部分、装有电路的可启的柜门。

② 设备的机架、机壳。

③ 线缆的金属护套和屏蔽层，防护用金属管路、金属架桥。

④ 电源工作接地。

⑤ 光缆、漏泄同轴电缆、天馈线、接闪器、浪涌保护器（SPD）等防雷接地。

（2）室外接地体与接地母线埋深不应小于 0.6 m，回填土应分层夯实，接地体之间的距离不应小于 5 m。

（3）接地装置的焊接应采用搭接焊，搭接处应做防腐处理。

（4）接地盘（箱）、接地铜排安装。

① 接地铜排和螺栓应紧密结合，保证导电性能良好。

② 接地铜排端子按设计要求进行分配。

③ 地线盘（箱）端子紧密连接。

④ 接地排必须与建筑地或外部接地系统连接，连线必须是线径大于 35 mm^2 单根或多股铜线，建议用绿色或黑色线。

⑤ 接地排规格 400 mm × 100 mm × 10 mm，应涮锡。

（5）接地配线安装。

① 导线必须是粗于 16 mm^2 单根或多股铜线，建议绿色线。

② 接触点必须处理清洁，保证良好的电接触。

③ 每个机架必须独立接地，不能复接。

（6）天线杆（塔）应按设计在杆（塔）根部埋设单独的避雷地线。

① 接地极宜采用 50 mm × 50 mm × 5 mm 镀锌角钢，亦可采用 ϕ50 mm 钢管，接地极长度应为 2~2.5 mm；接地极连接线（母线）宜采用镀锌扁钢，截面面积应小于 100 mm^2，厚 4 mm 以上，或 3 股 ϕ5 mm 镀锌铁线。

② 接地极间距离应为 5 m，接地体应选择土壤电阻率较低处埋设，埋深应为 0.5~0.8 m 或冻土层以下，与其他接地体间距不应小于 20 m。接地体与扁钢焊接应采用氧气焊或点焊。焊接处应做防护。

③ 接地电阻应符合设计要求，一般小于 4 Ω。

④ 当接地电阻达不到要求时，可采用增加接地极数量，添加降阻剂等方法。

（7）基站、直放站及漏泄同轴电缆等设备本身应满足电气化区段的要求，安装地点应尽量远离接触网和回流线。漏泄同轴电缆受交流电气化铁路的危险影响不得超过容许值，当超过容许值时，应采取防护措施。

3. 防雷装置安装

（1）天线杆（塔）应按设计在杆（塔）上做单独的避雷针。

① 天线应在避雷针的保护范围内。

② 避雷针宜采用长 1~1.5 mm 不小于 $\phi 8$ mm 镀锌圆钢制作。

③ 铁塔天线可利用塔身兼作避雷引下线；水泥杆防雷引下线采用 $\phi 8$ mm 镀锌圆钢，安装时，可将引下线穿进电杆，在水泥电杆里面引下。

（2）电源线路浪涌保护器（避雷器）的安装。

① 电源线路的各级浪涌保护器应分别安装在被保护设备电源线路的前端。浪涌保护器各接端应分别与配电箱内线路的同名端相线连接，浪涌保护器的接地端与配电箱的保护接地线（PE）接地端子板连接，配电箱接地端子板应与所处防雷区的等电位接地端子板连接。各级浪涌保护器连接导线应平直。

② 带有接线端子的电源线路浪涌保护器应采用压接；带有接线柱的浪涌保护器宜采用线鼻子与接线柱连接。

③ 电源线与防雷箱的连接线长度不得大于 0.5 m，受条件限制连接线长度大于 0.5 m 时，应采用凯文连接法连接。防雷箱的接地线不宜大于 0.5 m。

④ 浪涌保护器的连接导线最小截面面积应符合相关技术规定。

（3）信号线路浪涌保护器的安装。

① 信号线路浪涌保护器应连接在被保护设备的信号端口上。浪涌保护器输出端与被保护设施的端口相连。浪涌保护器也可以安装在机柜内，固定在设备机架上或附近支撑位上。

② 信号线路浪涌保护器接地端宜采用截面面积不小于 1.5 mm^2 的铜芯导线，应就近与接地端子板连接，接地线应平直。

（4）天馈线路浪涌保护器的安装见本章第二节。

（5）浪涌保护器应该安装牢固，其位置及布线应正确。

五、基站空调安装

基站空调安装应符合下列要求。

（1）机房门窗及穿线洞口应做密封处理 以减少冷量的散失，达到节省能源，延长空调机组的使用寿命。

（2）空调机室内机的安装及摆放位置必须按照施工图纸上的位置进行安装。安装的位置应有利于通信设备的冷却及冷热风的交换。摆放的位置应与通信设备保持一定的距离，以利于检修保养及通道畅通。

（3）空调机的室外机必须安装托架，托架应高于地面 30 cm 以上，应根据实际情况选择安装方式，应保证冷凝水的安全排放。

（4）室外机的安装应注意安全，牢固及防盗。

六、监控设备安装

动力与环境监控设备的安装按照有关技术规范和设备安装说明书进行。

七、线缆布放

1. 室内线缆分布

室内线缆分布如图 8-6 所示。

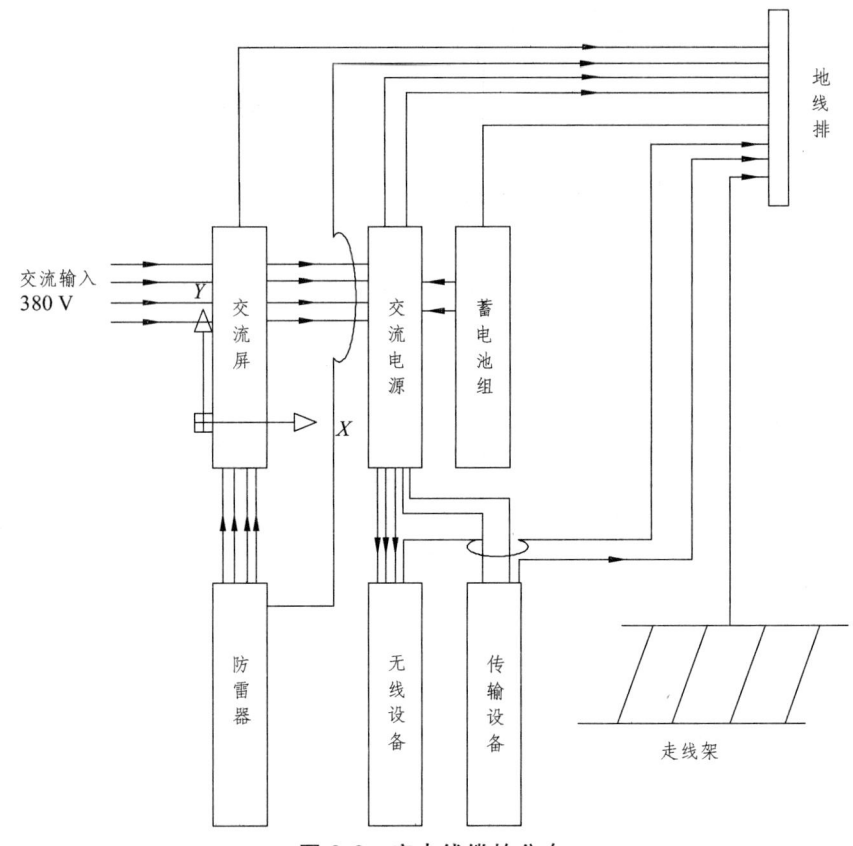

图 8-6　室内线缆的分布

（1）交流引入 380 V 电缆由电力部门安装并引入机房，采用 $3 \times 25\,\text{mm}^2 + 1 \times 16\,\text{mm}^2$ 的电缆。通常绑扎在走线架上，并直接安装到交流屏空气开关的端子上。

（2）交流屏到开关电源的电缆通常使用 $3 \times 16\,\text{mm}^2 + 1 \times 10\,\text{mm}^2$ 的电缆，一般长度为 10 m。

（3）蓄电池到开关电源的电缆，采用 $1 \times 50\,\text{mm}^2$ 或 $1 \times 35\,\text{mm}^2$ 的电缆。

（4）无线设备与传输设备之间的信号电缆一般采用 2 M 线。

（5）设备保护地线通常使用 $1 \times 35\,\text{mm}^2$ 的电缆。首先安装设备侧的机壳保护地，再把电缆绑扎在走线架上，然后将电缆的末端固定在室内地线排上。

2. 室内线缆布放要求

（1）信号线、控制线、地线和电源线应分开布放，间距为 15~20 cm。

（2）走线要沿着槽道或走线架布放。

（3）线缆两头都要有标签标记。

（4）接头处线缆要留有活动余量走线。

（5）线缆敷设应按顺序出线，布放应顺直、整齐。线缆转弯应均匀一致，其弯曲半径不小于 60 cm。

（6）所有走线必须每隔 1 cm 用扎带固定，扎带必须足够紧但又不能勒坏电缆。所有扎带必须修齐。

（7）走线跨过超过 0.6 cm 必须要有支撑。

（8）赋予的缆线要排列布置整齐。

（9）光纤连接正确，光纤缠绕的最少半径大于 30 mm，光纤接头保持清洁。走线不要接触到尖锐物的表面。

（10）基站室内外所用电缆应是阻燃、铠装电缆。基站进线口所有进线应做放水弯（包括空调）。

八、设备配线

设备配线效果的要求如下。

（1）按照正确的位置插接电缆，接触应紧密、牢靠，电器性能良好，插接端子应完好无损。

（2）机架接地良好。在安装有防静电要求的单元板时，应穿上防静电服或防静电接地护腕。

（3）射频同轴电缆与连接器的连接应符合设计要求或产品说明的规定。

（4）同轴线的焊接应无烫伤、开裂及后缩现象，绝缘层离开端子边缘露铜不得大于 1 mm，内、外导体应接在对应的同轴端子上。

（5）配线用电缆和电线的型号、规格应符合使用要求。布放前，应对配线电缆和电线进行对号和绝缘电阻测试。

（6）配线电缆中间不得有接头。

（7）音频配线电缆近端串音衰减不小于 78 dB。

九、设备调测

1. 工具和仪表准备

由于设备调试的特殊性，开孔工程师要检查设备的安装情况，如有需要就须更改硬件，所以要携带齐全安全的工具。例如：螺丝刀、钳子、内六角、扁口、打线钳、万用表等。

主设备的开通调试是一项复杂的技术工作，所有仪表要齐全、准确。仪表仪器要定期进行校验，确保所得数据的可信度。在开通调测移动收发信设备时要携带功率计、频率计、2M表、笔记本电脑等。

2. 基站设备调测

1）加电前检查

① 机房检查。

由于移动收发信设备对环境的要求比较高，所以开通工程师在调试主设备时要对机房进行检查，看机房是否漏水、是否整洁密封、温度是否合适等。

② 电源检查。

开通工程师在给主设备加电调测前要仔细检查电源的连接情况，绝对禁止正负极接反的情况，并从电源柜、主设备电源盒依次检查电压是否在允许范围内。

③ 接地检查。

首先检查是否出现室内外共地的情况，防止外电引入室内。然后检查室内各设备的接地连线是否符合设备接地要求。开通工程师要用万用表测量机柜与主地排的电压差是否符合要求。

④ 硬件检查。

首先要检查硬件安装是否符合设计要求，如安装位置、要求配置等。然后检查硬件的连接情况，如有问题加紧整改。

2）加电调试

在以上检查确认无误的情况下课进行 BTS 的加电调试。要先从电流较大的电流模块开始依次加电，防止电流击穿微电流电源模块的保险。依次检查设备各电源的单板供电情况，确保供电回路的工作电压和电流正常。

3）参数配置

根据设计文件盒相关技术标准，并参照产品说明书，对基站设备进行下列参数配置。

① 接口数据配置。

② 小区数据配置。

③ 系统消息数据配置。

④ 切换数据配置。

4）基站调测

参照相关标准，对下列项目进行调测。

① 链路指示调试：通过本地维护终端 Abis 接口、上下行链路等进行检查，确保链路正常。

② 基本性能调试：查看单板运行状态、查询信道状态、查询基站对象的属性、参看 CPU 占有率、设置时钟时延、复位、告警等。

③ 设备控制调试：单反自检、链路环回测试、主备倒换测试。

④ 发射指标调试：测试最大发射功率、发射载频频偏、相位误差、射频载波发射功率平容差、射频载波发射功率时间包络、发射机调制频谱、杂射辐射功率电平。

⑤ 接受指标测试：测试接受灵敏度、同频干扰保护比、邻频干扰保护比、杂散辐射功率电平。

3. BTS 开通

1）下载数据

在确认 BTS 调测无误的情况下请求交换机房下载数据并注意观察 BTS 设备的状态。

下载数据若不成功，首先要检查硬件有无问题，如无问题要和网优人员或交换机房进行交流，查看数据有无问题或检查传输有无问题。

2）基站开通

下载数据成功后，BTS 应开始工作。工作人员要注意硬件有无问题，是否工作正常。如无问题就要对有关性能进行测试（如进行拨打测试）并记录。根据实测指标与设计指标的差距对网络进行优化。在优化过程中，对发射功率、天线高度方位角与俯视角进行适当调节，同时修改 BSC 相关数据配置直至满足设计指标。

第五节 GSM-R 系统的测试

GSM-R 工程施工结束后，要进行系统调测，包括场强及干扰调测、系统业务及功能试验、系统服务质量（QoS）调测等。通过测试，检验工程质量是否达到设计文件和相关技术标准的规定。如达不到要求，应针对具体原因进行调整，如调整天馈线参数、基站功率、设备参数等。在 GSM-R 系统图运行过程中，为了掌握系统性能和服务质量，也要进行相关测试，以便及时发现问题，保证系统的正常运行。

一、GSM-R 场强覆盖测试

无线信号的覆盖情况对 GSM-R 系统的性能指标、运行质量有着重要影响。覆盖不合理会导致指标达不到系统要求，严重的时候甚至导致不能正常通信。

1. 测试指标要求

GSM-R 无线场强覆盖指标可用车载终端全向接收天线处的输入端射频信号最小可用接收电平 P_{min}（dBm）来描述，其指标要求见表 8-3。

表 8-3 GSM-R 无线场强覆盖指标

业务种类	接收天线位置	终端速度（km/h）	统计概率	P_{min}（dBm）
话音及非列控数据业务	机车顶部	未限定	95%	−98
列控数据业务	机车顶部	$v \leqslant 220$	95%	−95
		$220 < v \leqslant 280$	95%	$-95 \sim -92$
		$v > 280$	95%	−92

2. 测试系统

GSM-R 场强覆盖测试系统由测量接收机、车载测距系统或 GPS 接收机、机车天线、计算机及相关测试软件组成，如图 8-7 所示。

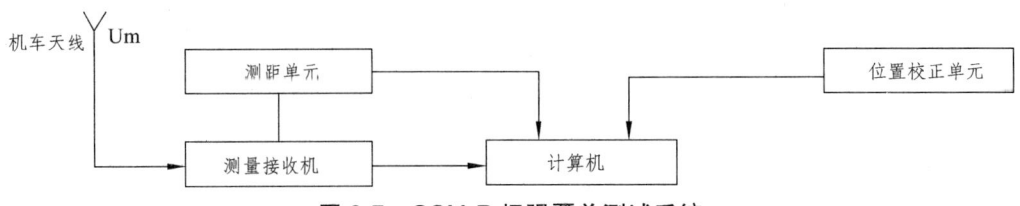

图 8-7 GSM-R 场强覆盖测试系统

机车天线采用全向天线，安装在机车车顶。机车天线经高频屏蔽同轴电缆与测量接收机匹配连接，计算机自动记录测得的信号电子值和测距单元的输出值。测试软件可以自动统计数据并可生成场强覆盖图。

3. 测试方法

测试点是空中接口 Um 的信号强度。

首先校准测距单元，然后测量接收机对全线所有的 BCCH 载频进行测量。在测量时，每隔 4 cm 取样一次，由计算机自动记录测量的电子值好测量单元输出的距离信息。

4. 测试数据统计

通过测试软件按照铁路标准对数据进行统计，采样间隔为 4 cm，统计区间为 100 m，计算 95%的统计值。场强覆盖测试的结果主要通过图形的方式输出，依据统计后的场强值和相关位置信息、线路的全部 BCCH 载频等。

二、GSM-R 网络干扰测试

GSM-R 网络干扰测试可分为移动测试和定点测试两种情况。

1. GSM-R 网络干扰移动测试

1）测试指标要求

目前 GSM-R 网络干扰主要分为同频干扰和邻道干扰。按照技术体制要求，要确保铁路 GSM-R 系统在铁路正线上同频干扰保护比（C/I）和邻道干扰保护比（C/A）分别大于 12 dB 和 – 6 dB。

2）测试系统

GSM-R 网络干扰移动测试系统如图 8-7 所示。

3）测试方法

测试过程应覆盖整个工程的所有小区。测量接收机应可对无线信号的 BSIC 码进行解析，区分有用信号和干扰信号，自动计算 C/I 和 C/A。测试启动后，整个测试过程应自动化。

4）测试数据统计

通过对铁路正线上的干扰测试，统计出全县 C/I 小于 12 dB 的干扰情况和 C/A 小于 – 6 dB 的干扰情况。

2. GSM-R 网络干扰定点测试

1）测试指标要求

通过在铁路正线上的移动测试，初步判定受干扰的区域。在干扰区域内通过频谱仪等专用测试仪表进行定点测试，查找干扰源。

2）测试系统

GSM-R 网络干扰定点测试系统如图 8-8 所示。测量天线挂高为机车顶部高度，近场区内应无阻挡。测量天线采用全向天线和定向天线，经高频屏蔽同轴电缆与频谱仪匹配连接。

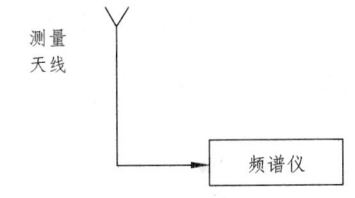

图 8-8　GSM-R 网络干扰定点测试系统

3）测试方法

选择受干扰区域，确定具体的测试地点，记录测试地点的位置消息及公里标信息。连接频谱仪与全向测量天线，捕捉干扰信号，通过调整定向测量天线确定干扰源的指向。通过频谱仪记录干扰信号强度和方位，确定干扰源。

4）测试数据统计

通过对有用信号和干扰信号的信号强度进行比较，记录 C/I 值与 C/A 值。

第六节　GSM-R 基站维护

基站维护是确保 GSM-R 网络畅通的必要环节，是系统正常运行的重要保证。本节介绍 GSM-R 基站维护的基本要求和具体任务。

一、GSM-R 基站维护的基本要求

（1）坚持预防为主、强度与性能并重的原则，科学合理地开展科学维护工作，提高

GSM-R 基站设备运用质量和维护管理水平。

（2）严格按照操作规程进行维护。

（3）维护部门应根据管内设备实际状况，制定维护计划并组织实施，落实各项设备检修、测试和作业标准，确保设备处于完好状态。

（4）不得随意变更系统版本、网络数据、使用频率等。需变动时，需报上级部门批准。变动后要及时修订有关图纸、资料。

（5）对各种技术、测试资料应就建立技术档案，定期分析，指导维护工作。

（6）要建立严格的设备使用管理制度，制定具体的设备操作使用方法，对用户进行设备操作使用的培训。

（7）维护机构应有足够的生产房屋面积，满足设备维护检修测试的需要；配置必要的交通、通信工具，保障设备出现障碍时维护人员能够迅速赶到现场。

（8）维护部门要配备必需的维护器具、仪表。各种仪表应定期进行校检，以保证其测量精度。使用人员应按操作说明和有关规定正确使用，对仪表要指定专人负责维护管理。

（9）维护工作应认真贯彻"安全第一、预防为主"的方针。各级维护单位应建立健全安全生产责任制，维护人员应严格遵守劳动纪律、作业纪律和有关规章制度，保证行车、设备和人身安全。维护工作必须认真执行"三不动""三不离""三不放过"及通信纪律"十不准"等基本安全制度和工作纪律。

二、GSM-R 基站维护方式

GSM-R 基站维护工作中，漏泄同轴电缆、天馈系统、杆塔的维护由维修、中修、大修三个修程组成，其他基站设备实行维修修程。

1. 维　修

GSM-R 基站设备的维修方式包括日常维护、定期检修、重点整治。

日常维护：是预防和消除设备故障隐患、及时发现问题和快速进行处理的经常性维护作业，包括对系统和设备进行巡视、检查、检测、倒换和排除故障等工作。日常维护的基本任务就是确保通信设备和系统的正常运行。

定期检修：是恢复、改善与提高设备强度和性能的维护作业，包括设备集中检修及系统性能测试和调整等。定期检修的基本任务就是较完整地恢复和改善通信设备的运行质量。

重点整治：是根据设备整机或部件机械强度和电气性能的劣化程度，有计划地对其进行补强、整修和更换，其目的是"整修补强、恢复提高"，以保证设备原有的性能和质量。

2. 中　修

中修是针对漏缆、塔（杆）、天线、馈线、直放站短段光缆、防护围栏（墙）、厢式机房等区间设备所进行的具有周期性、集中性的恢复，以提高 GSM-R 系统设备及相关配套设施强度与特性的维护工作。中修周期为 3～5 年。

GSM-R 系统设备中修项目主要有：GSM-R 天线塔（杆）整修；GSM-R 天线、馈线及塔顶放大器整修；GSM-R 系统线路设备，包括弱场补强设备、漏缆、防雷等的测试、整修；防护围栏（墙）的整治加固；地线测试，不合格地线整治；直放短段光缆的整治或更换；馈电电缆和电源引入线的整修或更换；区间机房的整修。

3. 大 修

大修是根据设备使用期限或设备运用状态，为恢复和提高 GSM-R 系统的质量和能力，对相关设备进行全面彻底的整修。

GSM-R 系统漏泄同轴电缆、天馈系统、杆塔及配套光电缆线路设备已到大修期或由于设备及配线老化、机械强度不足、电气性能指标恶劣，以致造成设备质量下降，不能满足运输生产需要，而正常维修又无法解决时，应进行大修。无线漏缆、天馈系统、杆塔大修周期原则为 15 年。

GSM-R 系统大修主要工作项目有：GSM-R 系统线路设备，包括弱场补强设备、漏泄同轴电缆、光缆线路补强、整修、杆路加固等；天线、馈线及塔顶放大器整修、引入电缆整修、补强或更换；铁塔、天线杆整修、补强或更换；电源系统、馈电电缆和防雷、接地设施整修、更换；防护围栏（墙）的整治加固；区间机房的整修。

三、GSM-R 基站设备维护

1. BTS 设备的维护

BTS 设备维护项目、周期与标准见表 8-4。

表 8-4　BTS 设备维护项目、周期与标准

维护项目	维护子项目	序列	内容	执行计划	周期	维护标准	备注
日常维护	网管巡视	1	进行告警与性能监控	日	1次/12个小时	温湿度、电压在标准范围内，网管无异常告警	
	基站巡检	2	运行状态检查	月	1次/月	温湿度、电压在标准范围内，设备指示灯正常，无异常告警	
		3	连接线检查	月	1次/月	正常	
		4	风扇检查	月	1次/月	正常	
		5	设备清扫	月	1次/月	清洁无灰尘	面板、防尘网、机架、机柜等
定期检修		6	环倒换	年	1次/年	正常	
		7	接地电阻测试	年	1次/年	≤4Ω	
重点整治		8	检查沿线有害干扰信号	根据需要		无有害干扰信号	
		9	其他重点整治项目				

2. 直放站设备的维护

直放站设备维护项目、周期与标准见表8-5。

表8-5 直放站设备维护项目、周期与标准

维护项目	维护子项目	序列	维护内容	执行计划	周期	标准	备注
日常维护	网管检测	1	设备告警监控和性能监控	日	1次/4小时	正常	
		2	查询直放站的工作状态	日	1次/24小时	正常	
		3	系统时间校对	月	1次/月	与时间同步系统保持一致	
	直放站巡检	4	直放站近、远端机运行状态检查，拨打测试	月	1次/月	正常	
		5	射频器件、连接线检查	月	1次/月	正常	
		6	远端机备用通道检查	月	1次/月	正常	
		7	直放站机柜的清扫	月	1次/月	正常	
		8	短段光缆、远端机蓄电池等设备检查	月	1次/月	正常	
重点整治		9	防雷接地、设备接地	根据需要		≤4Ω	使用仪器仪表对直放站进行抽测
		10	近端机耦合输入电平			根据各厂家技术指标进行测试	
		11	近端空输出光功率				
		12	近端机输入光功率				
		13	近端机的上行底部噪声				
		14	远端机的输出光功率				
		15	远端机的输入光功率				
		16	远端机的下行输出功率				
		17	下行链路增益				
		18	上行链路增益				
		19	版本升级	根据需要			
		20	其他项目整治	根据需要			

3. 天馈、漏缆的维护

天馈、漏缆维护项目、周期与标准见表8-6。

表 8-6 天馈、漏缆维护项目、周期与标准

维护项目	维护子项目	序列	维护内容	执行计划	周期	标准	备注
日常维护	天线	1	天线外观检查	月	1次/月	天线应在避雷针保护区域内。避雷针保护区域是避雷针定点下倾30°范围内。天线支架与铁路或屋顶的连接牢固可靠	每遇到天气特殊情况，地震或其他特殊情况后应做全面检查
定期检修	天线	2	俯仰角、方位角检查、测试	半年	1次/半年		
定期检修	天线	3	天线紧固件检查	季节转换后	1次/半年		
定期检修	馈线	4	馈线、小跳线安装固定检查	半年	1次/半年	安装尺寸符合限界要求，固定牢靠，螺丝卡具无锈蚀、无缺损。馈线夹安装牢固；馈线体无明显的折、拧现象，无裸露铜线。接头紧固、接触良好，不松动，防水良好。馈线无破损、无老化、无龟裂、污垢，架空引入应平直，入室应有防水措施，吊索无锈蚀，吊挂牢固，挂钩均匀，地下引入应加防护	每遇到天气特殊情况、地震或其他特殊情况后应做全面检查
定期检修	馈线	5	天馈系统防雨、密封、强度检查	半年	1次/半年		
定期检修	馈线	6	馈线接头检查	半年	1次/半年		
定期检修	馈线	7	天馈系统驻波比测试	年	1次/年	<1.5	
日常维护	漏缆	8	漏缆径路检查	月	1次/月	漏缆无明显的折、拧现象，无裸露铜线；漏缆夹安装牢固	每遇到天气特殊情况、地震或其他特殊情况后应做全面检查
定期维修	漏缆	9	漏泄电缆直流环阻、绝缘、接头检查	年	1次/年		根据动检车等检测结果重点检查
定期维修	漏缆	10	防雷接地、设备接地检查测试	年	1次/年	≤4Ω	
定期维修	漏缆	11	漏缆驻波比测试		1次/年		
定期维修	漏缆	12	漏缆接头检查		1次/年		
定期维修	漏缆	13	漏缆吊挂件、吊挂、固定件检查		1次/年		

4. 铁塔维护

铁塔维护项目、周期与标准见表 8-7。

表 8-7　铁塔维护项目、周期与标准

维护项目	序列	维护内容	执行计划	周期	标准	备注
日常维护	1	铁塔巡检	月	1次/月	铁塔：走线架、无结构变形和基础沉陷情况；结构螺栓连接松紧适当；铁塔无腐蚀及生锈情况。爬梯、工作台牢固可靠。抱杆：抱杆的紧固件无松动情况；拉线塔拉线及地锚受力均衡；抱杆无腐蚀及生锈情况。铁塔单独设置防雷接地体时，接地电阻值不大于 10Ω	每遇到天气特殊情况、地震或其他特殊情况后应做全面检查
日常维护	2	航标灯检查	月	1次/月	^	^
日常维护	3	垂直度检查、测量	月	1次/月	^	^
定期检修	4	塔杆及紧固件螺栓检查、防腐防锈检查	半年	1次/半年	^	^
定期检修	5	防雷接地	半年	1次/半年	^	^
重点整治	6	铁塔紧固、油饰	根据需要			
重点整治	7	各部位螺栓紧固、涂油				

5. 基站传输设备的维护

基站传输设备维护项目、周期与标准见表 8-8。

表 8-8　基站传输设备维护项目、周期与标准

项目维护	维护子项目	序号	内容	执行计划	周期	维护标准	备注
日常维护	网管巡视	1	进行告警与性能监控	日	1次/4h	温湿度、电压在标准范围内，网管无异常警告	1个月完成对管内线路基站的全部巡检
日常维护	基站巡检	2	运行状态检查	月	1次/月	温湿度、电压在标准范围内，设备指示灯正常，无异常警告	^
日常维护	基站巡检	3	光缆、传输线、光纤检查	月	1次/月	正常	^
日常维护	基站巡检	4	风扇检查	月	1次/月	正常	^
日常维护	基站巡检	5	设备面板、防尘网、机架、机柜清洁	月	1次/月	清洁无灰尘	^
日常维护	基站巡检	6	接地电阻测试	半年	1次/半年	≤4Ω	^

6. 基站电源系统的维护

电源系统的维护主要包括交（直）流配电设备、交流稳压器、整流器、不间断供电系统（UPS）、直流变换器、逆变器、蓄电池、燃油发电机组、太阳电池等设备的维护。

1）交直流供电的维护

交直流供电项目与周期见表 8-9。

2）蓄电池的保护

蓄电池维护项目与周期见表 8-10。

3）整流器的维护

整流器维护项目与周期见表 8-11。

表 8-9 交直流供电维护项目与周期

维 护 项 目	周期
检查交流引入线周围环境是否正常，注意供电电缆的地面有无施工、挖掘迹象	月
检查交流电压供电回路的主要接点、空气开关、熔丝、闸刀等有无温度过高（用红外电温计测量）	
测量三相交流电零线电缆。万用表、钳型表测量，并与设备上自装仪表指示比较，并注意与前次测试结果比较	
万用表、钳形表测试浮充电压和负载电缆并做分析（测试时整流器不在均充状态）要求：对 -48 V 电源系统充电电压为 -54.0 V；对 24 V 电源系统充电电压为 27.0 V	
检查电流回路的主要连接点、熔丝、闸刀等有无温度过高（用红外温计测量）	
对租房的基站交流电抄表并上报	
对架站交流电费的支付和电费买卡	月（按需）

表 8-10 蓄电池维护项目与周期

维 护 项 目	周期
全面清洁	月（一般维护）
蓄电池单体端电压测量及连接头压降记录	
连接处有无松动、腐蚀现象	
极柱、安全阀周围是否有酸雾酸液溢出	
检查蓄电池外壳的温度是否过高（用红外温计测量）	
检查引出线及端子的接触情况	年
用蓄电池容量测试仪对电池组进行 30%容量估测，分析数据，拷贝测试文件上交	季
视同蓄电池容量测试仪对电池组进行全容量测试，分析数据，拷贝测试文件上交	年

表 8-11　整流器维护项目与周期

维护项目	周期
检查各告警指示、显示、参数设置和保护通信功能（对面板上的各项告警做核对，并记录）	月
接地保护检查（对整流器的接地保护线做检查，是否有松动）	
测量直流熔断器压降或升温	
测量直流配电架各链接点温度	
检查继电器、断路器、风扇、是否正常	
清洁	
直流输出限流保护检查	季
检查接线端子接触是否良好	
检查防雷保护	
检查开关、接触器件是否良好	
测量中线电流	
检查模块均流性能	
测量直流熔断器压降或升温	
测量直流配电架各链接点温度	
测试杂音电压（用杂音计串接电容器）	年

4）变配电设备的维护

变配电设备维护项目与周期见表 8-12。

表 8-12　变配电设备维护项目与周期

维护项目	周期
检查接触器、开关接触是否良好	月
检查信号指示、告警是否正常	
测量熔断器有无温升或压降	
检查功率补偿屏的工作是否正常	
检查变压器运行状况是否正常	
检查交流引入线外观、绝缘	
清洁	
检查内部走线是否整齐规范	
测量直流供电系统的脉冲电压	年
交流设备绝缘测试	
测量地线电阻值（干燥季节）	
校正仪表	

5）移动式发电机组的维护

移动式发电机组的维护与周期见表8-13。

表8-13 移动式发电机组的维护与周期

油机发电机组的维护项目	周期
检查蓄电池应经常处于稳压浮充状态	周
按需对启动电池添加蒸馏水并进行充电，检查准启动状态和告警功能是否良好，检查水、燃油、润滑油是否在正常位置	月
控载试机15～30 min	
检查螺丝和接线是否牢固，熔断器是否良好，清洁设备（冬季检查预热器工作状态）	年
检查启动、冷却、润滑、燃油系统是否正常	
校正仪表	
对于抗洪、抗台等紧急情况，应提前做好上述准备工作，保证油机处于良好工作状态	应急

7. 基站防雷与接地系统的维护

基站防雷与接地系统维护项目与周期见表8-14。

表8-14 基站防雷与接地系统维护项目与周期

维 护 项 目	周期
对装有防雷器件的基站，检查防雷器件的防雷记录及损坏情况	雨季（每月）
检查并紧固接地线、接地汇集线和接地引入线	半年
检查并紧固防雷装置（避雷网、避雷带和接闪器等）	
测量接地电阻（要求：基站小于5Ω；对雷暴日小于20天的地区可小于10Ω）	
基站遭雷击时及时抢修	按需

8. 基站空调设备的维护

基站空调设备维护项目与周期见表8-15。

表8-15 基站空调设备维护项目与周期

维 护 项 目	周期
空调过滤网清洁（无过滤网告警，且摸上去较为干净）	月
冷凝水排水是否正常、有无漏水（有地板的基站需掀地板检查是否漏水）	
用温度计测回风口温度和出风口温度（其差值是否在5 ℃以上）	
自启动检查：切断空调交流电3 min后送电，观察自启动情况和制冷情况是否正常	
检查温度设定：夏天为23 ℃，冬天为20 ℃（或根据具体情况设定）	

9. 基站动力与环境监控设备的维护

对于基站动力与环境监控设备，日常巡查时重点检查各传感器是否正常，可以人为产生告警，检查告警能否正常上传，并和机房校对数据。

10. 机房环境的维护

（1）基站周围无杂草、易燃物。
（2）检查机房外观、密封、消防、地面、门窗等，发现损坏立即采取临时处理措施。
（3）钥匙可用、防盗设施完整可用。
（4）检查机房温度、湿度，发现问题及时处理。
（5）清洁机房卫生。
（6）机房内各类物品定位存放，不得放置杂物。
（7）照明、灭火设备可用，及时更换、补充。

四、GSM-R 基站故障处理

基站故障是由于基站所属设备发生故障或失效而影响正常通信的事件。维护部门应随时做好故障抢修的准备，做到在任何时间、任何情况下都能迅速出发抢修。抢修专用的器材、仪表、机具及车辆等应处于待用状态，不得外借或挪作他用。

GSM-R 基站设备发生故障时，应按先抢修后调查的原则，迅速组织抢修，减少对运输生产安全的影响。当网络维护中心管理人员通过监控系统得知某基站出现警告或设备故障时，应通知维护部门。在接到故障报告后，维护人员必须在规定时间之内赶到现场处理。在规定的时限内处理故障后，维护部门要将故障处理的详细经过、更换材料和遗留问题等情况详细记录并上报。

1. 基站故障的分类

基站故障一般分为以下几类：基站硬件故障、基站软件故障、交流引入故障（短路、断路、更换开关、熔丝、更换室内外走线、停电后恢复供电等）、直流故障（更换开关、熔丝、更换整流模块、更换监控模块、修改开关电源参数等）、蓄电池故障、空调故障、基站传输故障、基站动力与环境监控设备故障。

2. 基站故障的处理

基站故障处理的一般流程为：先电源设备，后传输设备，最后主设备。对电源部分，检查开关电源输出、设备电源输出（指示灯）；对传输部分，在传输网管配合下检查 SDH 告警灯，进行远环、近环测试；对主设备部分，检查连线、模块工作状态，在网管配合下进行相应的维护操作。

1）电源故障

电源部分问题主要有以下几方面。

① 无交流电压：首先，与当地电业部门、电工确认是否停电，若未停，判断电表是

否欠费(磁卡或电子计费类电表)。其次,可能是自用变压器或市电引入部分及交流配电部分有问题,携带发电机进行发电,并联系电工配合处理;若是打雷导致交流空开跳闸或防雷模块损坏,到基站闭合开关,更换模块,并测试基站地阻值,正常单站地阻值应小于 5 Ω。

② 交流电压正常,直流电压低:一般为开关电源整流模块部分问题,需要更换相应型号备件。

2) 传输故障

导致传输障碍的主要原因有三方面:供电、光路、电路。检查传输障碍时,要看好并确认标签,不要动与本次障碍无关的设备和线路。在排除供电原因后,根据传输拓扑结构,看是单个基站传输断开,还是相关联的基站传输都断开,若是单个站断开,检查本站及上端站传输设备的工作状态;相关联的多个基站传输开,一般为光缆问题或两端节点站问题。请传输值班人员配合在传输网管上查看光端机是否有关 R-LOSS 告警,有告警并且当地或上端站未停电,一般为光缆故障。排除光路问题后,检查 2 M 电路。首先在 DDF 架对交换侧进行环回,即用终端塞对光端机出来的 2 M 信号分别进行环、断测试,询问机房传输状态,若正常,说明故障点在基站侧;若原来的状态未改变,说明故障点不在本基站侧,可能是传输机房跳线或电路状态被改变所导致。基站内问题可以逐段排查。

3) 温度导致掉站

当局部温度超出安全范围,设备自动保护、退服。冬季的应急措施是先用电吹风对传感器加热恢复基站运行,再采取升温和保温措施,出入时关严门,避免冷风直接吹到机柜。夏季开门通风降温,解决空调问题。

4) 基站告警

与 BSC 联系类别及告警代码。根据告警代码分析障碍原因。经常遇到的告警主要有:分集接受或驻波比告警、硬件故障、数据库问题、温度超出安全范围(0~55 ℃)。

① 分集接受或驻波比告警:对分集接受和驻波比告警的处理方法基本一样,唯一不同的是分集接收是接收路径上发生的问题,驻波比是发射路径上发生的问题。分集接收丢失告警可能是射频连线或天馈线路障引起的。当驻波比值大于 1.4,通过故障定位查出故障点,根据距离判断故障点,一般小于 6 m 是室内接头问题,主要检查规定接头和室内尾纤与 7/8 馈线接头、射频连线主要检查接口是否松动、连接是否正确。对板卡复位后,分集接收告警会消失,这并不表示故障解决了,半小时或一两天后还会出现。分集接收告警是当告警计数器达到门限值后才提示,所以必须找到原因并彻底解决。

② 单板故障:一般的单板出现故障很容易处理,可利用 BSC 或 OMT 终端来查看单板的告警代码,从而判断故障原因。

另外,有很多故障并非基站硬件故障,而是因为 BSC 的参数设置不对。如果参数设置错误,设备也将无法工作。

第七节 GSM-R 网络优化

一、网络优化的概念

移动通信网络建成后还要不断地进行网络优化，做好网络优化工作是移动通信网高质量运行的重要保证。

网络优化是通过对现已运行的网络采用话务数据分析、现场测试数据采集、参数分析、硬件检查等手段，找出影响网络质量的原因，并且通过参数的修改、网络结构的调整、设备配置的调整和采取某些技术手段，确保系统高质量运行，使现有网络资源获得最佳效益。

当发现网络中存在诸如覆盖不好、通话质量差、掉话、网络堵塞、切换成功率低、未开通某些新功能等问题时，也需要对网络进行优化。通过不断地网络优化工作，使得呼叫建立时间减少、掉话次数减少、通话话音质量不断改善、网络拥有较高的可用性与可靠性，改善小区覆盖，降低掉话率和拥塞率，提高接通率和切换率。

二、网络优化的工作原理

GSM-R 网络优化的工作流程包括五个部分：系统性能收集、数据分析及处理、制定网络优化方案、系统调整、重新制定网络优化目标，网络优化流程如图 8-9 所示。

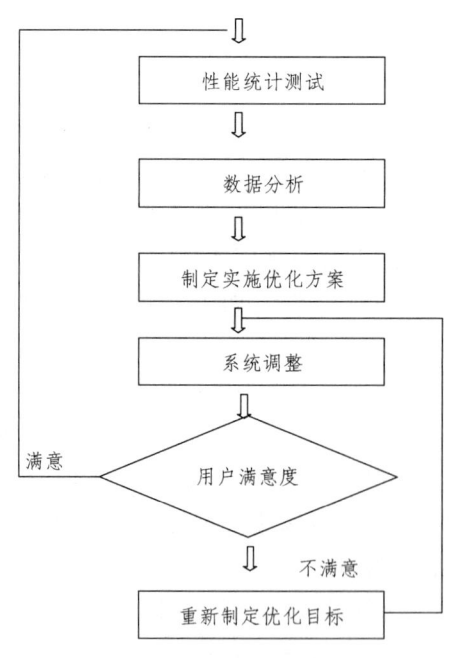

图 8-9 网络优化流程

在网络优化时首先要通过 OMC-R 采集系统信息，还可以通过用户申告、日常 CQT 测试和 DT 测试等信息完善问题的采集，了解用户对网络的意见及当前网络存在的缺陷，并对网络进行测试，收集网络运行的数据。然后对收集的数据进行分析及处理，找出问题发生的根源。根据数据分析处理的结果制定网络优化方案，并对网络进行系统调整。调整后再对系统进行信息收集，确定新的优化目标，周而复始直到问题解决，使网络进一步完善。

三、网络优化的方法

GSM-R 网络优化的方法有很多，在网络优化的初期，常通过对 OMC-R 数据分析和路测的结果，制定网络调整的方案。但仅采用上述方法较难发现和解决

问题，这时通常会结合用户投诉和 CQT 测试的方法来发现问题，结合信令跟踪分析法、话务统计分析法和路测分析法，分析查找问题的根源。网络优化最主要的也是最常用的方法有信令分析法、话务统计分析法、路测分析法和 CQT 测试法。

1. 信令分析法

信令分析法主要是通过对 A 接口、Abis 接口的数据进行采集和分析，找出网络存在的问题。例如由于遗漏切换关系而造成的切换局数据不全、掉话；信令负荷、中继或时隙等硬件上的故障；由于部分数据定义错误、链路不畅等原因造成的话务量不均等问题。

为了取得更佳效果，信令分析法经常与其他方法结合使用，例如常与路测分析结合，进行综合分析，从中找出上、下行链路不匹配造成的问题，如小区覆盖的盲区，无线干扰等方面的问题。

2. 话务统计分析法

话务统计分析法主要是根据 OMC-R 上收集的话务统计报告数据和系统硬件告警信息，如呼叫成功率、掉话率、切换成功率、每时隙话务、无线信道可用率、话音信道阻塞率和信令信道可用率、阻塞率等，从中进一步分析出网络参数设置、网络组织是否合理，话务负荷是否均衡匹配，找出频率干扰的原因及硬件故障，并可对系统中每一个小区的各项指标进行分析，通过调整某些小区或全网参数，使小区的指标得到提高，从而实现提高全网的指标。

3. 路测（DT）分析法

DT 测试通过捕捉 Um 口中 MS 与 BTS 进行通信的指令信息，从而获得 GSM-R 网络的无线质量参数，分析并提供网络质量状况。通过 DT 测试，可以了解基站覆盖情况，如是否存在"盲区"，切换关系、切换次数及切换电平是否正常，下行链路是否有问题、邻频干扰，是否有"孤岛效应"，扇区有无错位等。通过分析呼叫接通情况，找出呼叫成功率低、掉话等问题的原因，制定出相应的网络优化方案。由于路测能反映出网络覆盖和通信质量的实际情况，因此它是制定网络优化方案的主要依据。

1) DT 测试采集的参数

① 网络识别参数，包括移动国家号（MMC）、移动网号（MNC）、位置区码（LAC）、小区识别（CI）、网络色码（NCC）、基站色码（BCC）。

② 系统控制参数，包括公共控制信道配置、接入准许保留块数、寻呼信道复帧数、周期位置更新定时器、小区信道描述、无线链路超时（RLT）、邻小区描述、答应的网络色码、最大重发次数（MR）、发送分布时隙数（TI）、小区接入禁止（CBA）、接入等级控制（AC）。

③ 小区选择与重选参数，包括小区重选滞后（CRH）、控制信道最大功率电平（MTMC）、答应接入最小接收电平（RXLEVAccessmin）、小区禁止限制（CBQ）、小区重选参数指示（PI）、小区重选偏置（CRO）、惩罚时间（PT）、临时偏置（TO）。

④ 网络功能参数，包括功率控制指示（PERC）、非连续发送（DTX）、呼叫重建答应（RE）、紧急呼叫答应（EC）、移动分配索引配置（MAIO）、跳频序列号（HSN）。

⑤ GPS 参数，包括经度、纬度。

⑥ 性能参数，包括通话接通率、通话失败率、信道利用率、分配失败率、掉话率、切换成功率、切换失败率。

2) DT 测试功能

① 实时追踪指令，根据信令分析查找各种网络问题。DT 测试能够实时地跟踪各个逻辑控制信道信令以及层 2 和层 3 信令，能够实时采集网络参数以及无线信令，应用于网络优化可以使网络资源获得最佳效益。信令包括：寻呼、鉴权、分配信道、切换、测量报告、位置更新，能显示出通话的起呼、切换、位置更新、结束通话和掉话等各部分的信令流程。将现场采集到的信令与 GSM-R 各类业务的标准信令流程做对比，能够定位到如掉话、TCH（业务通信）拥塞、SDCCH（独立专用控制信道）拥塞等网络故障。

② 扫频测试。在空闲模式下，对所有频率进行实时扫描。动态显示对应的信号场强和基站色码，实时跟踪所占用 ARFCN（绝对无线频率信道号）受干扰程度。可以检查相邻小区的信号强度，检查小区的覆盖情况和同邻频干扰。

③ 锁频测试。可以观察移动台在某一固定频点下的接收电平的变化。

④ 强制切换。强制切换是在专用模式下答应移动台在未满足切换条件的情况下，强制切换到另一频点的小区。利用强制操作采集 MS 接收到的网络质量状况，其强制区域主要是各小区邻接处，用于发现网络小区规划的合理性、正确性，某些小区的实际覆盖区是否超过了规划区域，同时还可以通过切换信令分析掉话原因。

⑤ 基站开通测试。网络规划实施后，经常要测试基站信号覆盖范围，查找盲区。路测能够实时采集目前所在小区以及相邻小区的信号强度变化。依托 GPS 定位系统，能够实时打印目前所在的位置，结合 DT 网络测试方法，能够得到测试车所经过的路线上任何一个采集点的信号强度、基站识别码、绝对频点、信号强度。

⑥ 双手机大话务量呼叫与统计。网络优化过程中，常利用大话务量测试来得到呼叫接通率、掉话率、呼叫失败率、切换成功率等性能参数，来了解网络的健壮性与可行性。

⑦ 测试 GSM-R 特有业务。GSM-R 特有的业务包括 VGCS、VBS 等，DT 测试能够对 GSM-R 特有业务进行参数采集、信令捕捉。

4. 拨打质量测试（CQT）

CQT 测试是在移动网络覆盖区域中选择多个测试点，在每个点进行一定数量的呼叫，通过呼叫接通情况及测试者对通话质量的评估，分析网络运行质量和存在的问题。

测试点一般选择在通信比较集中的场合，如站场、重要部门、办公楼、机车、车辆等。它是 DT 测试的重要补充手段。通常还可完成 DT 所无法测试的深度室内覆盖及高楼等无线信号较复杂地区的测试，是场强测试方法的一种简单形式。

CQT 测试主要都是以人工测试的方式进行，一般的流程是：先制定一个测试计划，再交由测试人员到指定地点进行测试。测试工具一般为信号测试专用手机，这种测试过程中所得的数据都是由测试人员人工记录而来，再由他们来对数据进行统计管理，最后人工录入记录并制作出分析报告。

CQT 测试内容可分为语音业务测试指标和数据业务测试指标两类。语音业务测试指标有覆盖率、CQT 接通率、CQT 掉话率、CQT 通话正常率等，数据业务测试指标有数据业务建立成功率、数据业务掉线率、平均 PING 时延等。

CQT 测试可分为常规型（如每周、每月的常规测试，评估测试等）、维护型（如日常维护及抽查，配合工程割接、拨测、验证等）、跟踪型（如客户投诉拨打测试）和保障型（如重点区域的拨打测试）等几种情况。

常规型 CQT 测试在规定时间段内进行，每次测试必须注明测试时间段，每个掉话或 GPRS 传输中断处必须重复测试 3 次，并增加拨打测试次数，记录相应的小区参数以供分析。

维护型 CQT 测试以发现问题、解决问题为主。

跟踪型 CQT 测试任务不定时间，处理时限一般要求在收到客户申告后 24 h 内完成。测试以尽快解决客户投诉问题为主。

保障型 CQT 测试工作包括定期完成一次重点区域场馆室内覆盖系统 CQT 拨打测试和 GPRS 业务的保障测试。

四、网络优化工具

GSM-R 网络优化常用的工具有路测设备、分析仪表和优化软件等。

1. 路测设备

路测设备主要由测试手机、测试仪表、数字地图、测试车辆及车顶天线组成。

通常的测试方法包括测试手机在空闲（Idle）状态下的重选测试、扫频测试、定时拨打测试、持续通话测试等。

路测结果以彩色地图和统计报告的形式输出。如信号质量分布图、接受场强分布图、频率干扰图、小区切换图等，从这些彩图和统计报告中直接反映出网络的覆盖质量、误码率（BER）、干扰等实际情况。

2. 分析仪表

用于移动通信网测试、分析的仪表很多，这里简单介绍最常用的信令分析仪和频谱分析仪。

1）信令分析仪

信令分析仪是目前移动通信网络中使用最广泛的测试工具，可应用于 GSM-R 系统中 Abis 接口、A 接口、MSC 与 HLR、VLR、AUC 之间的中继接口、No.7 信令链路接口的维护和优化工作。从接口中提取测量报告，通过与路测得到的下行信号对比，可以全面了解网络运行状态，从而找出掉话、切换失败、拥塞问题发生的环节和部位。

2）频谱分析仪

频谱分析仪主要是用于测试信号的频域特性，包括频谱测量、快速时域扫描、寄生辐射、互调、邻道功率测量等。在网络优化中，经常使用频谱仪测量电磁环境，进行干扰测试和分析。

3. 网络优化软件

网络优化软件是一种应用工具软件。它和上面所述的硬件构成网络优化的平台。网络优化软件应具备以下基本功能。

（1）数据选择、测试、采集，实时显示，并可在测试中及测试后回放数据。

（2）话务、设备配置、规划等数据的导入。

（3）软件界面应允许生成多个方案，并有不同的选项和数据视图。

（4）用户可自己配置时间表，定义扫描信道列表、扫描信号强度等参数。

（5）数字地图显示功能，能同时显示多个视图，实际网络之间的比较。

（6）在测试中自动拨号，重复发出呼叫，用户可自定义一些参数。

（7）统计和分析功能。

（8）测量载波和干扰源，以图形方式显示。

本章小结

1. GSM-R 基站工程施工流程包括开工准备、现场勘查、设备安装、工程检验、竣工交接等步骤。

2. 基站天馈系统的安装包括安装准备、天线吊装与固定、安装塔顶放大器、安装馈线窗、安装馈线、测试天馈系统、接头及馈线窗的防水密封处理等方面。

3. 漏缆安装流程包括施工准备、漏缆单盘测试、隧道内漏缆支架的安装、隧道内漏缆敷设、隧道外漏缆支撑杆安装、隧道外漏缆敷设、漏缆连接器安装、漏缆及连接器检测等方面。

4. 基站室内设备安装包括走线架与槽道安装、BTS 设备与传输设备安装、电源安装、接地与防雷设备安装、基站空调安装、监控设备安装、线缆布放、设备配线等方面。

5. GSM-R 无线场强覆盖指标用车载终端全向接收天线处的输入端射信号最小可用接收电平 Prmin（dBm）来描述。

6. GSM-R 网络干扰测试可分为移动测试和定点测试两种情况。

7. GSM-R 服务质量（QoS）测试包括三个方面：电路域语音业务与非列控类数据业务 QoS 测试、电路域列控数据业务 QoS 测试和分组域业务 QoS 测试。

8. GSM-R 基站维护工作中，漏泄同轴电缆、天馈系统、杆塔的维护由维修、中修、大修三个修程组成，其他基站设备实行维修修程。GSM-R 基站设备的维修方式包括日常维修、定期检修、重点整治。

9. GSM-R 基站设备维护的具体项目包括：BTS 维护；直放站维护；天馈、漏缆维护；铁塔维护；基站传输设备的维护；基站电源系统的维护；基站防雷与接地系统的维护；基站空调设备的维护；基站动力与环境监督设备的维护；机房环境的维护。

10. GSM-R 基站发生故障后，维护人员要及时处理。故障处理的一般流程为：先电源，后传输，最后主设备。

11. 网络优化是确保系统高质量的运作、使现有网络资源获得最佳效益的重要手段。GSM-R 网络优化的工作流程包括系统性能收集、数据分析及处理、制定网络优化方案、系统调整、重新制定网络优化目标五个方面。网络优化最主要的方法有信令分析法、话务统计分析法、路测分析法和 CQT 测试法。GSM-R 网络优化常用的工具有路测设备、分析仪表和优化软件等。

复习思考题

1. 简述基站工程施工流程。
2. 简述基站天馈系统的安装过程。
3. 基站天馈系统的安装有哪些要求？
4. 简述漏缆的安装过程。
5. 基站室内设备的安装包括哪些方面？
6. 走线架安装有何要求？
7. 槽道安装有何要求？
8. BTS 与传输设备安装有何要求？
9. 电源、接地及防雷设备安装有何要求？
10. 室内线缆布放有何要求？
11. 设备配线有何要求？
12. 基站设备调测是怎样进行的？
13. 简述 GSM-R 场强覆盖测试的方法。

14. 简述 GSM-R 干扰测试的方法。
15. GSM-R 电路域语音业务和非列控数据业务 QoS 测试指标有哪些？各是如何定义的？举例说明某个测试指标的测试方法。
16. GSM-R 电路域列控业务 QoS 测试指标有哪些？各是如何定义的？举例说明某个测试指标的测试方法。
17. GSM-R 分组域数据业务测试指标有哪些？各是如何定义的？举例说明某个测试指标的测试方法。
18. GSM-R 基站维护方式有哪些？每种方式的主要任务是什么？
19. GSM-R 基站设备维护的具体项目有哪些？
20. 基站故障有哪些？基站故障处理的一般流程是什么？
21. 网络优化的目的是什么？简述网络优化的一般流程。
22. 网络优化主要有哪些方法？各是如何进行的？
23. 网络优化主要用到哪些工具？

参考文献

[1] 邵汝峰，等. 铁路移动通信系统[M]. 北京：中国铁道出版社，2011.
[2] 郭梯云，等. 移动通信[M]. 陕西：西安电子科技大学出版社，2000.
[3] 魏红. 移动通信技术[M]. 北京：人民邮电大学出版社，2009.
[4] 庞高荣，等. 高速铁路 GSM-R 通信系统[M]. 北京：中国铁道出版社，2012.
[5] 樊昌信. 通信原理[M]. 北京：国防工业出版社，2006.
[6] 拉帕波特. 无线通信原理与应用[M]. 北京：电子工业出版社，2009.
[7] 谢处方，等. 电磁场与电磁波[M]. 北京：高等教育出版社，2006.
[8] 吴伟陵. 移动通信原理[M]. 北京：电子工业出版社，2009.
[9] 斯图伯尔. 移动通信原理[M]. 裴昌幸等，译. 北京：机械工业出版社，2014.
[10] 黄邵伟. 铁路 GSM-R 网络优化设计[J]. 铁道通信信号，2011（01）：11-13.
[11] 铁道部运输局. GSM-R 数字移动通信网技术体制[Z]. 2004.
[12] 铁道部经济规划研究院. 铁路 GSM-R 数字移动通信工程施工技术指南. 北京：中国铁道出版社，2009.